Minerva Shobo Librairie

異人論とは何か

ストレンジャーの時代を生きる

山 泰幸／小松和彦［編著］

ミネルヴァ書房

はしがき

「異人」あるいは「異人論」をめぐる新しい研究の胎動が始まった。本書はそんな思いを抱かせてくれる若々しい論文に満たされている。

「異人論」は、三〇年ほど前に、文化人類学・民俗学の分野から生み出され、当時のマスコミでも大きく取り上げられ、人文・社会科学の諸分野にさまざまなかたちの衝撃を与えた。

異人論は、多くの問題を提起し、またさらに展開・深化すべき重要な課題を内包していた。しかし、残念なことに、当時の異人論の担い手たちは、その後、異人論が提示した諸側面のうちのいくつかに焦点を絞った研究へと軸足を移していったために、異人論が抱える他の側面への考察が疎かになり、それをカバーするすぐれた後継者たちが現れなかったこともあって、表面的には学問的な関心から後退していった感がある。かくいう私も山泰幸の言うところの「異人旋風」の一翼を担った一人であるが、関心をその後「異人」から「妖怪」へと移して現在に至っている。

たしかに、「異人旋風」は数年を経て沈静化した。とはいえ、そこで提起された多様な視点に刺激を受けて、何人かの若い研究者は「異人」というキーワードを手がかりに、自身の研究領域において地道な研究を積み上げていた。たとえば、社会学者の山泰幸は、「異人殺し」伝説から派生した諸問題を深める議論を展開した諸論文を中心とした『追憶する社会』（新曜社、二〇〇九年）を著した。言語人類学者の西尾哲夫も、中東・東欧地域を中心にして採集した、借金の抵当に自分の肉体の一部（一ポンドの肉）を差し出すというモティーフをもつ説話を素材に重厚な内容の『ヴェニスの商人の異人論』（みすず書房、二〇一三年）を書き上げている。また、イギリスの日本研究者タイモン・スクリーチによって、江戸時代の絵画表象から異邦人・異界観を探った『大江戸異人往来』（丸善、一九九五年）という本も著されている。

とくに山泰幸の場合、個人研究として「異人論」以後の課題を追究するだけでなく、同様の関心をもった若い研究者を糾合して、グローバル化する現代社会を強く意識した「異人論」の「再来」をもくろんだ研究会を計画し、実行に移したのであった。その成果が本書である。

特筆すべきは、この研究会の課題は、発足時には「現代民俗研究方法論の学際的研究」と銘打たれ、民俗学の研究方法を現代化することを課題に掲げ、そのために、共同研究のメンバーは、民俗学者に限らず、社会学者やメディア論、哲学者、文化人類学者など民俗学に隣接する学問領域から集められたことである。そして、議論を進める上で、その突破口となるとみなされたのが「異人」もしくは「異人論」だった。ようするに、この研究会の実体は「学際的な異人論研究会」だったのである。本書が『異人論とは何か――ストレンジャーの時代を生きる』と題しているのはそのためである。

この研究会では、その多様な側面をもつ異人の一つの側面に焦点を合わせるのではなく、論者の関心の赴くままに「異人」や「民俗」が論じられているため、そこからはっきりとした共通の結論や課題といったものが生み出されているわけではない。しかし、この共同研究を通じて、メンバーたちが、現代は誰もがじつは潜在的な異人であり、いつどこで異人としての処遇を受けることになるかわからない時代なのだということを痛切に自覚するに至ったことは高く評価すべきだろう。その意味でも、冒頭で述べたように、「新しい異人論」はまだ「新しい胎動」という段階に留まっているといえよう。この「胎動」がこれからどのように成長し、真に「新しい異人論」になりうるかは、予想がつかない。しかし、本書収録の諸論文は、旧来の異人論とは異なった、グローバル化した現代社会における「異人論」の展開を果敢に試みている。今後は、論者各人がそれぞれの関心からの「新しい異人論」をさらに深め、そして、おそらく「民俗」研究をも新しい段階へと導いてくれるのではなかろうか。
いずれにしても、もはや遠い昔となった「異人旋風」の担い手の一人であった私が、こうして旧来の異人論を批判的に再検討し、その新しい可能性を探ろうとする若い世代の動きに触れることができたことを嬉しく思うものである。

小松和彦

異人論とは何か――ストレンジャーの時代を生きる

【目次】

第Ⅰ部　異人を問うフレーム

序章　異人論を再考する
——その可能性を探る

山　泰幸

1　異人論の時代

二〇世紀最後の四半世紀、文化人類学や民俗学を中心に、歴史学、文学、経済学、社会学、心理学等、分野を超えて、「異人」が時代を映すキーワードとなった時代があった。

その後、表象の政治性が盛んに議論されるようになり、人類学や民俗学の営みは、植民地主義とナショナリズムの関わりから強い批判に晒されることになった。文化を描くことに対するこうした批判を受けて、新しい民族誌の実験的な試みが行われるなど、人類学も大きな転換を迎えることになった。一方で、近代史、思想史の立場から、人類学や民俗学の歴史を追跡し、批判的に検討する研究も数多くあらわれた。

しかし、それらの批判的研究とともに、それまで文化人類学を中心に蓄積されてきた、多くの貴重な研究成果も一緒に葬り去られてしまったのではないか。構造主義や記号論、象徴論、儀礼論などの成果は、現在でも他分野において参照され影響を与えているものは多い。また、姿かたちを変えながら、理論的展開を遂げているものもある。しかし、多くの理論は、古典として学ばれることはあっても、生きた理論としては失われているのではないか。少なくとも、私にはそのよう思われるのである。その失われた成果の一つが、本書で取り上げる、異人論である。

異人論は、山口昌男の「中心と周縁」論の問題圏のなかから浮上し、同時代の多くの分野の研究者の関心を集めた。商人としての異人に注目した経済人類学の栗本慎一郎、「第三項排除」という独自の理論からスケープゴートとしての異人をとらえた社会哲学の今村仁司、ストレンジャー・キング（外来王）の神話を権力の起源の問題から論じた社会学の上野千鶴子、後に触れる異人殺し伝説の研究の先鞭をつけた宗教学の中沢新一、その他にも、異人に言及した歴史学者や英文学者・国文学者等を挙げれば、相当数に上ることだろう。それにともない、人類学における異人論の嚆矢である岡正雄の異人論、さらに柳田國男の山人論、折口信夫のまれびと論などが、あらためて注目を浴びることになった。

そのような「異人旋風」のなかで、「異人」をタイトルに含めた刊行物も続出することになったが、意外にも、「異人論」と銘打った書籍を出しているのは、管見の限り、わずか二人しかいない。赤坂憲雄と小松和彦である。

赤坂憲雄の『異人論序説』は、いまや異人論の古典となっている著作である。すでに述べた、山口昌男の「中心と周縁」論、栗本慎一郎の経済人類学、今村仁司の「第三項排除」論に直接間接の影響を受けながら、それらさまざまな分野で取り上げられていた問題群を、異人をキーワードに統一的に整理し把握しようとした意欲作であった。これは、「序説」という控えめなタイトルとは裏腹に、異人論の「総論」というべきものであった。

一方、小松和彦の『異人論』は、小松が「異人殺し」と名付けた、旅人を殺害してその所持金を強奪する村人の伝説の分析した論文を中心に構成された論文集であり、赤坂の「総論」とは異なり、いわば異人論の「各論」

をめざしたものであった。

ずばり「異人論」と題した小松の著作が「各論」であり、「異人論序説」と題した赤坂の著作が「総論」であるというネジレも興味深いが、その後の二人の展開も対照的である。

異人の一般論を構築した赤坂は、その後、異人論の一つの側面である排除の問題を探究し、現代社会の諸事件を取り上げて論じるとともに、「東北」という現場を軸にして、周辺から日本をとらえ返すという地域学を実践し展開していった。これは、地域雑誌を核とした地域づくりなどと連動し、大きな運動となっていくことになる。一方、小松の場合も、同じく排除の問題に着目し、民俗社会＝村落共同体のメカニズムを析出する仕事をしながらも、そこで異人論を限定し、妖怪論へと展開していくことになる。

この違いはどこから来るのか。赤坂の場合は、さまざまな名称で呼ばれていた対象を「異人」という言葉で一括してとらえようとしていたように、「異人」とは何であるか、という問いをもっていたが、小松の場合は、異人との交渉を通じてみた共同体の心性の方に関心があったからである。小松の異人論は、共同体論であり、心性論なのである。こうした違いがありながらも、どちらも民俗学の方に、徐々に軸足を移していった点も興味深いといえる。

話を戻せば、異人論に関わった多くの研究者たちが、それぞれ独自の領域を開拓し、研究を展開させてきたことに明らかなように、異人論には、さまざまな発想の芽や展開の可能性が秘められていると考えられる。異人論の代表格である赤坂や小松のその後の展開も、異人論の潜在的な可能性を大きく引き出した成果に違いない。しかし、異人論には、まだ汲み取られるべき可能性が残されているのではないだろうか。異人論の残された可能性を探ること。本書のねらいは、まさにそこにある。

2 異人論の問題構成

小松和彦の代表作「異人殺しのフォークロア」の冒頭は次のように始まっている。

現象学的にみれば、「他者」は「われわれ」に排除された者として人間の意識のさまざまな位相に現れるという。しかし、私がここで検討しようとしているのは、こうした「他者」についての一般論ではなく、さまざまな位相の一つに出現する、民俗社会にとっての「他者」つまり「異人」についてである。（小松 1995：13）

この論文は、雑誌『現代思想』に一九八四年に掲載されたもので、三〇年前の作品ということになる。従来、民俗学では、どちらかといえば、異人と民俗社会とのあいだの関係史の好ましい側面を描く傾向があったが、小松は、時と場合に応じて、異人が歓待される場合もあれば、排除される場合もあったのではないかとし、むしろ忌まわしい側面を注視すべきとの考えから、村人が金品を目当てに異人を殺害するという、小松自身が「異人殺し」と名付けた伝説を取り上げて分析したのが、この論文である。

ここでは、この論文をはじめとする、「異人殺し」伝説をめぐる小松の一連の研究の問題構成を概観し、そこで提出された論点を整理してみたい。そこから、さらに論じられるべき論点を導き出していきたい。その理由は、小松の異人論が、異人論を原理論で終わらせるのではなく、具体的な問題を扱うなかから、新たな展開を企図した「各論」であったからである。なお、小松の異人論の問題構成に関しては、内田隆三（1996, 2005）の整理をふまえて、すでに拙稿（山 2008）で詳細に論じている。ここでは、これをもとに簡潔に述べることにしたい。

「異人殺し」伝説とは、定期的あるいは不定期的に民俗社会＝村落共同体を通過していく六十六部、山伏、高野聖、巫女、遍路、座頭などの旅人、宗教的遊行者、すなわち「異人」をめぐる多種多様なフォークロアの一部である。「異人殺し」伝説の理念型は、およそ次のようになる。

A1、ある日、旅人（異人）が村を訪れ、ある家に宿泊する。
　2、その家の主人は旅人をだまして殺害し、その所持金を奪う。
　3、その家は奪った金品を元にして、富を殖やし、栄える。
B4、しかし、ある時、ある家の子孫に何らかの不幸が起きる。
　5、（シャーマンの託宣によって）不幸の原因が、殺された異人の祟りとされる。
　6、異人の祟りを鎮めるために、異人の怨霊が祀りあげられる。

伝説の基本構造は、AとBの二つの部分から構成されている。伝説の主要部分は、ある家が急に富を蓄積した理由を、異人を殺害し、その所持金を奪ったからであると説明するAの部分である。ところが、Aの部分は、シャーマンの託宣によって、Bの現実に起きている不幸の原因の説明として語り出されたものである。したがって、Aは、人々にとっても、初めて聞く話であり、必ずしも実際に起きた「歴史学的事実」ではない。Aは、Bの部分の不幸が起きている村や家などの固有名詞と結びつくことによって、連続したものとして語られることで、伝説として、つまり当該社会の人々にとっての「歴史的事実」となるのである。

この伝説には、顕在的／潜在的な二つの機能があるとされる。顕在的には、村落共同体内部に現実に起きている不幸による混乱を鎮める機能がある。人々は、シャーマンの託宣によって、不幸の原因が、殺された異人による祟りであることを突き止め、その怨霊を祀りあげることで、共同体の秩序を回復する。
一方、潜在的には、貨幣経済の浸透にともなう共同体内部に起きた「富」の不均衡による混乱を解消する機能があるとされる。つまり、ある特定の家が急速に成り上がったことを説明すると同時に、殺人者の家として排除し、共同体内部にくすぶる不満を解消する機能がある。「異人殺し」伝説は、二重の位相において、「村落共同体の統合」という機能を果たすことになる。
異人論は、①共同体の緊張・葛藤→②「説明体系」・「託宣」の作動→③「物語」の生成→④「排除のシステム」の作動→⑤共同体の秩序の回復、というシステム論的に整備された枠組をもっている。小松は次のように述べる。

民俗社会は外部の存在たる「異人」に対して門戸を閉ざして交通を拒絶しているのではなく、社会の生命を維持するために「異人」を吸収したのちに、社会の外に吐き出すのである。しかもその結果として社会の内部にもしるしづけを受けた家が、社会的な差別を受けるような家が生み出されることさえあるのである。
（小松 1995：89）

しかし、貨幣経済の浸透に対して、排除のシステムでは、一時的な対処になっても根本的な解決は難しい。最終的に次のような結論となる。

旧来の村落共同体はそれを維持しようという努力にもかかわらず貨幣のためにほとんどが解体されてしまったのだ。〝貨幣殺し〟を実現して旧来の閉鎖的な村落共同体を守り続けることができず、逆に貨幣経済の

ために村落共同体は押しつぶされてしまったのであった。（小松 1997：74）

村落共同体が都市社会に吸収されることで、村落共同体の外部に立ち現われていた異人も、村落と都市との境界の消失とともに、消えてしまう、これが小松の見解である。

3 本書の構成

以上、「異人殺し」伝説の一連の研究を中心とした異人論の問題構成を概観してきた。これを踏まえて、異人論の残された課題を探りつつ、本章に収録した論文との関連を説明したい。

「異人殺し」伝説が語り出されるのは、何らかの不幸な出来事が生じていることが、その出発点として想定されている。伝説は、不幸な出来事の原因として、語り出されているのである。その不幸の中身というのは、病気であったり、凶作であったり、さまざまな不幸が考えられるが、それは個別的には、しばしば見られる、よくある馴染みの不幸であろう。しかし、そうした本来は別個の不幸な出来事がいくつも連続で起きた場合、それらの不幸な出来事の背後に、異様な雰囲気が醸成され、人々を包み込むことになる。こうした雰囲気は、明確にはとらえきれないものであり、人々を不安な気分にさせ、情動的に不安定な状態に陥れる。この雰囲気に対する応答の一つが、「異人殺し」伝説なのである。むしろ、「異人殺し」伝説は、こうした雰囲気に対する数ある応答の一つに過ぎないともいえるだろう。とするならば、この不気味な雰囲気のもつ性格、それが人間にもたらす意味合いを理解することが異人論の前提となってくる。

この問題に取り組んでいるのが、梶谷論文（第1章）である。梶谷は、新しい現象学を提唱するヘルマン・シユミッツの雰囲気をめぐる議論を手掛かりに、「異人殺し」伝説の発生の母体となる、不気味な雰囲気を「異他性」という概念を用いて検討している。異他性とは、他者性のような、差異と同一性を前提とした概念とは異なり、差異と同一性が未決定な状態、明確なかたちではとらえられない曖昧模糊とした状態を把握するための概念である。システム論的に整備された小松の異人論が暗黙のうちに前提にしている次元にメスを入れた試みと言え、異人論をより広い視野から位置づけるとともに、新たな論点を提供している。

梶谷論文が、新しい現象学の立場から、「異人殺し」伝説が何らかの不幸の説明として語り出されようとする「現場」に生じている異様な「雰囲気」に着目したとすれば、「異人殺し」伝説が昔話あるいは世間話としてかたちを変えて流通している「こんな晩」と呼ばれる話を取り上げて、そこに表現された「倫理」の問題を考察したのが、山論文（第11章）である。「こんな晩」とは、次のような話である。ある男が過去に異人を殺して金品を奪い、金持ちになる。その後、生まれた男の子が、生まれつき言葉を話せない。その子が一二、三歳になった頃のある晩、「ちょうど今夜のような晩だったね」と〈声〉を発する。はっとして子を見ると、殺した異人とそっくりの〈顔〉でじいっと睨んでいた、という話である。この話は殺した異人の死霊の憑依とも、また生まれ変わりとも取れるような話である。誰もが異人となる都市的な世界において、貨幣を媒介とした殺し／殺される関係を食い止める最後の砦として、いわば究極的な倫理の所在として、異人の「死者」の〈顔〉が描かれていると、山論文は指摘する。怨霊の祟り、あるいは因果応報の物語を、殺人という行為を思いとどまらせる倫理の物語として読み説こうとした論考と言えるだろう。

「異人殺し」伝説研究における重要な発見は、伝説の発生の現場に、シャーマンによる託宣を見つけ出したことである。不幸な出来事の原因を、殺された異人の怨霊の祟りであることを突き止め、鎮魂し、祀り上げることで事態を収拾する。シャーマンによる説明が受け入れられたとき、伝説は人々にとっての歴史的事実となるのである。やがて、シャーマンの託宣があったことは忘れられ、伝説だけが事実として残ることになる。興味深いのは、こうした儀礼の担い手であるシャーマン自身も外部から訪れる異人であったということだ。従来の研究では、この点については、「異人殺し」伝説の語り手、運搬者の問題として考えられてきた。

このシャーマンの異人性に着目しているのが、韓国のシャーマン「万神」を取り上げた浮葉論文（第9章）である。浮葉論文の興味深い点は、シャーマンが金銭を要求する点に着目していることである。殺される異人の多くは、旅の宗教者や芸能者であり、彼らが金銭を所持していると観念されていることが「異人殺し」伝説の成立の前提となる。それらの金銭は、儀礼や芸能の代価として訪れた先の村々から要求して手に入れてきたものであったのだろう。浮葉は、金銭を要求するシャーマンに対する人々の両義的な感情に目配りをしながら、時と場合に応じて、異人を歓待し、あるいは排除する、異人論の前提となる心性が生まれる現場をフィールドワークから取り出そうするのである。韓国のシャーマンの事例ではあるが、「異人殺し」伝説発生の現場を理解するうえで示唆に富んでいる。

「異人殺し」伝説は、貨幣経済の浸透によって解体の危機を感じた村落共同体がこれに抗おうとして語り出したものとされた。「異人殺し」伝説は、「神」に象徴される村落共同体と「貨幣」に象徴される都市社会との対立の構図からなっており、「異人」は外部から村落共同体の内部に「貨幣」を持ち込む存在として位置づけられている。小松の「異人殺し」伝説研究は、「神」「貨幣」「異人」の三者の構図からなっているのである。これと同じく三者の構図からなっているのが、ドイツの社会学者ジンメルの議論である。これに着目して、両者の問題構図の比較検討を試みたのが、浜論文（第2章）である。小松が異人を集団の外部の存在として位置づけ、ジンメルが異人を集団の内部に位置づけるように、両者の異人の設定はまったく逆になっている。また、小松は、神と貨幣とを対立的にとらえているように見えるが、ジンメルの場合は、貨幣への信頼が成立する背景には、神への宗教的信仰と共通する態度があるとする。つまり、「神と貨幣」をセットでとらえており、この点も逆だという。

ジンメルと小松との議論の違いはどこから来ているのか。それは、まず、ジンメルが貨幣のある都市社会を、小松が貨幣なき村落共同体をそれぞれ前提に議論しているところにある。そして、もう一つの重要な違いは、「神」に対する考え方であろう。小松の場合は、小さな村落共同体の神々を想定しているのに対して、ジンメルの神は、宗教的信仰的な、普遍性をもった精神的態度を指しているように見える。

さて、こうしたいくつかの違いがありながらも、両者が到達する結論は一致しているとする。最終的にはすべての人が異人となる。それゆえに、異人が消失してしまうというものである。こうした一致をもたらしているのは、異人（商人）と貨幣との類似性を共通認識としていることに由来している。貨幣を媒介とした交換が日常化すれば、人はみな異人となるのである。「神」概念の相違や、議論の出発点における貨幣の有無の違いを取り外せば、じつは、両者の問題認識は見かけほどは、かけ離れてはいないのではないだろうか。

では、貨幣と共同体との背反的な関係の設定を外すと、「異人殺し」伝説はどのように見えるだろうか。村落共同体が恐れていたのは、貨幣経済の浸透によって生じる家の経済的格差の問題であり、言い換えれば、貨幣が均等に村落内の家々に行き渡らないことが問題になっているようにも見える。なぜなら、貨幣への欲望が、「異人殺し」伝説成立の前提であり、貨幣を排除したいという気持ちよりは、より多く貨幣を手に入れたいという気持ち、自分よりも貨幣を多く手に入れたものを嫉妬する気持ちが、「異人殺し」伝説を支えているからである。このようにとらえることによって、異人論の範囲を、村落共同体だけでなく、都市社会も含めて、包括的なかたちで再構成することが可能だろう。そう考えることで、浮葉論文が描くような、ソウルという大都市で相変わらず行われている金銭を媒介としたシャーマンの活動も理解することできるだろう。

貨幣の使用が日常化している現代社会は、最終的には、すべての人がお互いに異人となる。しかし、そうした結論を早急に下す前に、「知人」という概念を導入し、現代社会のコミュニケーションの様相をより緻密に把握しようとしたのが、阪本論文（第3章）である。

家族や友人など親密な関係性の領域と、その外にあるストレンジャーとの二項対立ではとらえられない、そのあいだにある広大な領域を、イギリスの社会学者ディビッド・モーガンは「知人」という概念でとらえる。ストレンジャーと「知人」との違い、そして親密な友人と知人の違いは、必ずしも明確ではないが、「知人」は、共同体的な関係でもなければ、匿名的ストレンジャーでもない、現代の抽象的関係を示唆する魅力的な概念であると阪本は述べる。そのうえで、モーガンが指摘する「知人」概念を、ゴッフマンの社会学が好んで取り上げる、個々の社会的場面に表れる人間関係のあり方から再検討することを試みる。なぜなら、モーガンの「知人」関係とは、個々の場面を総計してえられる関係性のカテゴリーであり、ゴッフマンのいう個々の場面的社会の寄せ集めと見ることができるからである。そこから、さらに阪本は、モーガンが「知人」に着目する理由を、すべての社会関係が知人化しつつあるという認識から来るとし、とすれば、親密関係とされる家族や友人関係も影響を受けないはずはなく、家族や友人の知人化という視点から、家族や友人の関係も場面的なものとして分析されるだろうと述べる。

阪本の議論の興味深い点は、この場面的社会の外部に、再び異人を見出している点である。そこで言われる異人とは、場面的社会の外部に存在の根拠を置く、個々の私たち自身のことであり、もう一つは、場面的社会を外からコントロールしようとする存在である。そして両者はしばしば重なり合うとする。この阪本の見解を、私なりに言い換えるならば、現代社会を生きる私たちは、場面的社会の外の異人であることによって、存在の根拠を確保することができると同時に知人的な顔をもつことによって、場面的社会に関わりながら生きる存在だということである。親密性、知人、ストレンジャー――これらは、まるで振り子のように揺れ動いているのである。この関係性の変化をとらえる場面的社会の社会学は、新しい異人論の重要な課題となるだろう。

誰もが異人となる現代社会においても、なお移住者とそれを受け入れる側とのあいだには、その限りにおいての距離が横たわっている。移住者は受け入れ先の住民にとっては、外部から訪れた異人に他ならない。この点に関して、都市のユダヤ人を背景に議論をしたのが、ジンメルの異人論であり、外国人移民を背景にしていたのが、シュッツの異人論であった。これらの問題に関して、ドイツ民俗学の形成における異人の意味を検討しているのが、法橋論文（第4章）である。

日本民俗学の形成期には、異人に対する関心が強く表れていたことは、柳田國男の初期の山人論にもみられる通りであるが、その後、マジョリティである「常民」に対象を絞り込むことで自己認識の学として成立することになる。ドイツ民俗学もまた、他者を媒介として自己の文化を相対化する民族学とは異なり、農民文化・自己文化のなかにある他者・異人に目を背けることによって、「民族（volk）」の学的構築を主眼として成立する。法橋は、こうしたドイツ民俗学の形成過程を振り返りながら、戦後のドイツ社会における移民、帰還者などの大量の流入がもたらした多文化状況が、民俗学＝自文化研究／民族学＝異文化研究の境界を曖昧なものとし、やがて「ヨーロッパ民族学」あるいは「文化人類学」という名称のもと、民俗学が「日常学」あるいは「経験的文化科学」として再編成されていく過程をたどっていく。このような新しいドイツにおける民俗学の展開のなかで求められる、新たな異人研究の課題を、法橋は次のように述べている。

そして現在の異人の研究は、異人に対する表象・ステレオタイプを伝承レベルで解き明かすこと以上に、異人の日常の中にマジョリティである〈われわれ〉がどのように介入しているのか、また〈異人／われわれ〉の関係が時として逆転・移行するプロセス、すなわち〈人はいかいして異人となるのか〉が問われているのである。

ここで再び、異人が切実なテーマとして浮上している。しかし、ここでの異人は、単に、中心にとっての周縁、権力から排除される側として描かれるだけの存在ではない。それとはまったく逆に、ここでは、徹底的に異人の側から、世界をとらえようとしているのである。多文化社会を背景に大きな展開を遂げたドイツ民俗学の経験は、今後さらに多文化化が進展することが予測される現代日本における民俗学のスタイルを考えるうえで、きわめて示唆的といえるだろう。

ドイツ民俗学の変貌の背景となっている多文化状況は、主に都市部への移民の流入が中心となっている。一方、現代日本では、これとは別の異人問題が生じている。それは、都市から田舎へ、中央から地方への移住者の問題である。この点に関して、Iターン移住者を取り上げて論じているのが、菅論文（第8章）である。

菅論文は、Iターン移住者の語りを緻密に分析することによって、その心象風景を明らかにしようとする。そこから見えてくるのは、〈旅〉と〈住〉という二つの領域の狭間で揺れる移住者の感情の動きであり、アイデンティティの揺らぎである。〈旅〉と〈住〉とが厳密に区別されてきた従来的な認識とは違い、〈旅〉の中に〈住〉が、そして、〈住〉の中に〈旅〉があり、相互に浸透しているのである。また、移住者の意識も、〈旅〉の側に重きを置く者と、〈住〉の側に重きを置く者があり、さらに受け入れる側の認識との相関関係で、移住者の意識も多様に変化する。また、〈住〉から〈旅〉へ、〈旅〉から〈住〉へ、再び〈住〉から〈旅〉へと、その移行をめぐる語りには、場所の選択と愛着の問題が、複雑な心情とともに現れるのである。菅論文の興味深い点は、こうした移住者が経験する「他者性の瞬間」をとらえて、その他者性を飼いならそうとする移住者たちの語りに、真摯に耳を傾けようとしている点である。菅論文には、Iターンという生き方を選んだ、あるいは選ばざるを得なかった者たちの、苦悩と希望が入り混じった果てしない心の旅の同伴者のような共感が滲み出ている。〈旅〉と〈住〉の狭間で揺れ動く移住者たちの姿に、同じ時代を生きてきた菅自身の人生を重ねているようにも見える。場所の選択と愛着をめぐる問題は、私たち現代人の多くが経験してきた共通の問題だからであろう。

4 他者表象の問題

以上、異人という同じ言葉を用いながら、いくつかのタイプの異なる異人をめぐる議論を検討してきた。じつは、小松自身が、異人の類型をより包括的に整理している。『岩波講座現代社会学3——他者・関係・コミュニケーション』に収録された「異人論——『異人』から『他者』へ」という論文である。

小松は、「異人」を定義して、次のように述べている。「異人はさまざまな集団の『外部』に、集団の発生とともに現れる」、「異人は社会のさまざまな局面、すなわちさまざまな社会集団の『外部』に立ち現れる関係概念である」、「異人とは、特定の集団との関係によって決定されるものであるから、私たちすべてがある局面では異人となるが、別のある局面では異人ではない」、以上のように述べて、集団、または社会集団という広い概念との相関関係にあるものとして異人の概念規定を行っている。そのうえで、小松は異人のタイプを四つの類型に分けている。以下、引用してみよう。

第1群は、ある共同体に一時的に滞在するが、所用をすませばすぐに共同体を立ち去っていく「異人」たちである。こうした異人の例として、遍歴する宗教者や職人・商人・乞食、観光目的の旅行者、聖地への巡礼者などを挙げることができる。日本で論じられてきたもっとも一般的な異人が、これにあたる。

第2群は、共同体の外部から共同体にやってきて、そこに定着するようになった「異人」たちのグループである。異人たちの立場はさまざまである。戦争や飢饉によって自分の共同体を失ったり追われたりした難民、商売や布教のために定着した商人や宗教者、自分の共同体を追われた犯罪者、あるいは買い取られてきた奴隷、などが挙げられる。第1群の異人が定着を希望したり、迎え入れた共同体に定着を強制されたりすれば、この第2群に属することになる。ゲオルグ・ジンメルやアルフレッド・シュッツが対象とした異人はこのタイプの異人であった。この背景には　早くから他国からの移民や民族問題、国際交流を体験してきたヨーロッパの個別的事情があったと思われる。

第3群は、共同体がその内部から特定の成員を差別・排除する形で生まれてくる「異人」である。このグループの異人には、異人としての特徴づけを受けつつも共同体に留まっている者と、共同体を追放される異人の、二通りの種類がある。たとえば、共同体に留まっている前科者や障害者などに対する差別意識が生み出す「異人」は前者であり、処刑されたり追放されたりあるいは捨てられたりする犯罪者などが後者に属するといえよう。第1群および第2群の逆転形ともいえる類型である。

第4群は、空間的にははるか彼方に存在しているために間接的にしか知らない、したがって想像のなかで関係を結んでいるにすぎない「異人」たちである。鎖国時代の中国人や朝鮮人、西洋人、インド人などは、ほとんどの日本人にとって直接会ったことのない人々であり、絵画や書物、あるいは伝聞を通じてわずかに知られているにすぎない存在であった。また、この群には、異界に住む善霊と悪霊の双方を含みこんだ、広い意味での「神」も含むことができるだろう。（小松 1995：177–178）

以上のように整理したうえで、「こうした分類は、あくまで異人の考察を容易にするための便宜的なもの」であり、実際の異人は、「類型の複合型として存在したり、あるいは時間の経過のなかである類型から別の類型へと変換・変貌したりする」として、慎重に異人の類型を設定している。

これまで検討してきた各章の論文の多くは、大きく分けて、第1群および第2群に含まれるものであることがわかる。

もう一つ、異人論以後の課題として、本書に収録した論文で取り上げているのが、第4群の異人の問題である。第4群の異人に関しては、二つの課題があった。一つは、心性論に軸足をおいた研究である。小松が、「異人歓待や異人排除の背後には、……異人をどのように扱うべきかを暗黙のうちに方向づけているコスモロジーないし異人解読装置が、神話＝フォークロアといったかたちで存在している」と述べるように、異人を好ましいものとする場合は、カミに関係づけて歓迎し、好ましくない場合には、妖怪視してこれを排除することもあるということである。

もう一つは、小松が、「日本の近代化は、そうした神話的・民俗的異人観の解体・革新という作業を含んでいたが、その一方で、国家的レベルでの新たな（やはり神話的・民俗的といっていいものであるが、そうとは気づかない）異人観＝コスモロジーを作り出して、近代国家という共同体を編成し強固にしていったことも忘れるわけにはいかない」と述べるような、近代国家の他者表象の問題である。このテーマは、オリエンタリズム批判以降、盛んに研究が行われて、多くの蓄積がなされているのは周知の通りである。

興味深いのは、近代国家の他者表象と異人をめぐる民俗的心性とが、一見無関係に見えて、近代化の過渡期には、交差する場合があるということである。たとえば、明治時代に西洋人が妖怪視され排斥されたというようなケースである。この問題に取り組んでいるのが、橘論文（第10章）である。橘は、明治期に、土佐で発生した膏取り一揆という事件を取り上げて、当時の西洋人に対するイメージが、伝統的な異人観と重ねられ事件が起きていく過程を検討している。近代化による西洋の建築や技術の導入は、当時の人々の目に新奇なものとして映った。とりわけ、近代西洋医学にもとづく病院の施設の設備は、人々を不安に誘い、疑心を生み出した。異人たちは得体の知れない道具を使って、人体からあぶらを搾り取り血を吸いだすといった噂に危機感を抱いた人々が、一揆の行動に出ようとしたのである。この背景には、昔話「膏しぼり」に見られるような、山中の妖怪が人体から膏を絞り取るという伝承が、西洋人を理解するための枠組みとして作動したのではないと従来の研究では考えられてきた。橘は、そうした理解に止まることなく、当時の資料を丹念に検討しながら、一揆の目的が、戸籍の焼却であり、廃藩置県の撤廃を要求していたことから、一揆の背景に急速に進展する中央集権化に対する人々の政治的抵抗の可能性を読み説くのである。このように、事件の背後に、合理的あるいは非合理的な理由の双方を見出すことが可能であるのは、実際の事件が、想像と現実の入り混じった混沌とした状況のなかで発生しているからである。そして、おそらく現代における他者問題をめぐるさまざまな事件もそうとは気づかないだけで、同様に想像と現実が入り混じった状況で発生しているのではないだろうか。

橘論文が、いわば、「異人の妖怪視」の問題を取り扱ったとすれば、それとは逆に、「妖怪の異人視」を扱ったのが、飯倉論文（第7章）である。飯倉は、初期の民俗学や人類学の言説、あるいは妖怪撲滅を目的とした言説を取り上げながら、そこに、妖怪の〈正体〉を問うという共通の言説を見出す。そして、それらの言説はさまざまな異同はあるが、それを超えて、おおむね妖怪の〈正体〉を、他民族や歴史上において差別・阻害・弾圧された集団・階級が物語化されて伝わったものであると推測する点で共通するという。そして、興味深いことに、現代の一般向けの歴史雑誌やオカルト雑誌なども、しばしば、かつての学術的言説を引用しながら、こうした説を踏襲し、くり返しているのである。飯倉は、これらの妖怪の〈正体〉を探る言説を追跡しながら、つぎのような結論に達している。

妖怪の〈正体〉言説は、一面ではある集団を「人間外」のカテゴリに移行し、「われわれ」のうちから排除する。しかし他面では、妖怪という絶対的に外部に位置する「異人」を否定し、すべてを「われわれ」人間の世界のうちに位置付けようとする言説でもある。そこにあるのは「われわれ」しか存在しない世界を理想とする世界観である。

ここには、学術的あるいは学術的な装いをもった言説上でくり広げられる、人間という「われわれ」を構築する、新たな異人論に対する批判的視点がある。これは、異人論の思想史ともいうべき問題であり、同時に、他者表象の問題である。「われわれ」人間の世界にとっての異人とは何か。人間以外の新たな他者表象の問題が視野に入ってくるとともに、それぞれの「われわれ」の範囲に対応する他者表象のあいだの相互の関係も問題になってくるだろう。こうした問題は、学術的言説のみならず、芸術や文学においても同様である。

これに関して、帝国日本における「朝鮮／映画」を取り上げて論じているのが、梁論文（第6章）である。「朝鮮／映画」という表記には、複雑な含意がある。日本映画と朝鮮映画という対比ばかりでなく、作り手が日本人なのか朝鮮人なのか、また受け手が日本人であるのか朝鮮人であるのか。また、日本人／朝鮮人という対比も単純ではなく、朝鮮在住の日本人や在日朝鮮人の作り手や受け手もあり、また、映画のなかでの日本人と朝鮮人の描かれ方ばかりでなく、日本人の役者が朝鮮人を演じる場合もあれば、朝鮮人の役者が「国語（日本語）」を使う場合もあったからである。梁は一九二〇年代から一九四五年までの「朝鮮／映画」の歴史を、主に当時の映画雑誌を資料にしながら検討している。そこで見られるのは、映画という視覚的装置の特性がもたらすアンビバレントな表現の問題である。たとえば、「朝鮮の地方色」や「朝鮮語」を出さない限り、朝鮮人を「異」のものとしてスクリーンに出すことはできなかった点である。視覚媒体を用いて、「差異」を前提にした「同化」を具現するためにも、「朝鮮の地方色」や「朝鮮語」が必要であったのである。しかし、興味深いのは、一九四一年以降帝国日本内で作られる映画には「国語」しか使えないようになり、こうした「差異」が消えていき、その後に残ったのは、「朝鮮服」と「和服」を交換する女性たちと子どもの「内鮮交流」であったことである。この交換は、「他者」を「われわれ」へと変えるための視覚的レトリックであったと梁は指摘している。

以上のような「朝鮮／映画」の変遷が示しているのは、他者表象や自己表象の営為が、複雑な利害関係と立場性、イデオロギーが絡み合ったなかで行われる政治的闘争であり、せめぎ合いであるということである。これを踏まえれば、他者表象をめぐってなされている、「他者」と「われわれ」との境界画定の現場で発生しているポリティクスに目を向けることは、今後の異人論の重要な課題となってくるだろう。

梁論文が、多文化状況を背景とした、いわば第2群と第4群の異人との影響関係を取り上げたとするならば、第3群と第4群との関係を取り上げているのが、石田論文（第5章）である。

石田は、ニュースショーというメディア言説を現代の「民話」ととらえ、その〈物語〉が作り上げる〈共同体〉について、〈他者〉表象をキーワードに考察する。そこで参照されているのが、社会学者のZ・バウマンの「よそもの（Strangers）」概念である。バウマンによれば、「私たちと彼ら」「自己と他者」のあいだには、明確に境界線が引かれており、その特徴の対比は揺るぎがない。これに対して、「よそもの」は、「私たちと彼ら」のどちらにも属さず、両者の境界線を脅かすような存在であるという。石田は、既存の境界線や対立の妥当性、その構築の自然性に疑いを生じさせるような「よそもの」を、多重に他者化された存在、異人としての〈他者〉と呼び、その他者化のプロセスに注目して、ニュースショーで描かれる事件を取り上げて検討している。そこから見えてくるのは、「よそもの」「異人」として多重な意味において〈他者〉化されているのは、加害者よりもむしろ、事件や事故の被害者であるという点である。たとえば、二〇〇四年に起こったイラク戦争日本人人質事件とその後に吹き荒れた「自己責任論」報道は、被害者が〈他者〉化されていく典型的なプロセスをたどったものととらえられる。人質事件の「被害者」は、社会の既存の境界線や、その構築の自然性に疑いを生じさせるような「よそもの」として〈他者〉化され、強烈な排斥とバッシングを受け、現在でもその名誉回復はほとんどなされていないことが指摘されている。

石田論文でもう一つ見逃せない指摘は、メディア言説の中で、日々〈他者〉化のプロセスを目撃している者たちの「無関心」の問題である。悲惨な事件を描くニュースショーが、まるで娯楽のように簡単に消費されて捨て去られている状況に留意しなければならないと石田は指摘する。そして、そうした状況の延長線上に、こうしたメディア言説の分析があることにも反省を促す。その一方で、テレビ視聴に見られる「儀礼的無関心」と反比例するように、ネットやツイッターなど新たなメディア上では、過剰な「親しみやすさ」や「親密な関係性」が噴出していることを指摘し、テレビ以後の時代の、メディアの〈共同体〉が幾重にも重なりあって構築されているという視点からの分析の可能性を提示する。石田論文が示唆しているのは、異人論のメディア論的展開の可能性であり、異人論の新たな方向性を示しているといえよう。

以上、本書に収録した論文を、小松和彦の「異人殺し」伝説に関する一連の研究、および異人の四類型と関係付ながら、その位置づけを行ってきた。

各章の論文は、視点や方法がすでに定まったうえで進められた手堅い研究というわけではない。むしろ、異人、ストレンジャー、他者、移動、移住などのキーワードを手掛かりに、哲学（現象学）、理論社会学、地域社会学、環境社会学、メディア論、そして文化人類学、民俗学などの複数の分野の研究者が、それぞれの得意とする研究のなかで、新たな論点や切り口を手探りしながら模索した、まさに試論に他ならない。

それゆえ、各章の論文は、議論の展開や論理の一貫性において、必ずしも、すっきりとしたものばかりではない。異人や他者という概念についても、論者によって、相当の開きがあることは否定できない。しかし、それは、それぞれ異なる分野の研究者が、共通のキーワードをもとに、何とか新たな論点を絞り出そうとした、悪戦苦闘の痕跡なのである。

本書の試みが成功しているのかどうか。それは今後の異人論の新たな展開が示してくれるだろう。その意味で、本書の試みは、新たな異人論の出発点に他ならないのである。

文献

赤坂憲雄、［一九八五］一九九二、『異人論序説』ちくま学芸文庫。

赤坂憲雄、［一九八七］一九九五、『排除の現象学』ちくま学芸文庫。

栗本慎一郎、［一九七九］二〇一三、『経済人類学』講談社学術文庫。

小松和彦、［一九八五］一九九五、『異人論』ちくま学芸文庫。

小松和彦、［一九八九］一九九七、『悪霊論』ちくま学芸文庫。

小松和彦、一九九五、「異人論」『岩波講座現代社会学3——他者・関係・コミュニケーション』岩波書店。

岡正雄、一九七九、『異人その他——日本民族＝文化の源流と日本国家の形成』言叢社。

岡正雄、一九九四、大林太良編『異人その他　他十二篇　岡正雄論文集』岩波文庫。

折口信夫、一九五四、「国文学の発生（第三稿）」『折口信夫全集第一巻』中央公論社。

中沢新一、［一九七六］一九八五、「斬り殺された異人——通底器としてのフォークロア」小松和彦編『日本昔話研究集成1　昔話研究の課題』。

山泰幸、二〇〇八、「〈異人論〉以後の民俗学的課題」『日本文化の人類学／異文化の民俗学』法藏館。

山泰幸、二〇〇九、『追憶する社会』新曜社。

山口昌男、［一九七五］二〇〇〇、『文化と両義性』岩波現代文庫。
上野千鶴子、［一九八四］一九八五、『構造主義の冒険』勁草書房。
内田隆三、一九九六、『さまざまな貧と富』岩波書店。
内田隆三、二〇〇五、『社会学を学ぶ』ちくま新書。

第Ⅰ部　異人を問うフレーム

第1章　現象学から見た異人論
――雰囲気の異他性と民俗文化

梶谷真司

1　現象学と民俗学

接点と隔たり

現象学は登場した二〇世紀初頭当時から、社会学や精神医学、心理学など、さまざまな分野に影響を与え、新たな潮流を生み出してきた。しかし民俗学への影響は、一九六〇年代になってからである。そのきっかけとなったのは、一九六一年に公刊されたヘルマン・バウジンガーの *Volkskultur in der technischen Welt*（邦訳は河野眞訳『科学技術世界のなかの民俗文化』二〇〇一年、文楫堂）である。この書は、消えゆく伝統社会を主たる対象としてきた民俗学を、近代化を経ていまにいたる現代社会の研究へと転換した点で画期的であった。そして彼は、近代以前の民俗文化の起源や変遷をたどるよりも、かつての民俗的要素が近代以降の社会をどのように構成しているのかという、いわば民俗世界の「世界性の分析」（ハイデガー）に焦点を当てたのである。七〇年代になると、ドイツでは学会でも「日常性」や「生活世界」といった概念が取り上げられ（cf. 法橋 2010：18）、また二〇〇〇年代になると、アルブレヒト・レーマンが「意識分析」という手法を民俗学に導入し、行為し語る人の意識のあり方を問うようになる（cf. 法橋 2010：24、Lehmann 2010：31-55）。

こうして現象学と民俗学は着実に接近しつつあるが、両者のあいだにはもともと学問的に親近性がある。現象学は、日常世界一般の普遍的構造を解明する。ハイデガーが『存在と時間』でおこなった現存在分析や、フッサールの生活世界論がその代表である。それが対象とする経験や事象はありふれたもので、理論的反省以前の、私たちの生に密着した、したがって私たちの存在にとってより根本的なものと言える。民俗学もまた、特定の人の意図や努力によって生み出されたものではなく、やはり理論的反省以前の、人々のあいだで共有され、受け継がれてきた、したがって民衆の生活に密着したものに取り組んできた。この点で民俗学と現象学には本質的に通じるものがある。

とはいえ、民俗学と現象学のあいだには、容易には超えられない隔たりもある。民俗学は、近代化以前の伝統社会、したがって、過去の集団的なものを自らのフィールドとしてきた。他方、現象学（特にフッサール）では、直接的な経験可能性が探求の出発点であり基礎にもなる。そのため原則として個々人の主観にとって、つまり現在生きている個人にとって接近可能でなければならず、過去のものや集合的なものを扱うのがむずかしい。また、現象学は生活世界や身体など私たちが生きる現実により近い様相を把握しようと努めてきたが、結局は普遍的構造を追求することに主眼を置き、私たちの生が歴史的文化的にどのような規定を受けているのかはあまり論じない。

そこで私は、従来の生活世界論や世界内存在の分析をこうした方向へと具体化すべく、とりわけ民俗学の成果を摂取してきた。反省以前の日常性、現実の生への密着性と持続性の点で、歴史的・文化的に規定された生活世界を探求するのに民俗学の知見がふさわしいと考えたからである。そのような意図から、私はかつて「集合心性と異他性――民俗世界の現象学」という論考を書いた（cf. 梶谷 2001）。これは直接には小松和彦の「異人殺し」の研究に触発され、「異他性」をテーマにしてこの課題に取り組んだものである。ただしそれが可能だったのは、私がフッサールやハイデガーといった現象学の古典だけでなく、ヘルマン・シュミッツの〈新しい現象学〉に親しんでいたからである。

以下、この論考を振り返りつつ、現象学と民俗学が相互にどのような意義をもちうるのか、またそこからどのような成果や課題が出てくるのかを考察する。そこでまず、本節ではこのあと、方法論的な視点から民俗学と現象学の関係を考える。そして第2節では、民俗学研究の基礎としてのシュミッツ現象学の基本概念について論じる。第3節では、異他性というテーマをめぐって、この二つの分野の交差するところでいかなる成果が得られるかを示す。最後に第4節では、現象学の民俗学への応用可能性という視点から、「異人殺し」の民話や、宗教、慣習などについて考察する。

方法論的問題

現象学は、個人にとっての直接的な意識や経験に定位する。そのため、社会的・集団的なもの、すでに存在しない過去の事象をとらえるのに、方法論的な困難がある。自分が直接経験するという点で言えば、その典型は個人が自ら意識する事象であろう。現象学ではとりわけフッサールがそうした立場をとっており、レーマンの意識分析（自伝やインタビューなど、本人による語りを重視）もその系譜を引いている（cf. Lehmann 2001 : 271, 275）。ただし両者は、意識主体と分析主体が同じか違っているかという点で異なる。すなわち、フッサール現象学の場合、自分の意識や体験を自分で分析するのが基本である。他方、レーマンの民俗学では、意識や経験の主体は研究対象となる人物であり、それを分析するのは研究者のほうである。こうした民俗学の方法論は、現象学の側からすれば、厳密さや確実さに欠けるという批判が出てくるだろう。現象学は、直接とらえられる自分自身の意識に依拠しているのに対して、民俗学は他者の意識を――インタビューや自伝などの語りを通して――間接的にとらえているだけだ、と。

とはいえ、自分の意識の直接的な把握可能性を過大に評価すべきではない。直接とらえられる自己の意識の分析だから確実とか正しいとは言えない。分析や理解の枠組みが不適切なこともあるし、思わぬ先入見が潜んでいることもある。また、フッサールの文献を読む時、私たちは彼が自らの意識を分析して言語化したものを読んでいるだけであり、その意味では間接的である。私たちは彼の意識を経験するわけではなく、追体験的に正しさを確認するだけである。一方、他者の経験だからあやふやにしかとらえられないわけでもない。自分の経験であれ何であれ、研究するためには、言語やイメージによってとらえられ表現されたものに依拠するしかない。したがって重要なのは、表現されたものの質と分析の適切さであって、表現の内実が自分の経験か他者の経験かは、結局あまり重要ではないし、個人か集団かの違いも決定的なものではないのである。

また、直接的な経験を重視する現象学は、過去の出来事や異文化のように、自分では経験不可能なことを扱うのにも、方法論的困難がある。

シュミッツ現象学と民俗学

しかし、社会的歴史的条件が大きく異なる過去の出来事となると、追体験すらむずかしく、直接的な経験に依拠する方法では、アプローチができなくなる。同時代でも異質な文化については同様のことが言える。その点、〈新しい現象学〉を展開するシュミッツの哲学は、フッサールやハイデガーよりも柔軟でより多くの事象を扱うことができ、方法論的に言っても、他者や集団、異質な過去や文化の経験も取りこむことが可能である。実際シュミッツは、自分の著作の中で、文学から歴史、民俗学、精神医学、宗教などあらゆるジャンルの文献に書かれていることを現象学的分析の素材にしている。

レーマンのような民俗学者がシュミッツ現象学に手掛かりを求めるのも、そうした柔軟さ、広がりゆえであろう。レーマンは、民俗学研究の資料となる語りやその記憶を論じつつ、シュミッツに言及しているが、なかでも彼の論述に登場する「感情」、「気分」、「雰囲気」、「状況」、「語り」といった語は、すべてシュミッツから影響を受けていると考えられる（cf. Lehmann 2007：71ff.）。

では、これらの概念はなぜ民俗学研究にとって有用なのか。レーマンは明らかにすべき私たちの経験の性格について、つぎのように言う――「私たちの経験はすべて諸々の状況の中で起こる。しかもそうした状況は、そこに関わっている人から見れば、始まりと終わりがあって、全体的に体験される」（Lehmann 2007：9）。彼の論述から伺えるのは、ある種の全体的なまとまりであり、気分や雰囲気の質がそうした全体性の具体的特徴を規定するということである（cf. Lehmann 2007：9, 69）。レーマンが「意識分析」の材料とするのは、そのような経験についての語りや記憶であるが、彼によれば、雰囲気や匂いや味、音や印象は、とりわけ強く記憶され語られ、その基盤・背景になる（cf. Lehmann 2007：70）。ここで重要なのは、雰囲気と上で挙げた他の現象との共通点、それが何らかの全体性に関わっていること、またそれが個々の状況に特有の現実性、具体的個別性を与えているということである。

こうした彼の考えは、シュミッツからの影響が大きい。けれども、これらの諸概念の関連や位置づけは、必ずしも明らかではない。私自身の論考の中で活用した概念も、レーマンと共通するところが多いので、以下、まずは民俗学の理論的基盤としてのシュミッツ現象学の諸概念について述べていく（cf. 以下の説明については、梶谷

2002：第四～六章を参照）。

2　理論的基礎としてのシュミッツ現象学

感情と身体の空間性

シュミッツは感情と身体の現象学で有名であるが、そのもっとも大きな特徴は、それらを空間性において統一的にとらえた点にある。ただしそれは、いわゆる三次元空間ではなく、分割も測定もできない独特の構造と特徴をもつ広がりである。

シュミッツは、感情を個々人の主観的な内面状態としてではなく、雰囲気的にあたりの空間に広がりつつ人間を捕える力として理解する。したがってこの意味での感情は、多くの人を一気に包みこむこともあり、集団的・社会的でもありうる。また、こうした雰囲気に準ずるものとして、天候、風景、音、匂い、印象などがある。これらはそれ自体としては感情ではないが、しばしば感情と分かちがたく結びついて経験される。たとえば私たちは春の陽気、秋の憂愁、のどかな景色、心地よい音楽などを味わう。私たちが生きる空間は、このように何らかの情緒的規定を帯びている。

他方、感情はただ周囲に広がるだけではなく、私たちにとってある種の「内面性」でもある。私が悲しい時、それは私の感情であって他の人の感情ではない。私が悲しんでいるという事態は、他の人でも認識できるが、私が感じている悲しみそのもの、その切実さは、けっして他者と共有されることはない。シュミッツによれば、このように自他の経験の差異を生み出すのは身体である。ただしここで言う「身体」は、視覚や触覚でとらえられる物体の一種ではない。自己自身においてそのつど何らかの広がりとともに感じられるものである。痛みや驚きで身がすくむ時には、自分の体が狭まるのを感じ、安堵したりまどろむ時には逆に体が広がっていくのを感じる。このように自己の身体においてそのつどさまざまな空間性とともに現れる感覚は「身体的感知（leibliches Spüren)」と呼ばれ、感知されたその時々の状態は「身体的状態感（leibliches Befinden)」と言われる。この事例からもわかるように、身体的に感知される空間性は、感情の空間性と同様、分割も測定もできない。

さらにこうしてそのつど変化する広がりとして感知される私たちの身体は、他者の身体や事物とも容易に連動したり融合したりして、いわば共同的ないし集合的な身体を形成する。たとえば、会話の時の視線のやり取り、共同作業における息の合った動き、コンサート会場の一体感などでは、自己の身体はその場にいるすべての人を包括するような共同的身体の一部となる。相手が人間でなくても、使い慣れた道具、いつも乗っている車なども、私たちはほとんど自分と一体になっているのを感じる。また私たちは、そばを車が通り過ぎると体が引っ張られるように感じ、高いところから下を見ると吸いこまれるように感じ、緊迫した雰囲気に捕えられて動けなくなる。

このように私たちの身体は、他者や事物とのさまざまな関わりにおいて、自らを超えて他のものと関わり合う。これをシュミッツは「身体的コミュニケーション」と呼ぶ。こうして彼は、感情と身体に独自の空間性を発見し、それによって人間と世界、その中の人や物との関わりをきわめてダイナミックかつ具体的にとらえたのである。

経験の全体性

前節で述べたように、シュミッツ現象学では、人間を雰囲気的な空間の中で生きる身体的な存在としてとらえるが、そうした経験に言語はどのように関わり、どのような意義をもつのか。ここで重要になってくるのが、レーマンも言及している「状況」と「語り」という概念である。

私たちは通常、個別のものに注意を向けるので、個々のさまざまな事物の経験の違いは、個別的な要素や属性の違いとして認知される。しかし私たちの経験においては、しばしば同じ事物が時にまったく違ったふうに現れる。天気のいい日に見る大木は、どっしりとして安心感を与えるが、嵐の日には不気味で威圧感を与える。華やかで興奮を誘うものが、急に虚しく思えることもある。こうした経験の質的な違いは、感情や気分、天候や景色、音や匂い、印象などの雰囲気的なもの、情緒的なニュアンスを帯びた全体的な規定性にある。それが物事の経験の背景、土台をなしているのである。逆にこうしたものは、個別的な属性や構成要素は変わっても、全体としては同じものとして経験される。たとえば、景色なら雲の形や木の葉の数、人の印象なら服装やその人が手にもっているものが変わっていても、全体の見え方は変わらないこともある。こうした経験の全体的なまとまりをシュミッツは「状況（Situation）」と呼ぶ。

シュミッツは、この「状況」を「カオス的に多様な全体性（chaotisch-mannigfaltige Ganzheit）」ととらえる。「カオス的多様性」とは、同一性と差異性が未決定な様態、言い換えれば、個別的な要素に還元してとらえられない状態を指す。人や物の印象は、全体として大きく違っていても、具体的にどこが違うのか個別にはわからず、その印象の中に含まれる要素がはっきり区別できないことが多い。これがカオス的多様性である。私たちの経験は、朦朧とした意識のように全面的にカオス的に多様な場合もあれば、自然科学的に物事をとらえる時のように、かなりの部分が個別化されている場合もある。とはいえ科学的な認識も、その背後ないし根底には暗黙の前提や表立たない認識があり、そこにおいてはすべてを個別的な要素には分解し区別しきれない。したがって人間の経験は、つねに多かれ少なかれカオス的に多様なのである。

言語による明示化

さて、こうしたカオス的に多様な全体性である「状況」を言語によってとらえることをシュミッツは「語り

（Rede）」による「明示化（Explikation）」と呼ぶ。それは個別的な要素へと分節化する場合と、「状況」の全体性をできるだけ保持しつつ表現する場合の二つのタイプに大別される。学問や説明的な語りは前者の典型であり、いわゆる詩や象徴的な語りは後者に属するが、実際にはそれらが混ざり合って使われ、両方の側面をもつ。私たちはそのつど特定の雰囲気、ないしそれを帯びた「状況」に対して、こうした言語的な明示化と、上述した身体的コミュニケーションによって応答するのである。

第1節で述べたように、レーマンは経験の全体的なまとまりについて述べ、それを雰囲気や匂いや味、音や印象などと関連づけるが、彼がシュミッツ現象学から多くを摂取していることは明らかであろう。しかもそれらがその時々に人間が身を置く状況の背景ないし根底を規定し、それに全体的なまとまりを与えている。民俗学は一般性よりは個別性を重視する一方で、個々の具体的な事物や事態をとらえるだけでなく、そうしたそれぞれの土地や時代に特有の全体的な質をとらえようとする。そのように個別的な事象をとらえつつも、その根底にある共通性を把握するために、シュミッツの思想は、非常に有効な理論的土台を与えたのであろう。

他方、私自身は拙論「集合心性と異他性」（梶谷 2001）で、民俗的事象や事態にそくして、情動的・身体的レベルに結びついた生のリアリティを再現し、そこから現代の日常性とは異なる位相、およびこれまであまり見えていなかった側面を理解しようと試みた。それは、現象学の立場から民俗的な事象をとらえるだけでなく、現象学にとって新しい洞察を民俗学の素材から得るためでもあった。そしてそのさい、小松和彦の悪霊論、異人論に触発されて選んだのが「異他性」というテーマである。

3　異他性というテーマ

雰囲気の異他性

「異他性」や「他性」というテーマは、哲学や社会学、歴史学や民俗学や文化人類学など、さまざまな分野で論じられてきた。とはいえ、それはほとんどの場合「他者論」、すなわち自己に対する他者、ある集団にとっての他者、要するに異他的な人間に向けられている。しかし、ここで論じる「異他性」は他者性ではない。また異なる事物のあいだの差異に関わるのでもない。これらはいずれも、個体性を前提とした概念である。それに対して私が拙論で考察したのは、個体性とは違うレベルの、必ずしもそれを前提にしない異他性である。その主要なものが「雰囲気の異他性」であり、これは哲学においても他の分野でも論じられてこなかった。

　この種の異他性において問題になるのは、何らかの「馴染みのなさ」であり、たいていは奇異、奇妙、異様、異質、不気味などのネガティヴな意味合いが強い。このような異他性は、人についても物についても現れる。たとえば、久しぶりに会った友人の様子がおかしい。以前は明るかったのに、覇気がなく、陰鬱な表情をしている。あるいは、どんなに優れた現代的な建物も、古い街並みの中に建てられると奇異な感じがする。あるパーティーに行ってみたら、場違いな思いをして違和感を覚える、等々。こうした経験は、個々の要素がどうかというより、全体的な特徴に関わっている。場合によってはごく一部（たとえば髪型や化粧、目つきなど）が変わるだけで、全体の印象ががらりと変わる。これは前節で述べたカオス的多様性である。それが普段慣れ親しんだものと違うと言っても、具体的にどこが違うのか個々に指摘できず、何となく異様なのである。たとえ相違点をある程度列挙できても、その異様さ自体は全体的なものであって、同一性と差異性が未決定な状態を包含しているのである。

これらの例からわかるように、こうした現象は、人間に限らず、あらゆる事物、場所や空間、景色、光景にも起こりうる。いずれも個物のあいだの差異でも自己と他者の区別でもなく、馴染みのなさ、異様さという事物や事態の全体的な規定であり、雰囲気の異他性、あるいは、異他的雰囲気を帯びた状況と言えるようなものである。それは知的に何らかの違いとして認識されるというより、身体的情動的な不安や不穏さとして感知される。そうした状況で私たちはどう対処していいかわからず、身動きがとれなくなったりする。これは言わば身体的コミュニケーションの不全である。

またそれは、雰囲気一般と同様、共同で集団的に経験しうるものである。迫りくる嵐の前、大地震の後の余震に怯える日々、伝染病が拡散する時の戦々恐々とした状態など、その場に居合わせた人、ある地域全体、社会全体でもそうした異他的な雰囲気を共有しうる。そのような場合、集合的身体としても動揺し、不穏さを共有する。そして身体的コミュニケーションが不全状態に陥り、全員がそこで固まって動けなくなったり、逆にパニックに陥って逃げ回ったりして、うまく協同した行動がとれなくなる。こうした雰囲気の異他性は、普遍的に規定しうる属性ではなく、不安定な身体的状態感と結びついてその時々にさまざまなニュアンスとともに現れたり消えたりする経験全体の特性である。

雰囲気への応答としての文化

さて、どんな雰囲気でも、不気味で異様なものであれ、興奮した高揚感であれ、張り詰めた緊張感であれ、その力は自律的で否応なく人間を捕える。けれども人間は、そのように雰囲気の力にさらされた不安定な状態にとどまるのではなく、さまざまな仕方で雰囲気と安定した関わりを築こうとする。シュミッツによれば、それが文化の諸形態である。そのうちで特に重要なのが「語り」と「住むこと（Wohnen）」である。

人間の文化の形成においては、いたるところで言語が決定的な役割をもっていることは多言を要しないが、第2節でも述べたように、シュミッツはそれを状況の「明示化」、言語によるカオス的多様性の個別化としてとらえる。このような意味での「語り」は、学問的な活動であれ、文学や日常のおしゃべりであれ、その時々の状況が帯びている雰囲気とのさまざまな関わりの基礎になっていると考えられる。

もう一つの「住むこと」は、シュミッツではきわめて広い意味をもつ。それは、何らかの物理的手段によって空間を囲いこみ、雰囲気を選択的に取りこんだり、内部の雰囲気を調整して、身体的・情動的状態をある範囲で制御することである。それは、当の空間の目的に応じて、壁や天井の形や色、窓や扉の大きさや配置、調度品や装飾品その他の設備に配慮し、そこが特定の雰囲気で満たされるようにする。我が家では、心地よさや安心感が意図されるし、教会や寺院では壮麗さや静謐さ、仕事場ではある程度の緊張感が喚起されるようになっている。また、いわゆる建築物のみならず、庭や街もその物理的な条件（樹木や石、池、建物の高さや素材、道路や森など）に応じて特有の雰囲気を帯びる。そしてさらに芸術一般（造形芸術、建築、絵画、音楽）も宗教も、雰囲気との関わりでとらえられる。このようにシュミッツの立場からは、人間の文化は、雰囲気および雰囲気を帯びた状況との安定した関わりを生み出すさまざまな営みとしてとらえられる。

異他的雰囲気への応答

したがって、異他的な雰囲気を帯びた状況との関わりについても、このような意味での文化の一つとして見ることができる。とりわけそこでは私たちが身体的にも情動的にも動揺し、うまく行動がとれなくなっているので、そこに身を置いたままでいることはできず、そこから抜け出すことはより切実になる。そして、身体的状態感の安定と、身体的コミュニケーションの回復をめざすためにさまざまな対処をすることになる。そのための決定的な手段も、上で述べたように、語りによる状況の明示化である。すなわち、そこで何が起きているか描写したり、原因を特定することで、異他的な状況の茫洋としたカオス的多様性がある程度でも個別化され、対処の手がかりが得られるのである。

このことは、それじたいとしてはとらえどころのない雰囲気を何か個別的な事物や事態へと具現化するという意味をもっている。恐怖の雰囲気は恐ろしい物や人へ、沈鬱な雰囲気は重苦しい事柄へ、異他的な雰囲気は異様な物や人へと具体的な形をとる。そうして知的にも事態を把握し、何に対してどうすべきかわかり、身体的にも円滑な行動が可能になり、自分の行動を方向づけやすくなる。そのさい、語られたことが事実か虚構か、合理的な説明か、とりとめのないおしゃべりかはあまり問題ではない。語るということじたいに、カオス的多様性の個別化、雰囲気の具現化という意味があり、それが異他的状況を乗り越えることを可能にする。

さらに一つの集団、共同体（町であれ村であれ家族であれ）が異他的状況に陥り、語りによってそれに対処する場合、物語を共有するという仕方で集団の一体性がもたらされる。とりわけ尋常ならざる事態の経験は、ことのほか強烈な印象を残し、それが共同体にとって大きな危機となる場合、その克服は共同体のアイデンティティ（帰属意識）の重要な一部となり、それが語り継がれると、伝承というかたちでその共同体の歴史を形成しうる。次節で詳しく分析するように、それは「異人殺し」の民話の成立プロセスでもあろう。

4　雰囲気の異他性からとらえた民俗世界

「異人殺し」の成立と現象学的分析

「異人殺し」は、小松和彦が「異人論」としてまとめた一連の研究の中で扱った民話で、日本各地に見られるという。この話の成立の背景などについては、先に挙げた拙論でもある程度まとめておいたが、ここではそのもとになった「事件」と民話として受け継がれた「語り」の現象学的分析とその意義について考察する。そこでまず、異人殺しの話の概要を記しておく。地方によりさまざまなヴァリエーションがあるが、おおむねつぎのように一般化できるだろう――「村に一人の異人が訪れ、ある家に泊まった。その異人は多くのお金をもっていた。彼を泊めた家の者はそれが欲しくなり、異人を殺害してお金を奪い、裕福になった。しばらくして家の者や村全体が殺された異人の霊に祟られ、疫病が流行ったり、天災に見舞われたり、凶作が続いたりした。そして怨霊を鎮めるために、村人によって儀礼が行われた。」

小松和彦がフィールドワークから出した見解によれば、この物語は最初からこのようなかたちで語られるのではなく、つぎのような仕方で成立する――まず村全体に関わるような深刻な災厄（疫病の蔓延、凶作、天変地異など）が起こる。そこで村人が霊能者に助けを求める。すると彼はその能力を使って事の真相を探り、かつて起きた「異人殺し」を語り、この災いは殺された異人の怨念によるものだと言う。そして霊能者によって怨霊を鎮める儀式が執りおこなわれ、やがて災厄が収まる。その後これが語り継がれるにつれて、時系列にしたがって出来事が再構成され、霊能者による真相解明の部分が脱落すると、上のような物語になるわけである（cf. 小松 1995 : 31-34、1997 : 25-34）。

つぎにこの「異人殺し」の成立プロセスを現象学的にとらえなおしてみよう。発端となる一連の出来事は、個々別々に見てみれば、必ずしも異他的ではない。疫病も天変地異も、過去に経験していれば、ある程度馴染みはあろうし、対処法もわかるだろう。したがって何か悪いことが一回二回起きただけで「異人殺し」の話が生まれることはないだろう。しかしそれが度重なれば、そうした個別的な出来事を越えて、その背後、もしくはその全体を不気味で異他的な雰囲気が覆い、人々は言い知れぬ不安を抱く。この苦境から脱するのに、人々は霊能者に助けを求め、霊能者のほうはその原因たる「異人殺し」を語る。そして（おそらくは村人と共同で）儀礼をおこない、怨霊を鎮めたり追い出したりして、災いが収まるよう努めるであろう。

ここでは、先に述べたように、語ったことが事実であるか虚構であるかは、あまり問題ではないし、儀礼のあとにすぐ災いが収まるかどうかも本質的なことではない。重要なのは、異他的な状況の明示化により、不安で何をしていいかわからない状態から、ある程度であれ、身体的情動的な安定と行動の方向づけが得られることである。

そうして異他的雰囲気は、個別的な異他性（事物や事態）として具現化されるわけだが、「異人殺し」の民話において、それは二つのレベルで考えなければならない。一つはもちろん殺害される異人の異他性である。災厄の原因が共同体にとって異質な存在に帰せられるのは、ある種のスケープゴートと見なせる。すなわち、共同体や集団の危機に際して、外的なもの、異他的なものを設定し、排除することによって自分たちを守ろうとするのである。ただし「異人殺し」の話においては、異人が殺されたのは、話のうえでのことで、事実かどうかわからないし、実際に共同体が危機にさらされた時は、具体的に異人が排除されたわけではない。したがってこの話において、異人の異他性はむしろ二次的である。

話の成立においてより重要なのは、もう一つの、異人を殺害して裕福になった者の異他性である。小松によれば、異人を殺した「犯人」として名指されるのは、多くの場合、庄屋や旧家など村で代表的、ないし際立った家である。その意味で他の人たちにとってそうした家は異他的であり、尊敬や畏怖の対象にもなれば、嫉妬や憎悪の対象にもなりうる。とりわけ疫病や凶作、天災など、共同体が危機に見舞われた時は、責任者として罪を負わされ、批判にさらされる。異人殺しは権力批判の物語でもある（cf. 小松 1997：120-125）。

また小松は、アメリカの文化人類学者Ｇ・フォスターの「限定された富のイメージ」を援用する。これは、ある共同体に存在する富は限定されており、一部の者の豊かさは、他の者から奪うことによって成り立つという観念である。したがって裕福な家はもともと共同体の中で怨まれてしかるべき悪者なのだ（cf. 小松 1997：67）。ただし、この物語で裕福な家は、村人とのあいだの単なる貧富の差異によって異他性を付与されたわけではない。その富があくまで異人に由来するとされている点が重要である。

この点に関しては、小松が「貨幣」の問題と関連させて興味深い解釈を試みている――江戸時代中期、地方の村落は貨幣経済の浸透によって大きく変化していく。村人のあいだでは、それが異質なものの侵入として受け取られ、動揺が起きていたのではないか、というわけである。この貨幣経済という当時の新たな社会情勢とそれによる共同体の変化は、村人にとってもう一つ別の次元の異他性、いわば時代状況の異他性と言えよう。そして村が災厄に見舞われた時、貨幣によって引き起こされたこの得体の知れない時代状況の異他性を「異人」に仮託して明示化し、その侵入経路として富裕な家を名指し、殺害者として「有罪宣告」しているのである。小松の言うとおり、「異人殺し」は「貨幣殺し」なのである（cf. 小松 1997：63–68, 73–75）。このように「異人殺し」の民話は、何重もの異他性を内包するかたちで成立した民話だと言える。

雰囲気の異他性から見た日本の宗教

さて、前節で考察した「異人殺し」の民話は、いわゆる「御霊信仰」の成立と通底している。すなわち、災厄（疫病や天変地異、凶作などの異常事態）の発生→異他的雰囲気の支配と共同体の動揺→説明のための語り（霊的存在の怒りや恨みによる攻撃）→霊的存在を慰撫するためのさまざまな行動（宗教的な儀礼）→雰囲気の異他性の減少と共同体の安定というプロセスがあり、この儀礼が定例化すれば、御霊信仰が成立する。これは日本に広く見られる祭儀、信仰のプロトタイプの一つであるが、これを異他的雰囲気への応答の文化的様式化として見ると、より広い範囲の民俗宗教や慣習も同様にとらえられる。

このような見方は、けっして奇抜なわけではなく、とりわけ日本の宗教をとらえるのに適している。宗教学者の山折哲雄は、日本の神について「気配の神学」を提唱しているが（cf. 山折 1995：32f.）、これはシュミッツ現象学の観点から「雰囲気の宗教論」へと拡張することができる（以下、シュミッツの宗教論については、梶谷 2001：88-91を参照）。シュミッツにとって宗教とは、「神的な雰囲気によって襲われることから発する態度」なのである。そして神的な雰囲気とは、それを経験する人にとって、平静に距離をとったり対抗できないほど強烈な力をもって襲いかかるものである。そうした強烈な雰囲気ないし感情には、畏怖、恐怖、戦慄、不気味さ、荘厳、憤怒、絶望感、法悦、魅惑など、いろいろなものがある。神とは、こうしたさまざまな神的雰囲気が具象化したものととらえられる。

神的な雰囲気として何が一般的かは、文化によって特定の傾向があるだろう。日本では雷、嵐、旱魃、疫病、天変地異のような自然の猛威、疫病や凶作のもたらす恐怖や不安、不可解なもの、不気味なもの、危機に直面した時にあたりを支配する不気味さが、とりわけ神的な資格を与えられる傾向にある。すると、神は強大なものというだけでなく、恐るべきもの、脅威を与えるものといった性格をもつことが多い。しかしこうなると神は、今日の語義からすればむしろ反対のもの、すなわち妖怪や怪物や悪霊といった魔物に接近する。実際日本では、神と怨霊や鬼、妖怪のような魔物、神の反対の存在との区別があいまいである。ルドルフ・オットーは、「聖なるもの」に「戦慄すべきもの」と「魅するもの」の両義性を認めた。シュミッツの立場から見ても、上で挙げたようなさまざまな雰囲気が神的なものとなる可能性を秘めている。そして神とは、こうしたさまざまな神的雰囲気が具象化したものととらえられるなら、それは元になる雰囲気の質に応じて本性上多義的である。

とはいえ、日本の場合、仏教を除けば、一般に神は明確な姿形をもたず、いわば雰囲気としての性格を保っているのが特徴である。すなわち、普段はどこかに漂っていて、祭儀の時にある場所や人、木や石、鏡や御幣といった物（依代）に憑着するとされる（cf. 山折 1995：37-40）。こうした祭祀が定例化し、神がくり返し招来される場合、その神はその祭祀の様式によって一定の性格を保ちうる。しかし人々を圧倒するほどの異他的な雰囲気が、不意に現われる可能性はつねにある。このように日本の神は、具象化を拒む傾向が強いだけでなく、状況への依存性が高く、新たな神が発生する余地がつねにあると言えるだろう。

境界の異他性

このように異他的な雰囲気と儀礼の関係をとらえると、逆に何らかの儀礼的行為があるところに、異他性の経験を見出すこともできる。そこで私が論考の中で導入したのが、時間と空間における境界の異他性である。私たちが生きる時間や空間は、けっして物理的に規定されるような均質なものではなく、多くの場合、人間の行動と結びついた意味づけをもった固有の質をもっている。夜は寝る時間であり、昼は活動する時間であり、春は田植えをする時期であり、秋は収穫の時期である。外は活動する場所であり、家は休む場所、家の中でもリビングはくつろぐ空間、書斎は仕事をする空間である。それぞれのところに特定の雰囲気があり、それを基盤としてその時々で雰囲気が変化する。

このように質的に異なる時間・空間のあいだにある境界は、どっちつかずのあいまいで不安定な性質をもっている。たとえば時間に関して言えば、それは季節の変わり目、夜から朝、生から死への移行、新年や朝、物事の開始のような新しい時間の始まりがそうである。空間については、家の中と外、村境、辻、神社のような聖域の中と外がそうした境界である。こうした質的に異なる二つの領域のあいだを移動するさい、何らかの儀礼的な行為がなされる。それは節句や大晦日、初詣、葬儀、朝の仏壇での祈り、神社に参詣するさいの手水での清めのように、明確に様式化された儀礼のかたちをとる場合もある。また、家に入る時の挨拶、お盆の帰省、入社式、新歓コンパ、客を歓待する宴席のように社会的に慣例化されたものもあるし、朝のコーヒーや、風呂上がりのビールなど、個人的な側面の強い習慣を含めてもいいだろう。おそらく境界的な時間や場所においては、はっきりと気づくほど強くはないにしても、身体的に不安定さが感知されていて、それは多かれ少なかれ異他的な雰囲気の経験と考えていいだろう。あるいは、そうした異他性を感知せずにすむようにする文化的な装置が、慣習や習慣のような、とりわけ民俗的な事象として広く見られるのである。

このように雰囲気と身体的応答のあり方に着目することで、一般にまったく異なるように思われる営為を統一的視点から相互連関のうちでとらえることができる。感情や身体というのは、従来は個人的で主観的、変化しやすくとらえがたいものとされ、慣習や民俗のように社会的で持続的な問題を客観的に論じるのには扱いにくかったが、シュミッツはその共同的で客観的な面を明らかにし、緻密な分析と体系的な規定をおこなった。しかも、もともと否定的にとらえられていた感情の個人的・主観的な側面は、その時々の状況の個別的特性を示すものとして、かえって重要な意義を帯びてくる。

このことは哲学のみならず、民俗学のような社会科学にとっても、新たな方法論と研究領域を開くことになるだろうし、現象学の理論もレーマンの意識分析にとどまらず、もっと広範に適用できるはずである。逆に哲学自身も、より広い分野と接点をもち、さまざまな知見や資料を思考の糧として取りこむことができるだろう。

文献

法橋量、二〇一〇、「現代ドイツ民俗学のプルーラリズム——越境する文化科学への展開」日本民俗学会編『日本民俗学』

二六三号。

梶谷真司、二〇〇一、「集合心性と異他性——民俗世界の現象学」小川侃編『雰囲気と集合心性』京都大学学術出版会、五三–一三三頁。

梶谷真司、二〇〇二、『シュミッツ現象学の根本問題——身体と感情からの思索』京都大学学術出版会。

小松和彦、一九九五、『異人論——民俗社会の心性』筑摩書房。

小松和彦、一九九七、『悪霊論——異界からのメッセージ』筑摩書房。

レーマン、アルブレヒト（及川祥平訳）、二〇一〇、「意識分析——民俗学の方法」日本民俗学会編『日本民俗学』二六三号。

Lehmann, Albrecht, 2007, *Reden über Erfahrung, Kulturwissenschaftliche Bewusstseinsanalyse des Erzählens*, Reimer Verlag.

山折哲雄、一九九五、「日本の神」山折哲雄編『日本の神1——神の始原』平凡社、一七–五三頁。

第2章　異人論の問題構図
——小松異人論とジンメル異人論

浜日出夫

1　異人論の問題構図——神・貨幣・異人

二つの「異人」概念

まず二つの「異人」の定義を見てみよう。

①「異人は、特定の集団の外部にいる人々である。」

②「異人は集団そのものの要素［である］。」

①は「異人」を「集団の外部にいる人々」と定義し、②は「集団そのものの要素」としている。両者は「異人」を集団の外部にいる者とするか、内部にいる者とするかで、正反対の定義をおこなっている。本章の目的は

これら二つの「異人」の定義がおのおのいかなる問題構図のなかでなされているのかを確認し、両者を比較することである。

①は人類学者・民俗学者小松和彦による定義であり（小松 1995b：177）、②はドイツの社会学者ジンメルによる定義である（Simmel 1908＝1994（下）：286）(1)。まず小松による定義から見ていこう。

「異人殺し」伝説

小松による「異人」の定義は「異人殺し」伝説に関する小松の研究から引き出されたものである。論文「異人殺しのフォークロア」では、「異人」は「民俗社会の外部に住み、さまざまな機会を通じて定住民と接触する人びと」（小松 1995a：13）であるとされ、ここでは「異人」は「集団の外部にいる人々」一般ではなく、「民俗社会にとっての『他者』」（小松 1995a：13）、特に民俗社会あるいは村落共同体を外部から訪れる旅人たち（六部・座頭・山伏・巫女など）として、より特定されている。

「異人殺し」の伝説とは、ある村落を訪れた旅人が、旅人の所持する金品に目のくらんだ宿の主人の手で殺害されるという伝説である。小松によれば、それは一般的にはつぎのような内容からなる。

むかし、この村のA家に、旅の六部がやってきて宿をとった。この六部は大金をもっていた。これを知った主人はその金が欲しくなり、翌朝、六部に道を教えるとき、人がめったに通らない山道を教えて、この六部を山のなかで待ち伏せ、殺してその所持金を奪った。A家はその所持金をもとにして、その後、大金持ちになった。しかし、その子孫に六部の祟りがあらわれたという。（小松 1997：44）

小松によれば、このような伝説は村落共同体の内部で生じたある異常を説明するために語られるものである。その異常とは家の盛衰、すなわち「村内に急速に金持ちになった家があったり、金持ちの家が急速に没落したり、あるいはまたたくまに金持ちになり、数世代も経つと没落した家があるという事実」（小松 1995a：34）である。村人は村内に生じたこの異常の原因を突き止めようとシャーマンを雇う。そして、シャーマンの口からある家の盛衰の真の原因が「異人殺し」にあることが告げられる。「異人殺し」伝説は、ある家の盛衰について、その家が急速に金持ちになったことを、その家の主人が旅人を殺害しその所持金を奪ったことによって説明すると同時に、その家に起こる不幸、その急速な没落やその家に障害者が生まれることを、殺された旅人の祟りによって説明するのである。それはまた村人たちが求めていた説明でもあった。村人たちはシャーマンを介して自分たちが聞きたかった答えを聞くのである。

シャーマンは、村落共同体がもっとも期待している、もっとも適切であると思っている原因を選び出して、「託宣」という形で語るのである。シャーマンの託宣は、シャーマンにどのような神が憑いて語ろうとも、その神の言葉は村落共同体の言葉である。（小松 1997：49）

小松は、村落共同体が「異人殺し」伝説を好んで受け容れるのがある特定の時期であることに注意を向けている。それは村落共同体が貨幣経済に組み込まれるようになった時期である。この時期、進取の気性に富んだある家が外部の貨幣経済と結びついて急激に繁栄したり、あるいは失敗して急激に没落したりという異常が起こる。このとき村落共同体は神の名において「異人殺し」を語るのである。

「異人殺し」伝説は、外部の世界からの力によって村落共同体が解体されるのではないかという不安から語りだされた。「異人殺し」伝説の狙いは、そうした外部とつながっている貨幣とそれを持ち込む特定の家を差別し排除することで、旧来の村落共同体を守ろうとすることにあった。（小松 1997：73）

しかし、村落共同体の抵抗にもかかわらず、ついに村落共同体は貨幣経済に飲み込まれてしまう。それにともない異人も消えていく。

村落共同体の解体――それは村落共同体の内部と外部が融合してしまうことであり、具体的には都市社会のなかに組み込まれ吸収されてしまうことである。それはまた、村落共同体にとっての異人がいなくなってしまうことでもある。（小松 1997：74）

神・貨幣・異人

以上、簡単に概観した小松の異人論がどのような問題構図のなかで展開されているのか、確認しておこう。それは〈神〉と〈貨幣〉と〈異人〉の三者からなる構図である。

まず基本的な構図は、〈神〉によって象徴される村落共同体と〈貨幣〉によって象徴されるその外部との対立である。〈異人〉の来訪は村落共同体と外部の貨幣経済の接触を表している。それは〈異人〉が大金を所持しているとされることによって示される。そして、〈神〉＝村落共同体は、貨幣経済と結びついて急に豊かになった長者の家があると、外部から〈貨幣〉を持ち込んだ〈異人〉を殺してその〈貨幣〉を奪ったのだと宣告し、〈貨幣〉とともにその家を排除しようとする。小松によれば、「『異人殺し』のフォークロアとは、貨幣経済によって解体の予感をいだいた村落共同体が語り出した、いわば〝貨幣殺し〟のフォークロアなのである」（小松 1997：68）。

山泰幸はこの構図をつぎのように整理している。

〈異人論〉は、「異人殺し」伝説を構成する「貨幣」の言説を、共同体論に取り込む際に、貨幣と共同体を背反的な関係として設定しているのである。言い換えれば、「貨幣なき共同体＝純粋な共同体」／「貨幣の共同体＝都市社会」という二項対立的な設定でもって、前者から後者への移行を描く近代化の段階論を構成しているのである。（山 2008：90）

山はこの構図を「神から貨幣へ」と要約する（山 2009：第3章）。つぎに、この小松による異人論の構図をジンメルの異人論の構図と比較してみよう。ジンメルの異人論を取り上げる理由は、はじめに見たようにジンメルが小松とは正反対の異人の定義をおこなっているためばかりでなく、この正反対の定義が〈神〉・〈貨幣〉・〈異人〉からなる同じ構図のなかでなされているからである。ジンメルにおいてこの三者はどのような関係に立っているのであろうか。

2　ジンメルにおける〈神・貨幣・異人〉

神と貨幣

まず、ジンメルが〈神〉と〈貨幣〉の関係をどのようなものと考えていたのかを『貨幣の哲学』にしたがって見てみよう（浜 2001）。あらかじめ述べておくなら、ジンメルは両者を背反的なもの・相克的なものとしてではなく、表裏一体のもの・相即的なものととらえていた。

信頼

ジンメルによれば、貨幣は「社会学的な現象、人間のあいだの相互作用の形式」（Simmel 1900＝1999：162）である。ジンメルはこの相互作用の一形式としての貨幣交換を物々交換と比較する。両者は、あるものを手放し、その代わりに別のものを受け取るという点において一見似ているように見えるが、じつは異なる種類の相互作用なのである。物々交換においては、交換当事者はそれぞれ自分のもっている価値ある事物を手放し、その代わりに相手のもっている価値ある事物を獲得する。この物々交換と比較するとき、貨幣交換の特徴は、人が金属片や紙切れというそれ自体では価値のないものを受け取り、代わりに価値ある事物を手放すというところにある。われわれはこれをあたりまえと考えているが、よく考えてみれば奇妙なことといわざるをえない。そして、ジンメルはこの奇妙な交換を可能としているものを「信頼」と呼ぶ。

> 社会的な圏への貨幣所有者と売手との共通の関係――この圏のなかで履行されるべき給付にたいする貨幣所有者の要求、この要求がみたされて支払われるであろうという売手の信頼――こそは、貨幣取引が物々交換とは反対に実現した社会学的な状況である。（Simmel 1900＝1999：170）

ジンメルによれば、貨幣交換を可能としている信頼には二種類ある。第一は貨幣の品位に対する信頼である（Simmel 1900＝1999：170）。われわれはいちいち貨幣の品質を確認して貨幣を受け取るわけではない。貨幣がそこに刻印された価値をもつことを信頼している。第二は「いま受け取られた貨幣は同じ価値のためにふたたび支出されるという信頼」（Simmel 1900＝1999：170）、すなわち貨幣の継続的利用可能性に対する信頼である。われわれは、いま受け取ったそれ自体では価値のない金属片や紙切れを、将来誰かが受け取り、その代わりに価値ある事物を手放すであろうということを信頼している。この信頼がなければ、誰も無価値な金属片や紙切れと引き換えに自分の価値ある事物を手放したりしない。そして、つぎの誰かが貨幣を受け取ってくれるだろうというこの信頼のうちには、つぎの人もまた、自分と同じようにそのつぎの人がそれを受け取ってくれることを信頼しているだろう（さらにそのつぎの人もつぎのつぎの人が……）ということが含まれているのだから、結局この信頼は貨幣を発行し保証している社会圏に対する信頼である。

そして、ジンメルによれば、将来誰かが貨幣を受け取ってくれるだろうというこの信頼にはじつは二つの異なる契機が含まれている。一つは「弱められた帰納的な知識」（Simmel 1900＝1999：171）としての信頼である。これは、いままでも誰かが貨幣を受け取り、それと引き換えに商品を獲得することができたのだからつぎも同じように獲得できるであろう、という経験的な知識に裏づけられた理論的な意味での信頼である。しかし、ジンメルはさらにこの信頼に「記述しがたい別な要素」（Simmel 1900＝1999：171）が寄りそっていることを指摘する。それは「超理論的な信仰の要素」（Simmel 1900＝1999：171）であり、人が神を信じるというときの宗教的な信仰と同種のものである。貨幣と引き換えにつぎも商品を獲得できるであろうという期待は根拠のないものではないとしても、けっして一〇〇％確実なものではない。なぜなら商品所有者がつぎには商品を提供することを拒否する可能性はつねにあり、貨幣所有者は商品所有者に商品を提供するように強制することはできないからである。「貨幣の継続的利用可能性の保証は……抽象的にみればまったく存在しない」（Simmel 1900＝1999：172）のである。そして、一〇〇％確実ではないにもかかわらず、それでもわれわれが貨幣を受け取るとすれば、それは宗教的な信仰に似た超理論的な信仰がそこに働いているためである。ジンメルにおいて、〈貨幣〉と〈神〉は対立しているのではなく、〈貨幣〉自体〈神〉への信仰によって支えられているのである。この問題構図を、〈神から貨幣へ〉と対比して、〈神と貨幣〉と呼んでおくことにしよう。

放浪者

それではジンメルの異人論はこの〈神と貨幣〉という構図のなかにどのように組み入れられるのだろうか。まずジンメルの異人論を『社会学』のなかの「異人についての補説」によってみておこう。

「異人についての補説」は『社会学』第九章「空間と社会の空間的秩序」のなかの「放浪」について論じた節に挿入されている。この節でジンメルは二つのことを論じている。一つは「放浪する集団」そのものがもつ社会化の形式である。もう一つは放浪する人々と定住している集団の関係、「ある部分の放浪が、いつもは定住している集団全体の形式にいかに作用するか」(Simmel 1908＝1994（下）: 277) である。これは小松の異人論が主題化しているケースにほかならない。したがって、冒頭で小松とジンメルの異人の定義を対比したが、広くとらえればジンメルもまた「集団の外部にいる人々」としての異人と「集団そのものの要素」としての異人の両方を論じていると言える。さらに興味深いことに、小松が「異人は時と場合に応じて歓待されもしたし排除されもした」(小松 1995a : 16) と述べているのと対応するように、ジンメルもまた、定住している集団と放浪する人々の関係が一方では「集団の統一化の方向をたどり、他方は集団の二元性の方向へと進む」(Simmel 1908＝1994（下）: 277) ことを指摘している。

今日訪れて明日もとどまる者

しかし、ジンメルはこのように論じたあと、つぎのように述べて、「放浪者」から区別される「異人（Fremde）」についての補説をはじめる。そしてジンメルの場合、「神と貨幣」の問題構図のなかに入ってくるのは「放浪者」ではなくこの狭義の「異人」のほうである。

放浪が、所与のいっさいの地点からの解放として、ある地点への定着にたいする概念上の対立であるとすれば、「異人」という社会学的な形式は、それでも二つの規定のいわば統一をあらわしている。（Simmel 1908＝1994（下）：285）

そのうえで「異人」はつぎのように定義される。

異人は……今日訪れ来て明日去り行く放浪者としてではなく、むしろ今日訪れて明日もとどまる者――いわば潜在的な放浪者、旅を続けはしないにしても来訪と退去という離別を完全には克服していない者なのである。（Simmel 1908＝1994（下）：285）

この意味で異人は放浪者とは異なり「集団そのものの要素」なのである。そして、ジンメルは異人を特徴づける社会学的な形式を「近接と遠隔との統一」（Simmel 1908＝1994（下）：285）であると述べる。異人は集団の一員である以上「近い」けれども、もともと集団に出自をもつのではなく、よそものである以上やはり「遠い」のである。

そして異人の特徴として以下の三つを挙げている。

①移動性「異人は、まさしくその性質よりしてけっして土地所有者ではない」(Simmel 1908＝1994（下）：287)

②客観性「異人は根底から集団の特異な構成部分や、あるいは集団の一面的な傾向へととらわれてはいないから、それらすべてに『客観的』という特別な態度で立ち向かう」(Simmel 1908＝1994（下）：287)

③抽象性「人びとは異人とはたんに一定の普遍的な性質［人類・国民］のみを共通にもつにすぎない」(Simmel 1908＝1994（下）：288)

それではこのような特徴をもつ〈異人〉はどのようなかたちで〈神と貨幣〉の構図のなかに入ってくるのであろうか。

異人と貨幣の親和性

「異人についての補説」には異人と貨幣の関係を直接論じた部分はない。ジンメルが両者の関係にふれているのは『貨幣の哲学』第三章「目的系列における貨幣」の第一節である。

この節ではジンメルは貨幣の「絶対的な手段」(Simmel 1900＝1999：211)としての性格について論じている。貨幣はそれ自体では無価値である。何か価値ある対象を手に入れるための手段としてのみ意味をもつ。しかも何か特定の対象と結びついているのではなく、どんな対象とも交換できる無差別な手段である。また貨幣は、誰がそれを使うかということにも無関心であるし、誰がそれを受け取るかということにも無関心である。「あらゆる人がそれをあらゆる人から受けとる」（Simmel 1900＝1999：227）のである。この意味で貨幣はどんな対象（目的）ともどんな人とも無差別に結びつきうる「絶対的な手段」である。

貨幣のこの無差別性が、社会的に排除されている者と貨幣との特別な結びつきを生み出す。貨幣はどんな人間も拒まないことから、「貨幣は、社会的な地位によってさまざまな個人的および特殊的な目的から排除されている個人と階級との関心の中心と固有の領域となる」（Simmel 1900＝1999：225）。そして、ジンメルはこの結びつきを示す例として異人を挙げる。

　人格としての異人は、社会的に権利を奪われた者にとって貨幣をそのように価値あるものとする同じ理由から、何よりも貨幣に関心をもつ。なぜなら貨幣は、完全に権利をもつ者やあるいは土着人が特殊な実際的な方法や個人的な関係によって接近する機会を、異人にあたえるからである。（Simmel 1900＝1999：229）

そして、この貨幣と異人の親和性を具体的に表しているのが「商人」である。

商人

「異人についての補説」でジンメルはつぎのように述べていた。

　経済の全歴史をつうじて異人はいたるところにおいて商人としてあらわれるか、あるいは商人は異人としてあらわれる。（Simmel 1908＝1994（下）：286）

異人は経済的なチャンスがすでに土着の人々によって占有されているところに「定員外のもの」（Simmel 1908＝1994（下）：286）として入ってくる。異人がそこで経済的なチャンスを見出して定着しようとするなら、異人は多くの場合商業に従事するほかない。ジンメルはこの異人と商業の結びつきを具体的に示す古典的な例としてユダヤ人を挙げている。〈異人〉は商人として〈神と貨幣〉の世界に登場するのである。

再び『貨幣の哲学』に戻ろう。『貨幣の哲学』のなかで、ジンメルは貨幣と商人を商品交換を媒介する一対のメディアとしてとらえている。

　商人が交換する主体のあいだに立つのとまったく同じように貨幣は交換客体のあいだに立つ。（Simmel 1900＝1999：167）

物々交換では交換当事者ＡとＢのあいだで価値ある事物ａとｂが直接交換される。これに対し、貨幣交換ではＡはいったんａを貨幣と交換し、そのあとその貨幣をｂと交換する。Ｂもｂをいったん貨幣と交換し、つぎにこの貨幣をａと交換する。この意味で「貨幣は交換客体のあいだに立つ」。また物々交換ではＡとＢは直接相対してａとｂを交換するのに対して、貨幣交換ではＡとＢが顔を合わせることはない。ＡとＢはそれぞれａとｂを商人に売り、また商人からｂとａを買うのである。この意味で「商人［は］交換する主体のあいだに立つ」。貨幣取引がおこなわれているところには必ず商人＝異人の姿もあるのである。

貨幣取引のメディアとしての貨幣と商人＝異人の双対性は、さきほど異人の特徴として挙げた三つの特徴が同時に貨幣の特徴でもあることによって示される。

①移動性

移動するということは価値輸送手段としての貨幣の本質的な特徴の一つである。aやbは運ぶことが困難であったり、運ぶ間に変質してしまったりするため、aとbが直接交換されるのは狭い社会圏のなかに限られる。しかし、貨幣は持ち運びが容易でありまた変化しないため、いったんaを貨幣と交換し、その貨幣をbと交換するとき、aとbのあいだの距離は遠く離れていてもかまわない。そして、この貨幣の移動には必ず商人＝異人がつきしたがっているのである。

②客観性

AとBのあいだでaとbの交換がなされるためには主観的な条件と客観的な条件がある。主観的にはAとBは手放したものよりも多くを獲得するのでなければならない。AとBがどちらも交換によって得をしたと感じるのでなければ交換は生じない。同時に客観的にはaとbは等価でなければならない。交換は客観的に等価なものを交換することによって、双方で主観的な価値量が増大するときに成立する。しかし、aとbが物々交換されるとき、しばしばそれらが分割不可能であるために正確な等価性を実現することが困難であるのに対して、貨幣はその分割可能性によってつねに客観的な等価性を実現することができる。さらに物々交換においては、Aはaを手放してbを手に入れたいと望んでいるけれども、Bが同じ程度にaを手に入れたいと望んでいるとは限らないということがしばしば生じる。貨幣取引の場合、もはや相手が望むbを手放し、その代わりに自分がそれほど望んでいないaを受け取る必要はない。Bはとりあえずbを等価の貨幣と交換し、あとからその貨幣と交換に自分の望むcを手に入れることができる。貨幣はどんな対象とも等価性を実現できることによって、あらゆる対象の価値の客観的な表現となるのである。これは異人が特殊な利害にとらわれないためにあらゆる人に「人の如何を問うことなく」接するのとパラレルである。ジンメルはこの異人の客観性を示す例として、イタリアの都市において裁判官を外国から呼び寄せた事例を挙げている（Simmel 1908＝1994（下）：287）。

③抽象性

人々と異人との関係が、同じ「人間」である、あるいは同じ「国民」であるというような抽象的な性質の共通性にもとづいているために、異人がどんな人とも結びつくことができるのと同じように、貨幣もまた「絶対的な手段」としてどんな個別的な対象とも特別な関係をもたないことによって、かえってあらゆる対象と結びつくことができる。

そして、AとBがそれぞれaとbを手放し、商人＝異人から貨幣を受け取るとき、AとBは別の商人＝異人がこの貨幣を受け取り、自分が求めている商品と交換するであろうと期待（信頼）しているのである。そしてこの信頼もまた〈神〉への信仰によって支えられていなければならない。したがって、ジンメルにおいて、商人＝異人は〈神〉と対立するのではなく、商人＝異人もまた〈神〉への信仰によって支えられた社会圏の一部なのである。ジンメルが「異人は集団そのものの要素」であるとするのはこの意味においてである。

そして、ジンメルから見るなら、宿の主人が異人の所持する貨幣を奪ったとすれば、主人はこの貨幣の将来における利用可能性を信頼していたはずであり、したがって主人はすでに異人と同じ社会圏に属していたのである。また、村人たちが急に豊かになった家を嫉妬して「異人殺し」伝説を語るとき、村人たちもまた潜在的にはすでにこの社会圏に参与しているのである。なぜなら、ジンメルが羨望と嫉妬を区別して述べるとおり、「自らは名声への要求を少しももたずとも、人はだれかの名声を羨むことはできる。しかし自らが他者とまったく同様に、さらにそれ以上に名声に値すると考えた場合、人は彼を嫉妬する」（Simmel 1908＝1994（上）：293）のだからである。すなわち、村人が長者を嫉妬するとき、村人は自分もまた長者の所有物＝貨幣に対して同等かそれ以上の権利があると考えていなければならない。そして、そのように考えたとき、村人たちもまた長者と同様、すでに異人と同じ社会圏に組み入れられているのである。

消えた異人

このように小松の異人論とジンメルの異人論は〈神・貨幣・異人〉という同じ問題構図のなかで展開されているにもかかわらず、〈異人〉を〈神〉によって象徴される集団の外部に位置づけるか内部に位置づけるかという点で対照的な構成をもっている。しかし、興味深いことに、二つの異人論はその後異人がたどる運命に関しては同じ結論に到達している。

第1節で見たように、小松は村落共同体の解体にともない異人もまた姿を消していくと論じていた。そして、ジンメルもまたつぎのように述べている。

現代の金融が再び多くの点において国際的になっているとすれば、このことにはそれでもまったく別な意義もある。すなわちあの古い意味での「異人」はまさに今日もはや存在せず、商業の結びつきとその慣例と商法とは、まったくかけ離れた国ぐにから、ますます統一化しつつある有機体を形成した。貨幣は、かつてはそれを異人の領分とした性格を失わず、それどころかそこに交差する目的論的な系列の増加と変化とによって、抽象的な色彩のないものへとますますその性格を上昇させた。この点においてかつては土着人と異人とのあいだに存在した対比は、この対比によって支えられた交易の貨幣形式が経済圏の総体をとらえたので、

たんにそれゆえにのみ消滅した。（Simmel 1900＝1999：232）

異人はどのようにして姿を消したのか、また消えた異人はどこへ行ったのか。その消息をさらにジンメルにしたがって追っていこう。

3　異人の行方

客観的依存

ジンメルによれば、貨幣取引がおこなわれるところには必ず商人＝異人の姿があるはずである。したがって、貨幣経済が広がれば広がるほどますます異人は増えていくはずである。それなのに、貨幣経済が社会全体をとらえたとき、どうして異人は姿を消すのであろうか。その鍵は貨幣経済が作り出す「特殊な種類の相互依存」（Simmel 1900＝1999：315）にある。

もう一度、現物経済と貨幣経済の対比に戻ってみよう。

ａとｂが直接交換されるのは、ａとｂの輸送が可能な範囲内に限られる。このため現物経済が営まれるのは比較的狭い経済圏のなかに限られる。そして、この狭い経済圏のなかで人々は限られた数の個人的によく知っている人間に経済的に依存して生活していた。「古代ゲルマンの農民やインディアンの部族員、スラブやインドの家共同体の所属員、さらにしばしばなお中世の人間も一定の個人的によく知っている人間、いわば取り替えることのできない人間と経済的な依存関係にあった」（Simmel 1900＝1999：318）。

貨幣経済はこの状況を同時に二つの方向に向かって変化させる。

貨幣は、一方ではその無限の従順性と分割可能性とによってあの多くの経済的な依存を可能とし、他方では無差別で客観的な本質によって人間のあいだの関係からの個人的な要素の除去を助長する。(Simmel 1900＝1999：317)

一方で、貨幣は輸送が容易であることから、経済圏を大きく押しひろげる。その結果、人々は貨幣を媒介として狭い経済圏を超えてますます多くの人間に経済的に依存するようになる。しかし、貨幣経済は人々をますます多くの人間に依存させるばかりでなく、それらの人間をますます抽象的な存在にしていく。人々が貨幣を支払ったり、受け取ったりするとき、人々は単に売り手や買い手、労働者や雇用主である限りの相手とかかわるだけであり、それ以外の側面で相手が何者であるのか個人的には知らない。「貨幣は、なるほど人間のあいだに関係をつくり出しはするが、しかし人間を関係の外部に放置する」(Simmel 1900＝1999：324) のである。ジンメルは、貨幣経済が作り出すこのような新しい種類の依存を「客観的依存」(Simmel 1900＝1999：324) と呼ぶ。

ジンメルの異人論の構図では、異人は商人としてこの構図に登場してくるのであった。人々が商人と貨幣を介して商品を売ったり買ったりするとき、人々はその商人が同じ社会圏の一員であることは知っていなければならないが（＝近さ）――そうでなければ商人から貨幣を受け取らないはずである――、それ以上にその商人を個人的に知っている必要はない（＝遠さ）。そのことがまさに商人を異人としていたのである。そして、貨幣経済が全面化し、あらゆる関係が貨幣によって決済されるようになるとき、誰もが互いに対して異人として現れることになる。このときジンメルが述べるとおり、「かつては土着人と異人とのあいだに存在した対比は、この対比によって支えられた交易の貨幣形式が経済圏の総体をとらえたので、たんにそれゆえにのみ消滅」するのである。貨幣経済の浸透にともなって異人が消えるのは、異人がいなくなったためではなく、みんなが異人になってしまったためなのである。

大都市

そのような総異人化した社会としてジンメルが描いているのが「貨幣取引の主要な場所」（Simmel 1903＝1998：192）としての「大都市」である。

ジンメルは大都市の特徴を「精神生活の高揚」（Simmel 1903＝1998：188）に求める。「これは外的および内的な印象の急速な絶え間のない交替から生じる」（Simmel 1903＝1998：188）ものである。この絶え間ない印象の交替とそれがもたらす過度の刺激に対して身を守ろうとすることが大都市の人間に特徴的な精神的態度を生み出す。ジンメルはそのような精神的態度の一つとして「悟性的態度」（Simmel 1903＝1998：189）を挙げている。それは物事や他人に対していちいち感情的に反応しないで、それらを表面的・機械的に処理しようとする態度である。そして、ジンメルはこの悟性的態度と貨幣経済のあいだに親和性があることを指摘している。

> 貨幣経済と悟性支配とはきわめて深く関連している。両者に共通なのは人間と事物との処理における純粋な没主観性であり、ここでは形式的な正義が容赦のない冷酷としばしば結びついている。純粋に悟性的な人間は、本来は個人的なものすべてにたいして無関心である。なぜなら個人的なものからは、論理的には悟性によっては汲みつくされない関係と反応とが生じるからである。——これはちょうど現象の個性が貨幣原理のなかへは入りこまないのと同じである。（Simmel 1903＝1998：189）

貨幣が「なるほど人間のあいだに関係をつくり出しはするが、しかし人間を関係の外部に放置する」のと同様に、悟性的な関係もまた無関心によって人間を関係の外部に放置するのである。[2] そして、相手が誰であるのかに関心をもたないこの関係においては誰もがお互いに対して異人となる（コンビニでの買い物を考えてみよ）。ジンメルが約一〇〇年前に大都市の特徴として発見したそのような関係が貨幣経済とともに世界全体に広がっていったそのような時代をわれわれは今日生きている。それは小松のつぎの言葉があてはまるような世界である。

おそらく、異人論が最終的に発見するのは、異人がいなくなった状態ではなく、「人はみな異人」なのだということのようである。（小松 1995b：197）

注

（1）邦訳では「異郷人」と訳されているが、本章では統一のため「異人」とする（以下同）。

（2）ことわっておけば、ジンメルはこのことをニーチェやラスキンのように嘆いているのではない。むしろ人間が関係の外部に退くがゆえに、大都市において個性が全面的に開花しうる可能性があることを評価しているのである。

文献

浜日出夫、二〇〇一、「神と貨幣」居安正・副田義也・岩崎信彦編『ゲオルク・ジンメルと社会学』世界思想社、一七〇–一八九頁。

小松和彦、［一九八五］一九九五a、『異人論』ちくま学芸文庫。

小松和彦、一九九五b、「異人論――『異人』から『他者』へ」『岩波講座現代社会学3――他者・関係・コミュニケーション』岩波書店、一七五–二〇〇頁。

小松和彦、［一九八九］一九九七、『悪霊論――異界からのメッセージ』ちくま学芸文庫。

Simmel, Georg, 1900, *Philosophie des Geldes*, Duncker & Humblot.（＝一九九九、居安正訳『貨幣の哲学』白水社。）

Simmel, Georg, 1903, Die Großstädte und Geistesleben, *Jahrbuch der Gehestiftung* IX.（＝一九九八、居安正訳「大都市と精神生活」『社会分化論 宗教社会学（新編改訳）』青木書店。）

Simmel, Georg, 1908, *Soziologie: Untersuchungen über die Formen der Vergesellschaftung*, Duncker & Humblot.（＝一九九四、居安正訳『社会学』（上・下）白水社。）

山泰幸、二〇〇八、「〈異人論〉以後の民俗学的課題」小松和彦還暦記念論集刊行会編『日本文化の人類学／異文化の民俗学』法藏館、七七–九五頁。

山泰幸、二〇〇九、『追憶する社会――神と死霊の表象史』新曜社。

第3章　現代社会における知人の発達と異人の物語

阪本俊生

1　現代社会と異人

異人とよそ者

民俗学における異人的な存在を、よそ者という概念で論じた社会学者としては、ゲオルク・ジンメルとアルフレッド・シュッツが有名である。徳田剛の分類によれば、ジンメルにとって、よそ者とは「今日訪れて明日もとどまる者」であり、「旅は続けはしないにしても来訪と退去という離別を完全には克服していない者」、「潜在的な放浪者」として示している（徳田 2005）。すなわち、共同体の外側から来訪し、その専門的な職能によって共同体に受け入れられているような人々のイメージである。

一方、シュッツの場合、「よそ者とは、私たちの生きるこの時代、この文明に属する成人した個人を意味し、かれが接近する集団に永久的に加入しようとするか、少なくともその集団に許容されようとする立場にいる人を指す」。すなわち、こちらはある共同体に定着して、そこで一人前のメンバーシップを求めるメンバーシップ志向的な人々である。徳田はこれを移民モデルと呼ぶ。

一方、民俗学の異人の場合、これらのような人々よりもむしろ「所用をすませばすぐに共同体を立ち去っていく人々」（たとえば、巡礼や行商、旅芸人、ただの旅人など）を指すことが多いので、ジンメルやシュッツのいうよそ者とは性格がずいぶんとことなっている。ただし、双方に共通するのは、一定の境界をもつ共同体を想定しており、それとの関係で語られていることである。すなわち、その共同体からすぐに立ち去っていくのか、それともとどまり続けるのかという違いがあるものの、両者とも共同体という境界づけられた社会の外的存在として位置づけられた人々のことである。

現代社会では、かつてのような共同体がなくなりつつあるといわれる。だが、共同体とは何であろうか。これを抽象的な概念でとらえようとすると、感覚的につかみづらい。だからもう少し具体的な指標を用いて考えたい。家の玄関の扉に鍵をかけず、開けっ放しでいられるような社会を考えてみよう。日本の場合、これは共同体イメージの基準の一つともいえるのではないか。共同体ではない地域で、家を開けっ放しでいられるということは、あまり考えられないからだ。そして、かつての日本では、これは暗黙の慣習のようなものであった。

私の少年時代（昭和四〇年代）の経験では、このような開放性は大都市周辺の住宅地ですら珍しくはなかった。住人が家にいるときはもちろん、家を少し空ける程度なら、玄関扉に鍵などかけることもなかった。昭和三〇年ごろの東京を舞台にした映画『Always 三丁目の夕日』にも、そうした雰囲気がみられる。もちろん、このような慣習はいまも残っていないわけではない。インターネットの相談コーナーに「お宅はいつも鍵がしてあって困る」と近所の人から苦情をいわれるとの悩み相談が寄せられたりする。しかし、そうした地域は、いまや少なくなりつつあるから、こうした相談も出てくるのであろう。

ある友人をめぐるいくつかのエピソード

幼いころ、私は大阪近郊の農村地帯に新しくできた住宅地に暮らしていた。田園や用水池に囲まれたひなびた郊外だが、そこから少し歩いたところに、ちょっとした隔たりの世界があった。そこは住宅のはずれの人気のない山道を五分ほど歩いたところの山林のなかにあり、地元の人々からトクシュ住宅と呼ばれていて、子どもは大人たちから、そこには行かないように言われていた。迷い込んだ犬は二度と戻ってくることがない。住人に食べられたのだ。子どもたちのあいだでは、こうした話がまことしやかに語られていた。当時、日本はすでに高度経済成長を遂げ、GNP世界第二位となった一九六〇年代末ごろのことである。

一〇歳の年のある晴れた冬の日、私は親しい友人に誘われて、トクシュ住宅を探検しに行った。そこには十数件ばかりの古ぼけた平屋住宅が建っていた。私たちは茂みに隠れて息を潜め、住宅地のなかの広場を観察していた。やがて一人の年配の男が、ふんどしだけの姿で現れた。そして、広場の真ん中にある井戸の水をくみ、それを頭からかぶって手ぬぐいで身体をふき始めた。この光景は、私たちにとってかなりの衝撃であった。あの伝説の効果もあって恐ろしさは倍増し、気がつくと二人とも一目散に逃げ出していた。ふり返りもせず、全速力で家まで走り続けたのである。

のちに聞いたところでは、その住宅地には、かなり以前に工事の立ち退きの代替地として、よその地域から移転してきた人々が生活していたのだということだ。地元からよそ者扱いされ、あの話も生まれたのであろう。その男性は水浴びをしていただけに違いない。これが示すのは、見た光景そのものの異様さではなく、それを異様なものと見て、心底恐れた私たちのなかの、ある種の共同体的な感性ではないか。これが私にとっての異人の原風景として心に残っている。そして、このようなソトの世界が、日常の場からほとんどなくなりつつあるのが、いまの私たちの世界であるように思える。

そのころ、私たちの暮らす地域社会では、どこの家も玄関は開けっ放しであった。もちろん鍵もかかっていなかった（少なくとも長く家を空けるとき以外は）。このような社会空間は、異人の存在と、深く関与していたように思える。一方に異人をおき、他方に共同体的な雰囲気がある。玄関に鍵をかけない社会空間は、その外側に何らかの境界をもつことによってこそ可能であるように思える。トクシュ住宅は、この地域に境界を形成するための観念の一つであったのかもしれない。

それから約十数年後、大学生になった私は、通学に使っていたオートバイを雑誌広告に出して売った話をあのときの友人にしたことがあった。すると彼は私に「おっとろしいことするよー（恐ろしいことをするなー）」と言って驚いた。この反応に私の方も驚いた。当時の私にとって、自分の物を他人に売ることに対してほとんど抵抗がなかったからだ。だが、この友人の反応の意味も、あとから少しずつわかるような気がしてきた。私の理解では、それは子ども時代のあの共同体的な感覚に通じるものであった。

実は、子ども時代の探検からしばらくたったあと、私たちの家族は、いわゆる郊外の新興住宅地に引っ越した。一方、先の友人は地元にとどまった。今日、自分の物をネットオークションで売ることに違和感を覚える人はあまりいないのと同様、大学生のときの私もすでにそうした感覚であった。だが当時の友人はそうではなかった。商売人のように、自分のオートバイを市場で売った私の行為を恐ろしいと感じていたのだ。

たしかに自分の物を売ることそれ自体は、新しいことではない。質屋は鎌倉時代からあったといわれる。古本屋に本を売る習慣も昔からある。だがこれらの場合、自分の物を金と引き替えに手渡す相手は一般人ではなく商売人だ。それをよその誰かに売り渡すのも、あくまで商売人であり、この場合、売るといっても自分の物の販売を商売人にゆだねるだけである。その一方で、私の行動やネットオークションでの売買は、自分の物を直接、見知らぬ誰かに売り渡す行為である。

土地を売って自らの共同体を離れた、トクシュ住宅に対する意識と、私の売買に対する友人の感覚とには、ある種共通なところがあるように思える。そして、こうした感覚の消失とともに、もはや共同体もなければ異人もない、といった状況が広がってくるのではないだろうか。これが現代社会への変化ではないか。ここには社会関係と経済とのかかわりが垣間見える。すなわちカール・ポランニーが、伝統的共同体はしばしば市場経済を病的なものとみなし、それが内部に侵入することを防ぐための防壁や境界（都市を囲む城壁やその他の町の境界）を設けていたとする議論に通じるところがある。

ただ、私が子ども時代を過ごした地域は、けっしていわゆる伝統的共同体であったわけではない。私たち家族も、わずか数年前にそこに引っ越してきたばかりであったし、その友人も親の代にそこに暮らし始めたばかりであった。その地域の住民のほとんどは、社宅や職場の関係で、たまたまそこに引っ越してきて、集まった人々であった。だがそれでも、そこには、どこか大規模開発された新興住宅地とは異なる雰囲気がただよっていた。

そこに暮らす人々の多くは、各地から引っ越してきて間もない人々で、どの家も、個々にそれぞれの地元の共同体の記憶を引き継いでいたからか、この場所には、ある種、共同体のような感覚が残されていた。もちろん、実際は、共有された時間的継続性も、共通の歴史や伝統もない、擬似的な共同体、幻想上の内集団にすぎなかった。単にそれぞれに過去の共同体的意識を心に遺す人々が、集住していただけなのである。

オートバイを売った話から何年かして、先ほどの友人の母親が病気で亡くなった。このときすでに、友人一家はその住宅地から引っ越し、隣町に開発された新興住宅地へと引っ越していた。あるとき、彼は、母親の葬儀のときの苦労話として、つぎのようなことを語った。お葬式を出すさいに、彼とその家族はどうしていいかわからず、この住宅地のしきたり（いわば伝統的規範）はどうなっているのかと（新興住宅地の）町内会長に相談にいった。だが、まだ新しいところなので、しきたりといってもわからない、特にないのではないかと、この町内会長は困ったように答えたという。彼は「考えてみればそりゃそうだ」と自嘲気味に語っていた。

その話を聞いたとき、この友人の心のなかに、一定の習俗を共有する共同体的感覚の痕跡が垣間見えて、ある種の感慨を覚えた。彼はごくふつうの常識人である。ただ、この時代（一九八〇年代半ば）には、葬儀を請け負うビジネスがいまほど発達しているわけでもなかった。その一方で、彼が頼ろうとしたイメージの共同体は、もはや頼りにできるものではなくなっていた。そうした現実に直面してきたのは、おそらくこの友人だけではなかったであろう。かくして人の死も市場へと開かれてきた。今日、私たちは葬儀のしきたりに悩まされることもない。冠婚葬祭ビジネスが、万事うまく取り仕切ってくれるからだ。共同体が途絶えたところにはビジネスが生まれ、市場的サービスを通じて問題を解決してくれる。だが、死を超える共同体の連続性のようなものは、確実に消え去ってきたのである。

2　社会の境界線の問題

二種の郊外

共同体の性格の一つは、一定の境界をもつ社会領域だということである。それはそこに所属する人とそうでない人（よそ者あるいは異人）とを峻別する。近代化が消していったのは、こうした社会の境界線である。以前は都市のなかでも、ある地域と別の地域とのあいだには意識の境界線のようなものがあった。たとえば以前は、祭などのさいに、ある町内の若者たちが隣町の若者たちと対立し、けんかになるといったことはよくあった。都市のなかにも、町と町のあいだに意識の仕切りがあり、人々は自分の住む地域に自らのアイデンティティを結びつけていた。こうした、一見、当たり前とされていたことが、次第になくなりつつある。

共同体の境界の代わりに、近代になってその強度を増してくるのが、家の玄関扉である。扉は以前より厳重に閉ざされるようになり、しばしば鍵もかけられるようになる。その扉の内側は、いわばプライバシー、近代の親密性の領域、そして内面の情緒性が支配する領域となる。都市居住者の互いの接触項の多様性を減少させ、都市の死滅をもたらした、とリチャード・セネットが非難した、外部に対して閉鎖的となった凝集家族（そして、セネットによれば、それは深い意味での情緒的無秩序の世界なのだが）の発展である。

近代化における都市郊外の住宅地は、二つに分類できるように思える。一つは、地方から移り住んで間もない人々が集住する、都市またはその郊外の住宅地（友人や私が少年時代を過ごしたところのような）である。そして、もう一つは、住宅デベロッパーなどの手によってつくられた（しばしば大規模な）新興住宅地である。[1] これらはずいぶんと性格が異なっている。前者には、共同体的なイメージが残されており、社会の境界線のようなイメージの痕跡が、人々の心のうちに残されているように思える。だが、後者では、それがほとんど消滅してしまっている。前者では、玄関は開け放されていることも多いが、後者では閉じられている。

郊外の意味や価値は、文化や社会によって異なってくるという。[2] 二〇世紀後半の日本の場合、当初は都市の周縁部、すなわち郊外には、地方から都市に新たに流入してきた人々が多く暮らすようになっていった。だがその後、郊外のベッドタウンとしての新興住宅地が生まれてくる。[3] すでにふれたように、後者のような新興住宅には、その地域を外部から仕切る境界線という感覚は希薄である。住民たちは、自らが暮らす住宅地に、自分自身のアイデンティティを結びつける感覚は、少なくとも村落共同体に比べればきわめてうすいといえよう。だが、まだ地方から移ってきたばかりの人々には、そこが長年暮らしてきた地域でなく、地域の記憶や伝統を共有していなくとも、共同体のような雰囲気が生まれることがある。

共同体の境界と玄関扉、あるいは橋と扉

家の境界を階層的違いに結びつける見方もある。イギリスでは、労働者階級の家は「住まいと近接する周囲との間の境界は浸透的」であり、「私的空間を公共空間からきっぱり区分することもない」。一方、中流階級では「家についての感覚に明瞭な境界」があり、「その外では空間は非個人的に」なる、とイーフー・トゥアンはいう。これらは、先ほどの日本の郊外における、玄関扉が開放的な住宅地と、閉鎖的な新興住宅地との対比に重なるところがある。そして、後者のタイプの新興住宅地が日本に急増し、友人や私がそのような場所に暮らすようになったのは、日本人が一億総中流といわれるようになった時代の流れのなかでのことであった。

これは当初は中流階級を中心に広がっていたプライバシー意識が、のちに社会のすみずみまで浸透していった歴史的経緯とパラレルなように思える。そして玄関の扉は、プライバシー意識にとって象徴的な意味をもつ。ただし、これらの違いは、階層差という見方とは別の、社会の境界をめぐる全般的な位相の変化としてとらえられないだろうか。

ジンメルは「橋と扉」において、扉は、開けることもできるが閉じることもできる両義的存在であるがゆえに、それが閉ざされるとき、壁よりも強い遮断感を与える、と述べている（Simmel 1909=1999：95）。「壁は沈黙しているが」、扉はそれを閉ざす人間の、外部からの遮断の意思表示となる。では、人々は自らを何から遮断しようとしているのだろうか。なぜある時点から、以前よりも扉を固く閉ざすようになったのだろうか。

橋と扉の違いについて、ジンメルはつぎのようにいう。橋は「有限なものと有限なものを結びつける」のに対して、扉は「即時存在の限定性からあらゆる方向に開かれた無限性へと、生が流出していく注ぎ口なのだ」（Simmel 1909=1999：96）。これは、かつての共同体と共同体のあいだの境界と、近代の玄関扉の違いに通じるように思える。すなわち、仮に村落共同体としての集落と集落のあいだの境界が橋のようなものであるとすれば、

近代社会における家の玄関は、まさに扉である。

境界線をもった共同体が存在し、それら二つの共同体が接しているとき、一つの共同体から出ることは、もう一つの共同体の内に入ることにつながっている（もちろん、それらのあいだの無人に近い中間領域はあるのだろうが、ここではそれは橋そのものとしてとらえている）。ある成員にとっては、自分の共同体から外に出ていくことだが、そこは別の共同体の成員にとっては内である。つまり、両者はともに有限の世界であり、ある意味では内から別の内への移動にすぎない。だが、近代社会における家の玄関扉の外側にあるのは、共同体的でもなければ有限の世界でもない。近代社会では、どの家でも扉の外側は無限性の外部に開かれている。すでにみたように、近代社会は境界らしきものがきわめて希薄な、いわば境界の多くが溶解してしまった社会的世界である。この見方で考えると、ジンメルのいう扉とは、近代社会における家の扉であり、その外側は境界なき無限性の世界へと広がっている。

だとすれば、近代社会の玄関の扉は、他人に対して閉ざされるようになったというよりは、この無限性への対応ではないだろうか。そして、地域社会の人間関係の希薄化、あるいは社会関係資本の低下といったことは、いわゆる社会関係のあり方の問題ではなく、むしろ無限性の（あるいはデュルケム的な言い方をすればアノミー的な）外部への人々の対応の結果なのである。

無限性の社会

では、外部の世界の無限性とはいかなるものなのか。ジンメルが無限性という場合、単に共同体の境界といった意味ではない。そこに含まれるのは、階級差や人種の違い、そうしたものの差異が取り払われ、人間という普遍的な共通性でくくられた人間を前提として、社会が成り立っていくことである。このとき人間は、均質で抽象的な普遍的存在としての人間、言い方を変えれば、われわれはみな同じ人間同志という、基本的な要素のみを共通項としてもつ存在となる(4)。

伝統的社会において、人々は自分たちが何者であるのかについては伝統的規範で規定されている。だが、そのような基準が取り払われ、自分も他人も無規定な状態になった世界がここでいう無限性である。このようなことは、人々が自分自身の土地や集団をもたなくなるところからはじまる。こうして人々は互いにばらばらの存在になった後、なお残されるのは、ただ人間であるという共通性、すなわち普遍性の部分だけである。これが近代における普遍的存在としての人間である。

伝統的な共同体社会では、こうした普遍的存在であることは、よそ者（ジンメルの議論における異人）の特質であった。「よそ者は、彼の本質からして土地所有者ではない」とジンメルはいう。この場合の土地所有とは、ジンメル自身がいうように、文字通り土地を所有するという物質的、あるいは経済的所有の意味ではない。その土地と所有者自身のアイデンティティとが結びつき、一体化しているような、それゆえに個々人が地域とそこでの社会関係にかたく結ばれた、いわば理念的な場所の所有のことである。その意味で、これは地元所有と言い換えられるかもしれない。そして、このような場所から解き放たれるとき、人間はその土地に縛られない無限定性の自由と客観性を手に入れることが可能になる。何ら既存の社会関係に縛られることなく、自由な立場からものごとを考え、そしてさまざまな他人とも自由に関係を結ぶことのできる、いわばグローバル・コスモポリタンな存在、それがよそ者（すなわちジンメルにおける異人）である。

日本の場合、ここでいう無限性の社会が広がりはじめるのは、おそらく戦後の経済成長期であり、一億総中流といわれた時期のことであろう。たとえば、新興住宅地の住人たちは、法律上は土地の所有者であったとしても、ジンメルがここでいう意味での土地所有者ではない。一定の土地に定住すると同時に、その空間としての土地、およびその地域社会そのものに縛られることなく、解放されている存在こそ、ジンメルがよそ者として論じている異人である。彼らはその土地を地元とし、そこに確固たるアイデンティティを見出し、またそこでの離れがたい人間関係に縛られた人々ではない。これは、日本におけるかなり一般的な変化として波及してきており、お盆や正月の帰省も、次第に国内や海外への旅行に切り替わりつつある。その意味で、日本の地域社会そのもののあり方が、新興住宅地化しつつあるといえるだろう。

そうしたなか、本来の地元ではなく、出身とは無関係なイメージとしての地元や田舎を求める人々が出てくる一方で、それを観光や地元の活性化に活用しようとする地域も現れ、田舎暮らしが流行する。いわゆる伝統の発明（すなわち、さまざまな経済的、社会的理由から、伝統と呼ばれるものが人為的に新しくつくり出されること）は、この面でも一役買うことになるだろう。自分自身の本来の地元といったことと無関係に、あくまでふるさとや伝統のイメージが求められる。地元特産品などをウリにした、（自分のふるさとでなくとも）ふるさと納税というのは、言い得て妙である。これもまた、社会が無限性の社会、あるいは、人々がよそ者化してきたなかでの出来事なのである。

家の玄関を一歩出れば、そこは無限定性の世界。こうした状況は、ここでいう新興住宅地化した社会では、どの人にとっても変わらない。扉で閉ざされた親密な領域の外では、つねに周りは異人であり、また周りの人々にとっても、自分自身は異人である。そして、そこでつくられる社会は、はじめから異人たちによって形成されることになる。だとすれば、このような社会において、さらに異人というテーマが考えられるとすれば、このような異人にとっての異人はどのような存在なのか、ということが問われねばならないのではないだろうか。

親密さの境界のゆらぎ

広井良典によれば、近代への移行期に都会へと出ていった日本人は、ムラ社会を捨てたのではなく、都市に新たな二種のムラ社会をつくってきたのだという（広井 2009）。それらのうちの一つは家族であるが、もう一つは職場（会社）である。日本の職場は海外と比べても身内意識が強い(5)。会社名と個人のアイデンティティが一体化していたり（自己紹介するときに、「○○社の山本です」という）、会社そのものがムラの鎮守の神様をもつような宗教性をおびていたり(6)、日本人男性の友人関係は、海外に比べて職場の友人関係と重複している度合いがもっとも高い、といったことも指摘されてきた。その意味で日本では、家族とともに職場もまた無限定性の世界の内側として機能してきた。

しかし、今日、家庭も職場も、もはや外部の無限定性からの防壁として、境界づけられた安定した内部という役割をはたさなくなっている。離婚率は上昇し、雇用は不安定になり、親密さの関係も頼りになるとは限らない(7)。実際は、もはや家の玄関の内側も、安住の地どころか、それとは逆の場合もしばしばある、というのが実状である。

親密性の領域が問題をはらんだ社会学的テーマの一つとなり、アンソニー・ギデンズが『親密性の変容』を論じ、ウルリッヒ・ベックをはじめ、多くの社会学者が、家庭がリスキーな場所となってきたことを指摘してきた。実際、日本でも児童虐待、ドメスティック・バイオレンスに代表される家庭内暴力、ストーカー行為などの社会問題化は、このことの一面を示している。親密の内と外という境界は問題化し、警察、学校、医療機関、児童相談所、そして近隣もまた他人の家庭を監視したり、見守ったりする必要性が唱えられるようになってきている。こうして今日では、親密性の境界も以前より弱くなりつつある。これは社会的境界そのものの弱まりといえるのか。またこれは、現代の個人化の一側面といえるのだろうか。

無限定性からの境界として象徴的にみてきた玄関扉は、もはや境界としてはあいまい化しつつある。たとえば、引きこもる人にとっては、たとえ家のなかでも自分の部屋を一歩出たところがすでに無限定の世界かもしれない。家族のなかでのプライバシー、親子間のプライバシーも以前より強調されるようになった。これは家庭の内と外の境界が弱まり、個人と個人のあいだの境界の強化を示唆している。だとすれば、個人の周りはもはや無限定性によっておおわれ、個々人は自分自身の周りに境界を張りめぐらすようになってきたということになるのだろうか。

では今日、境界性は、個人化した個人の周囲に張りめぐらされるのだろうか。だが、そもそも社会を論じるさいに、個人を実体化できるものなのか。ここでは個人を実体視するのではなく、むしろ関係を単位として考えるジンメル的な見方にしたがって考えていこう。個人の境界線を想定する考え方自体が、共同体から家族へという考え方の延長線上のものといえるが、今日の境界（およびそこから生みだされる異人）は、共同体を家族に、そしてさらに家族を個人に置き換えていくのとは別のビジョンが必要であろう。

それとともに、社会を何らかの集団や組織として考える見方ももはや通用しなくなっている。たとえば、実社会よりもインターネット上のヴァーチャルな社会へと向かう人々、あるいは家に引きこもってネット依存となる人々の増加が、社会問題として取りあげられるようになった。それは、実社会よりもネット上の社会空間の方が、個人化した実状や社会関係のスタイルに適合してきたからではないだろうか。これが端的に示すように、現代社会における社会的なるものの境界は、社会を一定の集団や組織としてとらえるのではない、別の見方を検討しなければならないのではないだろうか。

3　現代社会における境界について

社会空間の無限定性とゴッフマンの社会学

近代の無限定に関連して、ミルチャ・エリアーデはつぎのようにいう。近代の俗なる経験は空間の均質性をもたらし、そこに「あるのはただ粉々になった宇宙の断片であり、人間が工業社会のなかの生活の義務に負われてあちこち動きまわる、無限に多数の、多かれ少なかれ中性的な〈場所〉の無定型な集まりにすぎない」と（Eliade 1957=1969）。

あるいはステファン・カーンは、近代の特徴の一つとして、空間の均質化や平準化をあげている。前近代にはあった、聖なる空間と俗なる空間の区別はあいまいになり、聖化された山が、信仰の対象から単なる審美的なものとなって登山や観光の対象となる。「生活と思考の脱宗教化の結果として生じる平準化」である（Kern 1983=1993）。赤坂憲雄は、「かつては自明と考えられていた境界は喪われたようにみえる」とし、「境界が溶けてゆく時代、わたしたちの生の現場をそう名付けてもよい」と述べている（赤坂 2002：13）。

しかし、その一方で中性性や均質性、無定型性は境界が消滅したというよりは、境界性の領域が広がったという見方もできる。なぜなら、そもそも境界的な領域とは、無定型であり、中性的な場所だともいえるからだ。市場的な交換がおこなわれる場所とは、共同体の果てにあって、社会的なものが尽きるところ、そして異界性や宗教性をおびた場所であり日本でもそうである（栗本・小松 1982）。だとすれば、今日の日本社会は、境界が失われたというよりは、社会それ自体が境界的な領域になっているといえるのだろう。

初期の都市社会学は近代の都市空間の社会関係の空虚さを強調した。たしかに、そこは多分に世俗的であり、また人間関係の希薄さ、人々の匿名的性格といった側面があげられ、あたかも社会の真空地帯のようにも思える。ゲオルク・ジンメルからルイス・ワースそしてスタンリー・ミルグラムにいたる系譜の都市社会学者たちは、一貫して近代の都市の公共領域における人々のあいだの社会的な関わりの不在あるいは希薄さを強調してきた。都市における人々のシンボリックな関わりについては、着目する社会科学者もほとんどいないという状況が続いていた。(8)

そうしたなか、近代の都市社会に生起する人々の関係を観察し、一定の秩序をもつ社会が形成される様を分析したのは、アメリカの社会学者アーヴィング・ゴッフマンである。ゴッフマンは、一見、社会関係が空虚にみえる都市社会においても、人々のシンボリックな相互行為が存在し、社会空間を形成することの意義を見出すことに貢献した社会学者の一人である。これについて、リン・H・ロフランドはつぎのようにいう。「都市が非社会的であるとする考えに対するもっとも手厳しい一撃はゴッフマンの研究によって生まれてきた。……彼は街路を行き交う人々の相互作用もまた、恋人同志の会話と同じくらいシンボリックな相互作用であるという見方を雄弁で説得力をもって論じた」(Lofland 1989：459)と。

ゴッフマンは、初期の研究において、世俗的にみえる近代の社会的相互作用に潜む宗教性に着目している。近代の人格概念には、集合的な宗教の力や聖性(マナ)の個人への分与がみられるというデュルケムの考え方(人格崇拝論)を引き継ぎ、「われわれの都会的な世俗的世界における人間が、象徴的行為によって示され、確認されるような一種の神聖さを賦与されていることの意味を、いくつか探ってみたい」という(Goffman 1967=1986：42)。そして、人格崇拝論の背景には、近代化のなかで生まれた、あの普遍的で抽象的な人間像やプライバシー意識に相通じるものがある。

では、このような社会において、境界はどのように考察できるのか。これは、現代社会における宗教性をおびた境界および異人というテーマを考えるうえで、何らかのヒントとなるかもしれない。

ゴッフマンがみた社会

ゴッフマンの社会学は、ある意味でエリアーデのいう「粉々になった宇宙の断片」を拾い集め、「工業社会のなかの生活の義務に負われてあちこち動きまわる、無限に多数の」集まりを分析する、といった様相を呈している。たとえば、あるパーティーに人々が集まり、帰るまでの一回性の場面、そのパーティーのなかで出会う、一つのグループの会話が始まりから終わりまで、あるいは、街中ですれ違う人々の出会いから別れまでの瞬間、長距離バスの待合室で隣り合わせた人々のやりとり等、ごくありふれた、日常的な人々の集まりを断片的に分析してゆく。ただし、ゴッフマンはそれを、エリアーデがいうように「中性的な〈場所〉の無定型な集まり」とみるのではなく、それぞれに一定の定型性をもち、ときには、ある種の宗教性をおびたものとして分析しようとした。

ゴッフマンが分析対象とする社会の切り取り方は独特である。通常の社会学が研究対象とする「集団」や「社会組織」を見ようとせず、見るのはあくまで一回の社会的場面である「集まり」や「出会い」だけである。そのため、ゴッフマンには組織としての社会の視点がない、といった批判もある。だが、社会を組織や集団としてみることをあえてしなかったがゆえに、現代の社会関係を分析可能にしている。

現代社会は、以前に比べてはるかに組織的ではなくなりつつある。たとえば、結婚も、いまは場面の流れ、もしくは一つ一つの場面の延長にある。イエ制度も消滅し、所属階層、家柄、親族や組織の関わりでおこなうのは、もはや一般的ではない。むしろ何かのきっかけで出会い、その場で意気投合してつきあいが始まり、結婚にいたる、といった方がありがちである。

さらに日常的な場面でもそうである。買い物は、いまや地元の店や付き合いのある店ではなく、価格という市場的論理によって決まることが多い。そして、しばしば一回性である。最近は、インターネットで買い物をする人も増えている。ネット上の買い物は、買い手と売り手が短期間のフレームのなかでの、一連のメールのやりとりとなる。店側のメールに、しばしば「短い期間ですがよろしくお願いします」という言葉が見られるが、これは場面型の相互行為の電子版である。

一見、まとまりをもった集団に見えても、必ずしも個々人をそこに永続的につなぎ止めているものではない。だとすれば、一定期間持続する社会関係も、組織だった集団とみるよりも、一定メンバーが集まってできた、一回性の出会いのフレームの連なりと考える方が、より社会の実状をとらえやすくなりつつある。

いずれにせよ、ゴッフマンは「集団」や「社会組織」を見ようとせず、一回性の社会的場面である「集まり」や「出会い」にこだわった。そして今日、組織や集団の意味や影響力は低下してきている。すでにふれたように、企業や家族、そしてその他さまざまな組織や集団も、その持続性や安定性を失ってきており、国家の境界もあいまい化しつつある。あるいは、登録会員数だけは増えていく形骸化した組織や団体も増加しているともいわれている。だとすれば、消え去ったのは社会の境界というよりは、集団や組織の境界なのかもしれない。そして、社会的なるものの境界も、いまは個々の場面にこそ見出されるべきなのかもしれない。

場面化する社会

現代社会では、社会は断片化し、いわば場面化してきている。葬儀ももはや、時間を超えた、死者と生者を結びつけるタテの連続性を喚起したり、共同体のヨコのつながりを示したりといった意味は希薄となり、個々の場面の一つとなりつつある。先に見たように、すでに共同体はなく、地域の伝統的しきたりや規範はもはや通用しない。むしろ、より抽象化され、洗練され、しばしばビジネスを通じてパッケージ化された場面のフレームの規範として与えられる。

死者やその親族が所属する集団とは何の関係も脈絡もない規範、単に場面としての葬儀のフレーム維持のためにパッケージ化されたマニュアルを、その家族や親族と何のかかわりもない外部の人間から教示され、それにしたがって滞りなく進行する。いまや葬儀も、そうした一個の場面と化している。

家庭もそのような場面の一つとなってきている。女子高校生が友人に「私は家ではけっこういいムスメしているんだよ」といったという話は、まだ家族が身内であると考えられていた時代にはインパクトがあった。なぜならこれは、家庭もゴッフマンのいう「出会い」の一つであり、役割演技の場面となっていること自体が、当時はショッキングであったからだ。

最近、テレビのインタビューで自分の母親のことを、「私の母」とはいわず、「私のお母さん」というのをよく耳にする。これは、家族が暗に他者化してきていることを示している。かつては身内と他人とのあいだには境界線がしかれており、自分の身内に敬称をつけるのは相手に失礼だとされていた。今日では、それを気にする人もいない。家族と他人は横並び（フラット）である。

ゴッフマンの社会学の観点から、敬語の用い方に着目したのはペネロープ・ブラウンとスティーヴン・レヴィンソンである。彼らは、敬語の用い方を通じて、対人関係にみられる個人の聖化やフェイスのあり方を分析した。個人にとって、自らの家族も他人と同様、個人として聖化されている。これは身内という意識が弱まり、家族と他人との境界が薄れたことのあらわれの一つと考えられる。(9) 家族関係が場面化したともいえるし、また子どもと親とが互いに他者化したともいえるだろう。家族内で互いのメンバーのプライバシーが重視されるようになる個人化も、家族が場面化したこと、そして家族の個々のメンバーが互いに異人化したことを示している。

テロ行為もまた、場面の社会を象徴している。テロは、国家間の戦争のように組織と組織のぶつかり合いとしておこなわれるのではない。いわば場面の戦争である。テロリストは、市場の賑わいやダンスクラブ、バスやマラソンの会場といった日常生活の場に適応的にふるまうことで潜り込み、突如として、その場面にまったく無関係な外部の問題を持ち込んで破壊する。これによって、日常のあらゆる場面は脅威に満ちている、という印象と恐怖感を与える。こうしたテロ脅威の物語に大国もうろたえ、テロ対策に奔走する。そして、これこそテロリストのねらいどおりである（このような世界では、かつての戦争の記憶すら、ノスタルジーを誘う物語として、これもまたさまざまなフレームを通して消費されることになるかもしれない）。

かくして、家庭でも、街中でも、友人関係でも、職場でも、人々は場面を構成し、それを社会とする生き方をはじめている。このような関係を示すのに、ストレンジャーという言葉は似つかわしくない。この言葉は見知らぬ他人を連想させる。だが、それらの関係の多くは匿名的ではない。むしろ関係は、抽象化されている。個々人が、それぞれの場面を構成するために、外部のフレームを持ち込んでいる。それによって、個々の場面はきわめて個別的であっても、関係はどこか一般化され、抽象化されたものとなる傾向がある。

お葬式の場面が、あらかじめ定められた式場の段取りにしたがって進められていくこととある種似たことが、家族関係でも友人関係でも生じる。ただし、このような抽象性こそが、世代、価値観、出身地、階層、宗派等々、もろもろの互いの相違や差異を超えて関わり合うことを可能にしているのである。

このような境界的な世界では、もはや共同体としての社会も語れないが、いわゆるストレンジャーも語れない。すでに誰もが、ある意味で互いにストレンジャーのような存在ではあるが、かといって互いに知らないわけでもない。それはジンメルのいう「今日訪れて明日もとどまる者」に近い。ただし、ジンメルのストレンジャー（異人）もまた、一定の共同体的集団を想定しており、あくまでその集団の外的存在としての異人なのである。それに対して、現代人のストレンジャー性とは、互いに誰もが共同体のような集団に所属せず、ただ集まって社会的な場面を構成する人々の特性なのである。

このような人々によって形成される社会を分析するのが、ゴッフマン社会学の手法である。この境界的世界に形成される、集団でもなく組織ももたない社会は場面的である。ある場面と別の場面との関連についてふれられることは少なく、一つ一つが独立した個別の場面として、個々に分析の対象となっている。まるで人間は、断片的な社会的場面を住み処とし、さらにそのなかの存在でしかないかのように、社会的場面の連続性や体系性は重視されない。この世界では、集団や組織と見えるものも、実は一定の持続性をもった、個々の出会いや集まりの連続体にすぎないのである。

ゴッフマン社会学における社会の境界

ゴッフマンの社会学における社会（場面的な社会である集まりや出会い）の境界には、おおまかに分けて二つの側面がある。個々の場面を設定する時空的な枠（フレーム）と、場面内で個々人が自己呈示（いわゆるパフォーマンス）するさいに必要な境界という側面である。前者は、たとえば演劇や式の始まり（開幕）と終わり（閉幕）の合図、舞台と客席の段差や仕切り、出会いの挨拶と別れの挨拶、職場や授業の始まりと終わりのサイレンやチャイム、ゲームの始まりと終わりのホイッスル等々である。つまり、これは場面の時間的あるいは空間的境界である。

そして、もう一つの境界は、個人の聖性とかかわっている。ゴッフマンの社会学において、個人は社会的場面に現れるとき、それぞれのフェイス、すなわち個人の人格的な聖性をおび、それゆえ他人からの儀礼の対象であるとともに、場面を共有する人々が共同で互いに守り合おうとする、体面や面子をもつ存在である。つまりフェイスは、それぞれの個人が、一定の場面で社会的存在としてもつべき社会的表象だが、社会的場面は各個人が自らそれに適応的にふるまうパフォーマンスを遂行し、その役柄を演じ続けることによって維持される。

社会的場面に適合的なフェイスをつくったり、維持することが困難であると、精神病というレッテルを貼られて収容されることもある。ゴッフマンが精神病棟の観察によってみたことの一つもこのことであった。もちろん、精神病棟という隔離された世界の異人を考えることにも意味があるであろうが、同時に私たちは日常生活の中にある異人を考えるべきであろう。少なくとも、ゴッフマンは後者をこそ考えるために、精神病棟をみているのである。そして、フレームの外の異人とは、フレームの外に立って、自らのフェイスを演出し、維持しようとする人々のすべてにおける異人性である。

ここでの異人性とは、具体的には、個人のパフォーマンスを支える舞台裏の個人であり、場面の表象にそぐわない、個人の情報、性格、生理的な側面や行動、感情の放出などをその場面から遠ざけておくための境界をもつ。人々は個人として、個々の社会（的場面）をつくりだすために、場面の外側から（場面の構成部分である）自らの表象を生みだす存在である。(10) それゆえに個人は、社会の構成物であると同時に異人でもある。そのような存在として、個人は聖性をおびるのである。

4　「知人」の社会と異人

「知人」社会とゴッフマンの視角

イギリスの社会学者ディビッド・モーガンは、現代の社会関係を言い表すのに適切な概念は、親密な関係でもなければストレンジャーでもないとして、その中間にある「知人（acquaintance）」という概念を提唱する。何か事件があると、現場の近隣住人が容疑者について、「とてもいい人だったよ、よく挨拶もしてくれてね」などというのをよく耳にする。その人は容疑者のことを知らないわけではない。だが表層的な知識であり、くわしくは知らない。

モーガンによれば、ストレンジャーや親密性と「知人」との違いはそれほど明確ではなく、むしろ重なり合っている。たとえば、毎朝、通勤電車で見かける人や、行きつけの店のなじみの店員はストレンジャーに近い知人である。一方、職場の同僚や趣味のサークル友だちで、会えば親しく話すがプライベートは知らない場合も知人である。「『知人』とは、親密とストレンジャーのあいだのとても大きいエリア」である、と彼はいう（Morgan 2009）。

このように、モーガンにおいてストレンジャーと「知人」との違い、そして親密な友人と知人の違いは、必ずしも明確ではない。だがその一方で、彼のいう「知人」は、共同体的な関係でもなければ、匿名的ストレンジャーでもない、現代の抽象的関係を示唆する魅力的な概念である。

モーガンは、他人に「ただ表層的に役割を演じるだけのコスモポリタン」という、スウェーデンの社会学者ウルフ・ハナーツの見方を評価している。他人に対するこうしたスタンスが「直接のコミュニティの境界を越えた社会的ネットワーク」を生みだしていくのだという。またこれは、ジンメルやゴッフマンの社会学の見方に近く、モーガンは「知人」の社会学の理論的伝統に属するものとして、ジンメルやゴッフマンをあげている。

ただしモーガンは、ジンメルは親密な関係とよそ者の関係をみたが、その中間の「知人」を直接的には主題化しなかった、という。ジンメルにおいて「知人」は、「知られたストレンジャー（known strangers）」であり、それはストレンジャーに属するものとされている。これは、一定の共同体を想定し、その内と外という観点で論じるその『よそ者論』と関連するのだろう。共同体内の人間は、単なる「知人」ではないからだ。また、ゴッフマンについては、「知人に関心をもっていたが、親密な関係やストレンジャー関係との違いを明確に整理しなかった」という。ゴッフマンは、「親密と知人の境界を行ったり来たりしている」と。

ゴッフマンの関心は、すでにふれたように、何らかの集団や組織ではなく、それぞれの個々の社会的場面である。彼の社会学では、いつも複数の人々が共在する個別の社会状況、すなわち集まりや出会いとして社会をみていた。友人関係にある人々も、一つの友人集団としてではなく、一回の出会いとしてしかみられない。友人や家族、職場集団や地域社会といった集団的カテゴリーは、単なる脇役でしかない。それゆえゴッフマンにとって、「知人」という一つの社会的カテゴリーと他のカテゴリーとの区分そのものもあまり重要ではない。

では反対に、モーガンの「知人」という概念をゴッフマンに照らして考えてみよう。すると、モーガンのいう「知人」関係は、その大半が場面的性格のものであるように思える。たとえば彼が、「個人の一日の物語」は、「小さな親密のかけらのような言葉の交わし合いや互いの認知」であるといい、また「何年も通りで互いにあいさつしあう知人としてだけ、お互いを知っている」というとき、このような知人関係はすべて場面的なものである。知人関係についてモーガンは、「儀礼的で表層的なだけで、心がないとみられるところだが、その総計は些細なことではない」と述べている。このような関係は、まさに場面的である。すなわち、彼が概念化している「知人」とは、個々の場面を総計して得られる関係性のカテゴリーであり、言い換えれば知人関係とは、個々の場面的社会の寄せ集めなのである。

モーガンが「知人」に着目するのは、社会関係が知人化しつつあるからだ。だとすれば、もともと親密関係といわれた家族や友人関係も影響をうけないはずはない。親密関係が消滅したとはいえないが、それと知人関係との境界がうすらいでいる可能性は十分にある。家族の個人化も、いわばその知人化のあらわれといえる。そして、知人関係が場面的関係であるとすれば、知人化した家族や友人関係もまた、場面として分析されることに適した社会領域となってきたといえよう。

ゴッフマンは親密関係と知人関係の区別が明確ではない、とモーガンはいう。だがその一方で、モーガン自身ない。

も認めているように、彼自身の「知人」概念と「親密性」や「ストレンジャー」との区別もあまり明確とはいえ

モーガンが「知人」と「親密性」を区別しようとするとき、彼は社会を集団や組織のカテゴリー化のイメージでとらえようとしている。一方、ゴッフマンはそのような分類を考慮せず、むしろ、それらのような従来型の区分が通用しなくなった社会の可能性を探究していた。そして、モーガンが「知人」と呼ぶ社会領域の広がりは、実はモーガン自身の見方に反して、集団や組織として社会を見ようとする視角には馴染まなくなりつつある社会、すなわち社会の場面化を示す社会現象であったのではないだろうか。だとすれば、むしろ社会を個々の場面としてみようとするゴッフマンの視角は、「知人」という概念にうまくフィットする。つまり、知人関係とは、ゴッフマンが示した、場面としての社会の視角によってこそ分析できる社会なのである。

ゴッフマンがみた場面の社会学において、異人とは、まずは個々の社会的場面（すなわちシンボリックな社会）を構成しつつも、つねにそこからは一定の距離をおき、その外側に自らの存在根拠をおく、個々の私たち自身のことである。共同体社会においては、私たちはまさにその社会のなかにこそ、自らの存在、およびその根拠や位置づけをもっていた。しかし、現代社会では、人々は、個々の場面のなかで、場面そのものを通じて自らの存在を確保し、確認していくが、自らの存在根拠はその外側においているのである。

ここでは、個々人は互いが互いにとって異人であり、また異人として社会的場面を生みだしていく存在であるがゆえに聖化されている。場面の社会は、個々人が場面の外部的存在であるがゆえに、場面を構成する自らのフェイスを（プライバシーを通じて）つくることができ、彼らはそれぞれのフェイスをもって参加するがゆえに、社会的場面もなり立ちうる。逆に、社会的場面に参加するフェイスをもつことができなくなれば、社会参加も困難になり、引きこもるしかない。

場面の社会では、いかなるフェイスをつくるか、その維持や管理も個人の手にゆだねられる。このような社会ではフェイスの根拠は脆弱であり、それは不安定になる。自己申告のフェイスには、社会的な保証や正当化がないからだ。それゆえこの社会ではプライバシーが求められ、各社会的場面においては、相手の心やフェイスに対する配慮が、以前にも増して求められることになる。

「知人」の社会における異人について

最近、『妖怪ウォッチ』というアニメ（もとは電子ゲーム）が、子どもたちのあいだで流行っている。私の身近な情報では、小学校のクラスでこれを見ていない子どもはほとんどいないという。サクラニュータウンという、都会の新興住宅地らしき町に暮らす小学生が主人公で、この少年が妖怪ウォッチを身につけると、周りにいる目に見えない妖怪たちが見えるようになる。これで見ると日常世界は、まさに妖怪だらけなのである。

もちろん、妖怪や怪物のマンガやアニメそれ自体は、けっして珍しくない。ただ、それらの多くは、妖怪を非日常的で、たまにしかあらわれないようなものとして描いている。だが『妖怪ウォッチ』では、妖怪たちは日常生活のどこにでも、昼夜を問わずに潜んでいる身近な存在である。また、かつての妖怪はおどろおどろしく怖い存在として描かれることが多かったが、ここに出てくるおなじみの妖怪などは、愛嬌があり親しみを感じるようなものが多い。「ジバニャン」や「デカニャン」「イケメン犬」のように、身近な動物をキャラクター化したり擬人化したりしたものもある。あるいは「マスターニャーダ」や「スティーブ・ジョーズ」といった海外の有名人や映画の登場人物をもじったようなものもある。

さらに、どこにでもいそうな人の性格やキャラクターを妖怪化したものも多い。人から物を借りて返さない「かりパックン」、おしっこを我慢し続けて忍耐力を身につけた「ガマンモス」、風呂好きの妖怪「のぼせトンマン」、のらりくらりとしていて仲間を引き込んでのらりくらりさせる「のらりくらり」、何にでも反対しようとする「認メン」、取り憑いた相手を不良にさせる「グレるりん」等々。これらの一部は人々に取り憑き、憑かれた人は、その性格をもって行動するようになる。

このアニメのストーリーによれば、社会のさまざまなできごとや人々の行動は、実はその背後に潜み、人の目には見えない妖怪が作用している。そのため、私たちの性格といえるものが、実は妖怪の仕業として説明される。まさに私たちの社会は憑きものだらけということになる。そして、それらが妖怪ウォッチで見えるようになることで、ストーリーが展開していくのである。一世代前に流行した『ポケットモンスター』（いわゆるポケモン）にも、異界の存在であるモンスターたちが登場する。だがこれらのモンスターは、人に取り憑いたりすることはない。『妖怪ウォッチ』では、しばしば妖怪たちと身近にいるふつうの他人との重なり合いや同一視がみられる。まさに私たちの周りは妖怪だらけなのである。そして、恐ろしいものや敵もいるが、基本的には、これらの妖怪とうまく関係を保ち、仲良くかかわっていくというストーリーである。

こうした新たなタイプの異人のストーリーの大流行は、私たちの社会のあり方との関係で解読されていくべきなのだろう。そのさい、これまで述べてきた知人化、そして場面化する社会は、『妖怪ウォッチ』のような異人のあり方と深くかかわっているように思える。すでに見てきたように、知人の社会は、基本的には顔見知りのストレンジャーたちがかかわってつくられる世界である。その関わりの場面をつくる知人たちは、互いに相手の性格を、しばしばキャラクター化してカテゴライズするが、そこには得体の知れない部分もある。また個人の性格は、当の本人自身ですらわからず、手に負えないように感じられる場合もある（そもそもそれを規定していた共同体がもはやないのだから、わからなくて当然だが）。しかし、それでも私たちは他者たちと互いに交流しあいながら、社会を形成していかねばならない。『妖怪ウォッチ』は、こうした知人社会の啓蒙書のように見えなくもないが、このような現代の異人現象にも、深い民俗学的分析が待たれるのであろう。

本章は、異人を一定の境界をもつ社会にとっての外部的存在としてとらえた。そして、現代社会における社会の境界の溶解というテーマから、共同体的な社会の消滅、そしてさらに、社会を集団や組織としてとらえること自体が、しだいに困難になりつつあることを述べた。そのうえで、社会を集団や組織ではなく、個々の場面としてとらえるゴッフマンの社会学的視角を紹介した。その一方で、現代社会を共同体とストレンジャーのはざまにある「知人」という社会的カテゴリーの広がりととらえるモーガンの視点を紹介し、その視点からみた社会が、ゴッフマンの場面社会の視点と重なり合うことをみた。

今日の「知人」社会における社会の境界は、ゴッフマンの分析した個々の場面の境界としてとらえられる。このような境界は、非常に短期的でデリケートなものではある。だがそれは、一見、均質でボーダーレスにみえる現代社会においても、なお観察される社会的なものの境界なのである。そして、この観点からみていくとき、異人には二つの側面があることを論じた。一つは、場面の外側に自らの存在根拠をおく、現代の個々人そのものという側面であり、もう一つは、社会的場面の外部から場面をオペレートする存在という側面である。もちろん、これら両側面は重なり合っている。そして、これらは市場化が行きわたった今日の経済社会のシステム構成と関係しているのではないか。ポランニーにしたがえば、共同体的なるものは市場を社会関係の外側におくことでなり立っていた。だが、市場化が浸透した今日の日常、すなわち共同体なき社会では、私たちはたえず異界と関わりつつ、これらとの和解をはかって生きていかねばならないのだろう。

注

（1）　この区分は、ジェイン・ジェイコブズが、その名著『アメリカ大都市の死と生』において描いたコミュニティ的都市空間と計画された住宅地のそれと重なり合う。

（2）健康的でくつろいだ生活様式を実現する郊外のイメージは、欧米では一八、九世紀のロマン主義運動のなかで育まれたもののようである。ただし、そのイメージはまた、イギリスとアメリカでも異なり、前者では「貴族社会の趣味の模倣」のようなところがあるのに対して、後者では「農業的理想や田舎町の民主主義、隣人への援助」といったフロンティア精神と結びついたものとなっている（Tuan 1974=1992：390）。

（3）多摩ニュータウンは、まさに後者の典型的な例の一つであろう。また、関西の芦屋市はいまでは高級住宅の町として有名だが、もともと都会人の別荘地として始まった。

（4）これを可能としてきた大きな要因は、貨幣経済が無限定にあらゆる側面にいきわたったことであるが、それはここで論じることはできない（Simmel 1896=1999）。

（5）中根千枝は、「シンガポールの日本人経営の工場につとめる中国系の従業員は、日本的なうちの者といった取扱いに違和感をもつ」（中根 2009：60）ということを指摘している。そして、「家族や友人関係は会社のソトにあるのであって、その関係と混同するようなことはやめてほしいというわけだ」（中根 2009：60）という。

（6）中牧弘允（2006）を参照。

（7）家族のリスク化については山田昌弘、友人関係がもたらすリスクについては土井隆義、また海外に目を向ければ、家族モデルそのものが幻想であったことを指摘し、今日、特に多様な家族形態がみられることの指摘がある（Coontz 1997=2003）。また、職場の不安定化については、非正規雇用関連の議論があるが、これは世界的な現象でもある。たとえばReich（2007=2008）やPutnam（2000=2006）等を参照。

（8）その後、一九七〇年代以降、都市の公共の領域をミクロな視点から探求しようとするアメリカの都市社会学者たちは、積極的な人々の関わりがそこに生起するのを見ることに大きな関心を抱くようになる。この時代、ロフランドやブリルあるいはヒットなどによって、そうした領域に生起する社会関係を見ていこうとする研究がなされてきた（Carr etal. 1992：25-26）。他にも、ジェラルド・サトルズやハーバード・ギャンズの研究、あるいはジェイン・ジェイコブズの著作などをあげることができる。

（9）ゴッフマンの観点から、相互行為のなかの敬語に着目したものにレヴィンソンたちの研究がある。彼らは現代人が社会構造よりもむしろ、状況に従属するようになるという見方を示し、その互いの聖化のあらわれとして敬称や敬語をみている（Brown and Levinson 1987）。

（10）ゴッフマン社会学に、「役割距離」という概念がある。たとえば、手術中に冗談をいう医者である。場面の規範を逸脱した行動で、自分が場面役割に対して外部性をもつこと（すなわち場面の役割の自分と、その人の自己自身とまったく同じなのではなく、一定の距離をおいていること）、そして場面のなかの社会的な自己は、その場面の外にある個人自身のコントロールのもとにあることを暗に示すのである。Goffman（1962=1985）他。

文献

赤坂憲雄、二〇〇二、『境界の発生』講談社学術文庫。

Beck, Ulrich, 1986, *Risikogesellschaft*, Suhrkamp.（＝一九九八、東廉・伊藤美登里訳『危険社会』法政大学出版局。）

ウルリッヒ・ベック／鈴木宗徳／伊藤美登里編、二〇一一、『リスク化する日本社会』岩波書店。

Brown, Penelope and Levinson Stephen, 1987, *Politeness*, Cambridge University Press.

Carr, Stephen, Mark Francis, Leanne G. Rivlin, and Andrew M. Stone, 1992, *Public Space*, Cambridge University Press.

Coontz, Stephanie, 1997, *The way we really are*, Basic Books.（＝二〇〇三、岡村ひとみ訳『家族に何が起きているのか』筑摩書房。）

Eliade, Mircea, 1957, *Das Heilige und das Profane*, Rowohlt.（＝一九六九、風間敏夫訳『聖と俗』法政大学出版局。）

Giddens, Anthony, 1992, *The Transformation of Intimacy*, Polity Press.（＝一九九五、松尾精文・松川昭子訳『親密性の変容』而立書房。）

Giddens, Anthony, 1999, *Runaway World: How Globalization is Reshaping Our Lives*, Profile Books.（＝二〇〇一、佐和隆光訳『暴走する世界――グローバリゼーションは何をどう変えるのか』ダイヤモンド社。）

Goffman, Erving, 1952, "On Cooling the Mark Out: Some Aspects of Adaptation to Failure," *Journal for the Study of Inter-*

personal Processes 4: 451-463.
Goffman, Erving, 1974, *Frame Analysis*, Harper.
Goffman, Erving, 1967, *Interaction Ritual*, Anchor Books.（＝一九八六、広瀬英彦・安江孝司訳『儀礼としての相互行為』法政大学出版局。）
Goffman, Erving, 1962, *Encounters*, The Bobbs-Merrill Company Inc.（＝一九八五、佐藤毅・折橋徹彦訳『出会い』誠信書房。）
広井良典、二〇〇九、『コミュニティを問いなおす――つながり・都市・日本社会の未来』ちくま新書。
Kern, Stephen, 1983, *The culture of time and space*, Harverd University Press.（＝一九九三、浅野敏夫・久郷丈夫訳『空間の文化史――時間と空間の文化』法政大学出版局。）
小松和彦、一九八五、『異人論』ちくま学芸文庫。
栗本慎一郎・小松和彦、一九八二、『経済の誕生』工作舎。
Lofland, Lyn H., 1989, Social Life in the Public Realm: A Review, *Journal of Contemporary Ethnography*, Vol.17, No.4. 453-482.
Morgan, David, 2009, *Acquaintances: The Space Between Intimates and Strangers*, Open University Press.
中牧弘允、二〇〇六、『会社のカミ・ホトケ――経営と宗教の人類学』講談社。
中根千枝、二〇〇九、『タテ社会の力学』講談社学術文庫。
大村英昭、二〇〇〇、「『死ねない時代』の臨床社会学」大村英昭・野口裕二編『臨床社会学のすすめ』有斐閣アルマ、二二一-二四六頁。
Putnam, Robert D., 2000, *Bowling alone: The Collapse and Revival of Community*, Simon & Schuster.（＝二〇〇六、柴内康文訳『孤独なボウリング――米国コミュニティの崩壊と再生』柏書房。）
Reich, Robert B., 2007, *Supercapitalism: The Transformation of Business, Democracy, and Everyday Life*, Vintage Books.（＝二〇〇八、雨宮寛・今井章子訳『暴走する資本主義』東洋経済新報社。）

阪本俊生、二〇〇一、「現代の社会関係と敬語の可能性――ブラウンとレヴィンソンのポライトネス論を手がかりに」『言語』一一月号、大修館書店。

阪本俊生、一九九九、『プライバシーのドラマトゥルギー』世界思想社。

Sennett, Richard, 1970, *The Uses of Disorder: Personal Identity & City Life*, Vintage Books.（＝一九七五、今田高俊訳『無秩序の活用――都市コミュニティの理論』中央公論社。）

Simmel, Georg, 1896, „Das Geld in der modernen Curtur", *Zeitschrift des Oberschlesischen Berg- und Hüttenmännischen Vereins*, 35/1896.（＝一九九九、北川東子編訳・鈴木直訳『ジンメル・コレクション』筑摩書房。）

Simmel, Georg, 1908, „Exkurs über den Fremden, *Soziologie*", Duncker & Humblot.（＝一九九九、北川東子編訳、鈴木直訳『ジンメル・コレクション』筑摩書房。）

Simmel, Georg, 1909, „Brücke und Tür", *Der Tag*, 15. September.（＝一九九九、北川東子編訳、鈴木直訳『ジンメル・コレクション』筑摩書房。）

徳田剛、二〇〇五、「よそ者概念の問題機制――『専門家のまなざし』と『移民のまなざし』の比較から」『ソシオロジ』第四九巻三号、一五二、三‐一八頁。

Tuan, Yi-Fu, 1974, *Topophilia*, Attitudes and Values, Prentice-Hall.（＝一九九二、小野有五・阿部一訳『トポフィリア』せりか書房。）

内田隆三、二〇〇〇、「郊外ニュータウンの〈欲望〉」三浦展・山田昌弘・小田光雄・内田隆三『「郊外」と現代社会』青弓社、一七四‐二一四頁。

内田隆三、二〇〇五、『社会学を学ぶ』ちくま新書。

山田昌弘、二〇〇一、『家族というリスク』勁草書房。

山田昌弘、二〇〇七、『希望格差社会』筑摩書房。

山泰幸、二〇〇八「〈異人論〉以後の民俗学的課題」小松和彦還暦記念論集刊行会編『日本文化の人類学／異文化の民俗学』法藏館、七七‐九五頁。

若林幹夫、二〇〇七、『郊外の社会学――現代を生きる力』ちくま新書。

第4章　ドイツ民俗学における異人論
——フォルクとフレムデを越えて

法橋　量

1　出発点としての他者

民俗学において〈他者〉の問題は、つねに表立った議論の陰で潜在し続けてきた。柳田国男の『遠野物語』の序文での、「願わくはこれを語りて平地人をして戦慄せしめよ」（柳田 1994：9）という宣言は、遠野で語られてきた物語が、まさに〈平地人〉に対する〈他者〉の発見の宣言であり、それまでの歴史では語られることのなかった民衆の生活世界のありようを語る学問としての民俗学の出発を予感させるものであった。しかし『遠野物語』でも登場する〈山人〉は初期の柳田の民俗学において重要な位置を占めていたのに対し、徐々に絶対的なマジョリティ、すなわち常民についての議論に収斂していくことになる。これは民俗学が国民ないし日本人、自民族とは何かを問いかける学問として、日本の大部分を構成していた農村部の文化に関心を集中したため、その半面で、実は社会の中で共存していた〈他者〉が視界からこぼれ落ちてしまうのも必然的なことであった。さらに〈他者〉を〈他者〉として認知することで、とりわけマジョリティである主体の中から生じる差別意識が、〈他者〉の問題を回避させる遠因にもなっていたようにみえる。(1)

民俗学が本来〈自己〉の文化アイデンティティ探究に動機づけられて出発したという意味において、これはヨーロッパの民俗学もまた同様であった。しかし今日、ドイツも含めヨーロッパは主に移民による多文化社会化が叫ばれて久しい。また移動社会といわれるように国内における移住は、地域社会にとって新住民という新たな社会的存在を生み出している。もはや民俗学は、自文化あるいは自己完結的な地域社会を対象とするという素朴な自己規定は成立しない現実をつきつけられている。現在的課題として〈他者〉といかに向き合うかという問いかけは、主体である〈われわれ〉がいかに規定されるか、換言すれば〈他者〉と〈われわれ〉の境界をいかに設定するかということでもあり、これは同時に民俗学の自己規定を問い直すことでもあるとも言える。

本章では一九世紀半ば近代科学として民俗学が立ち上がったドイツにおいて、民族《フォルク》（Volk）という主体に対して、〈他者〉あるいは〈異人〉という存在が、民俗学の発展の中でどのようにとらえられ、またいかに問題化されてきたかをみていきたい。

2　伝統社会における異人

従来ドイツ民俗学が対象としてきた村落社会において、〈他者〉は、〈異人〉として名付けられていた。その〈異人〉とはどういった存在であり、それがどのように伝承的秩序の中に組み込まれていたのだろうか。まず手掛かりとして、『ドイツ俗信事典』の記述から見てみよう。

ドイツ語で異人・異邦人・よそ者はフレムデ（フレムダー（Fremde[r]））であるが、(2) これは、「外、外部」を含意する不変化詞 fram から派生した語であり、よそ者、外国人（Ausländer）を指す。マルク共同体に属さない者は、異邦人であり、庇護と自由を求める権利をもたない。また彼らに対する人命金はなく、その親族は法的な保証を期待することはできない。祭式からも除外される。客人歓待（Gastfreundlichkeit）によって（三日間は）保護される。今日でも共同体の外部から来た若者が花嫁を訪問するときには、地元の若者から手ひどく打ちすえられる。しかし、民衆の異人に対する態度は一面的ではなくあいまいである（Bächtold-Sträubli et al. 1933：75-78）(3)。

一般的に異人は信用されない。異人には新生児や特に洗礼前の幼児を見せない。もし異邦人が子どもを見たいという時には、聖水を与えるか「神のご加護を」と唱えなければならない。また、異邦人はミルク桶を覗いたり、搾乳、乳の濾過、バター作りに関わってはならない、牛小屋に入ることを許さない、雌牛の出産にも立ち会うことが許されないなどのタブーを課せられる。また、穂が実った穀物畑や脱穀場などに異邦人が立ち入ろうとした時には、その靴をきれいに拭ったり、足の指にかみついたりする。ザルトリの『風俗習慣』にも、聖夜や枝の主日、復活祭など、主要な祭事において、ムラを訪れた異邦人は、泉に落とされたり、あるいは穀物を収穫後束ねる作業中に通りかかった異邦人は、罵声を浴びせられたり、つばを吐きかけられたりする（Sartori 1911）。これらの伝承から読みとれるのは、ムラ社会の外部からやってくるよそ者が、災厄をもたらすもの、あるいはその可能性をもつ者として認識されていたということである。

一方では、『ドイツ俗信事典』は、異人が幸いをもたらす歓待すべき存在とみなされている事例も数多く示している。現在も神々は、しばしば人の姿で、歓待のしかたによって報酬を与えたり罰を与えたりする。オーディンは飽くことを知らない放浪者であったと記録されている。特異な風体の異邦人はみな神とみなされていた。特に聖夜には、異界のものたちが地上をさまようとされているので、この時期には異邦人は特に歓待を受けた（ebd.：75-78）。のちに異人は日本におけるまれびとのように、幸をもたらす神、聖なる存在としての一面ももっていたことがわかる。つまり異人は両義的存在であったという痕跡がこれらの伝承から暗示されるのである。

しかしながら、伝統社会が「異人」と名指した人々について、その社会的実体をこれらの伝承からうかがい知ることは困難である。これは初期民俗学の民俗資料の採集法・視点にも関わっていることでもあるが、リアルな「異人」像をそこに見出すことはできない。異人はただ異人として語られるだけである。

ただし農村社会の外部から訪れる異人、いわゆる巡行する人々（fahrende Leute）については、社会史あるいは民俗学の蓄積も少なくない（cf. Klapper 1934：145-148, Irsigler and Lassotta 1984）。たとえばヨーロッパの語りの文化史をテーマとしたルドルフ・シェンダは、外部からやってくる巡行者たちは、都市と比較して相対的に閉鎖的であった農村社会に、外部世界の情報を「語り」という伝統的メディアによってもたらしていたことを明らかにしている（Schenda 1993）。

また、社会の内部に存在する異人、すなわち農村における非農民の存在は、つとに指摘されてきたことである。一九世紀の村落社会の社会史・民族誌的記述を試みたヴェーバー＝ケラーマンは、村落内に住みながら特別視される粉屋、郵便配達人、行商など外部世界と往来する、また農民経済あるいは共同体政治の構造の外側に立つ存在を〈他者〉としてとらえていたことを活写している。彼らは農民にとって他者・アウトサイダーではあったが、けっして〈異人〉ではなかった。彼らも村落社会の経済・社会システム、伝統社会の一部をなす既知の存在であったからである。

ドイツに限らず多くのヨーロッパのさまざまな地域において、つねに〈異人〉であり続けた存在として、ユダヤ人、ジプシー（ロマ、シンティ）などのいわば異種族と認識されている存在があった。伝統社会では、彼らは、個性を剥奪されたエスニックなカテゴリーとして、また異人の代名詞としてしばしば語られている。

ユダヤ人の石

一四六二年のチロルのリン村での出来事である。何人かのユダヤ人が一人の農夫に彼の幼い子どもを連れて来るよう大金を渡した。ユダヤ人たちは子どもを森の中に連れて行き、大きな石の上で拷問し、恐ろしい方法で死に至らしめた。それ以来、その石はユダヤ人の石と名づけられた。ユダヤ人たちはばらばらにした死体を橋の近くに立っているカバの木につるした。その殺人がなされていたとき、子どもの母親はちょうど畑で働いていた。急に彼女は自分の子どものことが頭に浮かび、なぜか無性に心配になってきた。そのうち三滴の血が次々と彼女の手に落ちてきた。不安を胸に急ぎ家に戻り、子どもを探した。彼女の夫は彼女を部屋へ連れていき、彼がしたことを白状し、貧乏から抜け出せるほどの大金を見せた。しかしお金は木の葉に変ってしまっていた。それで父親は気が狂い、悲しみのあまり死んでしまった。しかし母親は子どもを探すために家を出た。子どもが木につるされているのを見つけ、熱い涙を流し、死んだ子をリンの教会へと運んでいった。いまもそこにその子が埋葬されており、人々から聖なる子どもとして崇められている。ユダヤ人の石もそこに運び込まれた。言い伝えでは牧人が、子どものつるされていた木を切り倒し、家に運ぼうとして、足を折り、それがもとで死んだという。(Grimm 1881 Nr.354)

この伝説は、スティス・トムプソンのモティーフ・インデックスのMot.V361「キリスト教徒の子どもがユダヤの儀礼のための血を提供するために殺される」、Mot.V35.1「ユダヤ人が彼らの聖餐を女に賄賂を渡して盗ませる」に相当するヨーロッパで広く流布している伝説である(Daxelmüller 1987)。この伝説は、ユダヤ人が彼らの儀式のために子どもを生贄にするという〈偏見〉にもとづいた説話であるが、ここで異人は殺されるのではなく、殺す存在として描かれる。ただ特徴的であるのは、ユダヤ人そのものについての言及、描写が非常に少ない点であり、彼らがどういう人間で、どこに住み、普段何をしているのかについて何も示唆されていない。非人道的な儀式をおこなう人々というネガティブなステレオタイプがあるにすぎない。

つぎの事例はもう少しユダヤ人行商に対する別の面が明瞭に描かれている。

一人のヘブライ人がズントガウから毎週一度商いのためにある決まった村に通っていた。毎週一度悪ガキたちが村中彼についてまわり叫んだ。「ユダヤ、ユダヤ、ユダ公やい」。ヘブライ人は、「さてどうしたものか。私が一回しかれば、子どもたちはさらに怒ってののしってくる。一人に石を投げつければ、二〇人が石を投げつけてくるだろう」と考えた。ある日、ヘブライ人は鋳造されたばかりのぴかぴかのバーゼルラッペン硬貨をたくさんもってきた――五ラッペンは二クロイツァーにあたる。彼を「ユダ公」と呼んだ子どもたち皆に一ラッペン与えた。子どもたちは彼に「ユダ公、一ラッペン」と呼び掛けた。彼が再び村を訪れると、子どもたちは路地に立って、「ユダ公、シャウレム・レヘム（イディッシュ語の挨拶）」。どの子も一ラッペンをもらった。それが数回にわたった。子どもたちは一週間、次の一週間と楽しみにするようになり、心やさしいそのユダヤ人を好きになりはじめた。ところがあるときユダヤ人は言った。「子どもらよ、もう私はお前たちにはもう何もあげない。私にとってはあまりにも頻繁すぎだ。もちろんあげたいのはやまやまだが、お前たちには多すぎだからね」。子どもたちはとても悲しんで、涙を浮かべた者さえいた。そして言った。「もし君たち（ユダヤ人）がなにもくれないんなら、もう二度とユダ公なんて呼んであげないよ」。ヘブライ人は「その呼び名を気に入らなければならないね。お前たちに無理強いはさせないよ」。そうして彼はその後子どもらに一ラッペンも与えなかったが、それからずっと子どもらは静かに彼を村に通させた。（Diedrichs and Hinze 1987：29-30）

この物語は、南西ドイツ・アレマン地方の郷土作家ヨハン・ペーター・ヘーベルの暦物語からとった創作ものである。暦物語は一七世紀以降、農村部を中心に庶民の娯楽・教養として普及したメディアである民衆暦（Volks-kalender）に収録される物語群である。この物語はユダヤ人の視点から語られ、彼らが普段村でどのように扱われていたかをうかがわせる。村の子どもたちは規則的に村に現われる異人に対してある種の偏見・差別意識を抱いているのであるが、ユダヤ人の懐柔策によって最後には共感を深めていく。先の伝説と好対照をなすのは、伝説では語られる非人格的である意味では記号的とも言える異人像が、より現実的な人間的な存在として語られているという点である。

最初の事例に見られるように、異人を語る多くのフォークロアにおいて、ユダヤ人を含め異人像は、偏見・差別意識に彩られ、伝統社会の異人に対する不安が表出されている。またフォークロアゆえに定型的であり、異人は記号としてしばしば語られる。伝統社会が異人をどのように解釈し、また彼らとどのように交渉していたかについて、フォークロアは限定的な情報しか提供してはくれない。

実際のところ、ドイツに限らずヨーロッパにおいては、共同体内部の異人のみならず、移民、戦争、交易、布教などさまざまな機会を通して他種族との接触、交渉がくり返されてきた。しかし、元来、自己の農民文化を主要な対象としてきた民俗学にあって、異人の存在の様態はもちろん、異人との関係性については、深く踏み込むことはほとんどなかった。先の事例でみたように、行商として訪れるユダヤ人、またまつりの時に村にやって来て音楽を提供するジプシーについて、民俗学はほとんど関心を寄せることはなかった。それは、ドイツ民俗学の成立した一九世紀における、民俗学者の究極の目的がまぎれもなく〈民族（フォルク）〉、あるいは民族性〈フォルクストゥム〉に向けられていたからである。つまり、民族とは、むしろ〈異人〉を視界から排除することによって生成される理念的な共同体であるからだ。他者を媒介に自己の文化を相対化する民族学とは異なり、民俗学は農民文化自己文化の中から他者・異人を排除することによってその学問的アイデンティティを成り立たせていたのである。

民俗学草創期におけるフォルクと異人

ドイツにおける民俗学の成立について、まず確認しておきたいのは、一九世紀、民族（人間集団）を扱う学問として民族学と民俗学がたもとを分かったということである。それぞれがその対象領域を、異文化（非西欧文化）と自文化と分け合うことで、両者は二つの独立科学として、独自の発展を遂げていった。しかしながら地理的に画定しうる西欧／非西欧＝自文化／異文化という区別が、特にドイツにおいては必ずしも明瞭であるわけではなかった。プロイセンによるドイツ帝国が成立する以前、領邦国家群であったドイツは明確な国民国家の枠組みを保持してはおらず、ゆえに国境において規定される民族・国民はすでに在るものではなくて、理念的に構築する必要のあるいわば想像の共同体であった。当時の英仏などと比しても（また日本の民俗学の展開に比しても）、ドイツの場合は自己の輪郭を内部から描きだそうとする動機がより強く働いていた。そしてドイツの場合、たとえばバイエルン、プファルツ、アレマン、シュヴァーベン、プロイセンといった、種族（Stamm）にもとづくと考えられていた文化的特徴を共有する領邦国家・地方が、さまざまなドイツを形成していると意識されていた。一般的にいわれているように近代国民国家の形成と民俗学の成立が軌を一にし、何よりも民俗学が国民的文化アイデンティティの確立に資することに動機づけられていたという意味で、ドイツ民俗学はその端緒において、さまざまなドイツを止揚し、最大公約数的なドイツの民族文化――ドイツ性（Deutschtum）を抽出しなければならなかった。しかしながらそうした民俗学の営みは必然的に、ドイツ文化にすでに深く根付いていたユダヤ文化やジプシー文化などの異種族の文化、また何よりもドイツ文化の本質をなすとみなされた農民文化にあらざる人々を排除することを意味していた。つまりこの時民俗学は、「他者」という視点を手放していたと言える。

一八世紀、「体操」の創始者であり、民俗学の先駆をなした一人である愛国主義者フリートリヒ・ヤーンは、ナポレオン戦争によって傷ついたドイツを鼓舞するかのごとく、民族の〈民族性 Volkstum〉を個別に探究する民族体学（Volkstumswissenschaft）を提唱した。ヤーンにとって、民族性（Volkstum）とは、身体的、精神的、慣習的に個々の民族の中に織り込まれたさまざまな特殊性、それらをもっとも高度で、偉大で、包括的な人間社会である民族（Volk）にまとめあげる力（Einugskraft）のことである。そしてこの民族性を明らかにするための独自の学問こそ民族体学なのであった（Jahn [1810]1935：11-12)。ヤーンの民族体学はその名称こそ継承されることはなかったが、その民族性の概念は、のちの民俗学における中核的な概念となる。さらに「われわれの再生には、異国の産婆も異国の医者も必要がない。家庭薬で十分である。なぜなら、われわれの民族性の祭壇は家庭の神殿に立っているからである」(ebd.：16）と、大仰な言い回しで民族体学が、あくまでもドイツ人の内側から、家族的共同体の内側から立ち上げていかねばならないと宣言するのである。いまだ政治体としては統合されていないドイツを文化的に統合する――少なくともその包括的ビジョンを示す役割を担うべき学問として民俗学は期待されていたのである。この流れの中で、外来文化、社会の中で共存していた非ドイツ的要素はむしろ周到に仕分けされ、否定されるか等閑にふされてゆくことになる。

エスニックな現実と異人

ヤーンが『ドイツの民族性』を著した一八一〇年から、ほぼ五〇年後、ヴィルヘルム・ハインリッヒ・リールが近代的独立分野としての宣言ともなった講演「科学としての民俗学」をおこなった（一八五八年)。その中でリールは、「民族」について以下のように定義する。すなわち「民族学的観点から見れば、民族とは、種族、言語、集落、慣習の共通性によって結びついた、人間の大きな有機体における自然な構成体」という。リールの提唱した民俗学は、基本的には民族誌学、彼自身がいう社会民俗学（sociale Volkskunde）であった。これはやはりほぼ同時代に生まれ言語文化に特化してドイツ文化を扱うゲルマニスティク、またそこから派生した民俗学とは異なる方向性を示していた（Köstlin 1988：18）。特にリールの場合、彼以降の民俗学者が重視した伝承・伝統（Überlieferung, Tradition）を特別視、中心化することなく、ドイツ人の民衆生活（Volksleben）の在り様を共時的に描写している。リールの研究の集大成でもある『ドイツ社会政策の基盤としての民族の自然史』（一八五一－一八六九）は、「土地と人々」「ドイツの家族」「市民社会」「放浪の書」の四巻から成るが、第一巻の「土地と人々」において、ドイツの包括的な民族誌の記述を試みている。ドイツ全土を、その文化的・社会的特質によって北部・中部・南部の三つに区分できるというテーゼを提示しそれぞれの地域文化の個性を描き出す。その地誌的描写の中で当時ドイツに居住していたユダヤ人の統計的実体についても指摘している。それによるとユダヤ人の居住の分布に地域的差異があるという。北部、南部に比して、ユダヤ人は中部に多く居住しており、たとえばヘッセンでは全人口の約二・三％を占め、一方南西ドイツでは、一・八％にすぎず、さらには、北部でもポーゼン（現ポーランド）やプロイセンなどでは例外的にユダヤ人の人口が多いという。単純な統計的データ以上のものではなく、さらにユダヤ人の問題に踏み込むことはなかったが、リールが、こうしたユダヤ人口の分布を、「社会政策家（Socialpolitiker）」にとって看過できない点であると指摘している点は注目すべきであろう（Riehl 1861：173）。リールが、同時代の民族誌を社会政策の基盤に資するものとして『土地と人々』を著したのであれば、当時のドイツにおいて社会的・経済的・文化的に少なからぬ影響力をもっていたユダヤ人の存在について言及するのは当然のことだと言える（ちなみに一八七一年の統計によればドイツ帝国領内の人口は四一〇〇万九九九人であった（Andree 1881：287-289））。この民族誌的著作の中でふれられるユダヤ人の記述は少ないが、彼の『ドイツ社会政策の基盤としての民族の自然史』の第三巻である「市民社会」では、ユダヤ人について、特に彼が精神的プロレタリア（頭脳労働者）と呼ぶユダヤ人、そしてユダヤ人行商人が、ドイツ社会とは相いれない存在であることを主張する。「ユダヤ人行商人は外部からの妨げにもかかわらず彼らの古い習慣にしたがって生きており、近代社会に求めるべくもないその習慣はしっかりと意識の中に受け継がれている。ユダヤ人精神的プロレタリアが未来を夢見るのに対して、ユダヤ人行商人は過去を夢みる。過去への夢は反動であり、未来への夢は革命である。彼らと農民の協働は危険を招く。彼らはあわれな悪魔である。ユダヤ人は故郷がなく、虐待され、侮辱される人間であり、敵対関係にある社会の特権的構成員とともに生き、自らの立場に内的矛盾を感じている、近代プロレタリアの意識をもつ社会の特権的構成員とともに生きてはいない。彼らは第四身分の候補者であるにすぎないのだ」（Riel 1856：366）と、反ユダヤ主義的な分析・評価を下している（Daxelmüller 1993）。すなわちユダヤ人は近代国民国家の一員としては認められないというのである。たしかにリールは、ユダヤ人の社会における存在、彼らの意識に目を向けてはいるが、彼らはけっして国民として統合されない異人であり、近代市民社会にとって危険ですらあるとみなしている。リールが、ユダヤ人の文化、さらには彼らとドイツ人（実はドイツ人との通婚、キリスト教改宗などによってユダヤ/ドイツの境界も明瞭ではなかったのだが）との交渉について、民俗学的な問題を深めるというより、当時の反ユダヤ主義的先入観に支配されていたのは、リールの見識というより当時の民俗学的認識の限界性を表わしていたと言えるだろう。民俗学が描くのは将来国民（Nation）意識に目覚めていくフォルクの実像であって、たとえユダヤ人が国家の枠組みの中でフォルクと共存していたとしても、やはり彼らはフォルクあらざる異人であって、彼らを対象とすることは必然ではなかった。一九世紀、民俗学者の手によってなされなかったユダヤ人の民俗学は、実は民族学者の手によってなされていた。ヨーロッパにおける非ヨーロッパ民族の研究に携わっていた民族学者リヒャルト・アンドレーは、『ユダヤ人の民俗学について』（一八九一）と題したモノグラフによって、ユダヤ人の民俗学を論じていたのである。その後、ユダヤ人についての民俗学的研究は、一八九八年にハンブルクで設立されたユダヤ民俗学会の活動を待つことになるが、同研究所を設立したのはユダヤ人ラビのマックス・グルンヴァルトであった。しかしその試みは、ある意味で異人自身が、自文化に向けた民俗学の企てであった。しかし、この学会もナチス政権時代一九三三年に解体に追い込まれることになる。(4)

ドイツにおける内なる他者についての草創期からの民俗学的研究が頓挫したのは、民俗学の元来の方向性から見れば無理からぬことであったが、この内なる異人の実像の不在、また一方で伝統社会の中では、ユダヤ人に対する偏見・迷信が伝説やエスニックジョークのごときフォークロアとして、(5)さらには人種学のような疑似科学的言説として語られ続けることになる。民衆心理の深層に脈々と巣食っていた「異人」に対する憎悪・偏見の底流は、結果、二〇世紀のホロコーストと地続きであった。

3　労働者という異人

草創期の民俗学において追究されたものは、民族性を体現する〈ドイツ的なるもの〉であり、それは、伝統的な生活様式の中、また民間伝承の中に求められた。したがって民俗学者は、一八世紀から一九世紀にかけて、比較的伝承が保持されていた農村文化に目を向けた。しかしながら、リールが近代科学としての民俗学を確立しようとした時代にドイツ社会に起こっていたことは、民俗学者の期待とは裏腹に産業化にともなう経済・社会条件の劇的な変動であった。マルクスが『共産党宣言』を発表したその一〇年後に、リールは民俗学の近代化を訴えていたのであり、その時代の社会的現実とは、都市を中心に増大する工業労働者の増大であり労働者階級の発生であった。この近代の産物であった労働者（Arbeiter）の存在は、民俗学にとってはまさに「異人」といってよい存在であった。

リールの民俗学、特に民族誌的研究は、彼以降の、言語文化、民間伝承に研究対象を集中した民俗学者たちの著述に比しても、きわめて同時代的であった。当然のことながら進行する産業化、自由主義的思潮、貧困地域からの海外への移民等々、文化的・社会的変動の時代の現実を、前近代文化である民俗（Volksleben）へ逃避することなくとらえようとしていた。しかしながらフォルクの科学を標榜するリールの民俗学にあっても、新たに発生した労働者という人々は、彼の民俗学の中核をなす概念である民族個性（Volkspersönlichkeit）――全き民族の人格――を体現するフォルクとはあまりにも異質な存在であった。

リールは、ドイツにおいて働く人々について考察した『ドイツの労働』（一八五八）を著し、その中で、「労働者」という一章を設けている。そこでは、当時労働者《アルバイター》という言葉は昨今まったく異なった意味において用いられており、それまでこの「労働者」という観念はドイツにおいては存在しなかったものであるという。しかしながら労働者を、自らの労働力を貨幣で売る――賃金を得る働き手であるとすれば、一九世紀の農村社会ではすでに当たり前に存在していた農作業による賃金で生計を立てる農業日雇い人（Tagelöhner）や、小作人（Ackerknecht）などと、工場で働く労働者とどこが違っているのだろうか。こうした賃労働者をリールは経済関係あるいは社会階級としてよりも文化的カテゴリーとしてとらえていた。「農業日雇い人は、労働の結果としてささやかではあるが財産をもつことができ、農業労働は個々に携わるのに対して、工業労働者は大きな工場で、集団で働く。農地ではもっとも身分の低い雇われ人であっても、その雇い主をたとえ財産をもっていようと自分と同じ思いをもつ同志であると見ているのに対し、労働者は貧しさにたえながらよそよそしい身分の高い雇い主に目を向ける毎日である。さらに農業労働では家族的な徒弟関係が生きているが、工業労働ではそれが中世的であると批判される。なによりも大空の下で働く農民は、社会主義的な夢想などつゆぞもたないが、労働者たちは工場の蒸気の中でよからぬことをたくらんだりする」(Riel 1883 : 210)。リールの保守思想を反映した対比である。そしてリールは、「労働者とは、……無産の、社会的紐帯を欠いた工業的・職業的肉体労働者」であると定義づける。リールが明らかにかつての労働関係の中に古き良き民族個性を見出しているのがわかる。

さらにリールは、労働者という肩書はもっとも肩書らしからぬ肩書であり、それは労働者の労働には決定的に名誉と尊厳が欠如しているためだと強調する。さらに社会政策的観点からリールは、社会的紐帯から切り離された労働者の労働を伝統的な職業システムのもっていた有機的な諸関係に再組織化することが必須であると考える(ebd. : 214)。リールにとってみれば、社会主義者・共産主義者のプランでは労働者は単に機械化されるだけであって、けっして有機的な労働関係を取り戻すことができないというのである。リールは『市民社会』(一八五一)の中でも主張しているように、産業化の中で新たに生まれた労働者といういわゆる第四身分は、「家・家族の祝福」を失った、ゆえに「祖国を喪失した」身分であるとみなしていたのである (Bausinger 1981 : 99)。その意味で言えば、社会史上・文化史上、新たに生まれた労働者は、社会政策のうえから見て対峙せざるを得ない存在ではあったが、民族性を具現する、いわゆる民俗学の対象としてはまさしく「異人」として現われてきたのである。伝統社会の外側から到来したこの新しい「異人」について、リール以後の民俗学、特に伝統的生活文化、あるいは民俗文化財に対象を特化していく民俗学においては、彼らの生活文化は不毛な領域であり、実際に彼らに独自の文化・あるいはフォークロアが認知され、本格的な研究対象とされたのは、二〇世紀をまたねばならなかった。(6)そしてドイツ民俗学が日常学として再生したのち、一九七九年に、学会内部で労働者文化研究委員会が設けられることになる。

4　現代における異人体験

民俗学は本来、自己文化を対象とする学問として発生し発展してきた。一九八七年、フランクフルト大学で開催された第二六回ドイツ民俗学会年次大会のテーマは「文化接触と文化葛藤――異人体験」と設定されていた。このテーマの趣旨についてフランクフルト大学のグレヴェルスが開会の辞で強調しているのは、現代が「移動社会」であるという点であった。すなわち現代は、物質的な面だけでなく人的な面でも、国民的、文化的、社会的境界が流動化しており、日常すらもグローバル化された時代である。従来、同時代あるいは伝統の中で表象化され伝承・流布していた異郷・異人に対するいわば間接的だった経験も、今日では個々人のリアルなものとして体験されている。その意味で、民族学者、民俗学者にとっても、従来、自明の前提とされていた自己と他者との境界もあいまいなものにならざるを得ない。つまりは文化研究者が対象文化に距離をおいた〈遠くからのまなざし〉を貫きとおすことが困難な時代であるというのである（Greverus 1988：12-13）。

たしかに、今日EUが成立し、ヨーロッパ内での人の移動は格段に促された。同学会が開催された一九八七年においても、ドイツ社会は戦後のトルコ人ガストアルバイター（Gastarbeiter）をはじめとする労働移民、さらに難民などの外国からの流入によって、すでに多文化社会の様相を呈していた。さらには、戦後、チェコやポーランドなど旧移住地から追放された、いわゆる〈故郷を追われた人々（Heimatvertriebene）〉や、ソ連崩壊後、旧ソ連をはじめ東欧圏植民者の子孫たちであるアウスジートラー（Aussiedler）など、海外でドイツ人コロニーを形成していた人々である――いわゆる〈異郷のドイツ人（Fremde Deutsch）〉も流入してきた。第二六回の学会テーマは、異郷人との文化接触・文化摩擦が日常化した現実に向き合わざるを得ない民俗学のアクチュアルな課題を提起することでもあった。現代のドイツにおいて、民俗学が対象とする日常文化を語る場合、他者と共存する日常を避けて通ることはできないのである。また同学会には文化人類学者（民族学者）も参加しており、これは民俗学が各大学においてヨーロッパ民族学・文化人類学へと名称を変えた時代に呼応するように、非西欧地域を対象としてきた民族学者にとってもヨーロッパを舞台とする異文化研究がおこなわれる時代の幕開けを告げるものであった。同時に自文化——民俗学／異文化——民族学という、一九世紀以来の対象による素朴な専門分野の住み分けがもはや自明視できない時代であることをも意味していた。

同学会では、六つの作業部会に分かれて研究発表がなされた。それらは「文化研究者の自己像・他者像」「移住と文化アイデンティティ」「ツーリズムと文化連関」「オルタナティヴ文化と社会運動にとっての異文化」「メディアと文化接触」「自己の中の他者」と多岐にわたるが、いずれも現代あるいは歴史における他者（異人）という存在を文化的・社会的次元においてさまざまな角度から分析・解釈する試みであった。

なかでもシューヴェートは、現代の異人論を考えるうえで興味深い事例を挙げている。ドイツ中西部のアイフェル地方は、工業化の度合いが少ない、民俗学においても伝統習俗が残るいわゆる残存地域（Reliktgebiet）と呼ばれてきたが、近年では教育機会・雇用の不足から人口の流出が続いている。同地域の特に人口流出の激しい村々では「ここを離れていかない者は、無能な人間だ」「私たちは無人の土地にいる」などの言説が流布しているという。こうした村では、地域の誇りや境遇に抗う社会活動は起こらず、周辺地域の中でも自らを異人として認識しているという（Schwedt 1988 : 50–51）。移動する側ではなく、そこに留まり続ける側が異人となるのである。この逆転現象は異人／われわれという二項対立の図式ではなく、人が〈異人になる（Fremdwerden）〉モメントを示している。誰が異人と見なされているか、また誰が異人と見なしているかという主客の問題とともに、「異人になる」というプロセスが同時代的研究の大きなテーマになってきているのである。

異人研究の可能性

ドイツ民俗学は、一九世紀、市民階層による〈異文化〉としての農民文化が発見されことに端を発している。ところがこの時代は同時に、産業化によって伝統社会が急速に崩壊し変貌する時代であった。民俗学は伝統の残滓を救済・記録するなかで、フォルクの文化的アイデンティティを手に入れようとしていた。市民階層が農村文化に目を向けるまなざしには、民族学者が異文化に向けたのと同様の内的エキゾチズムが含まれていた。しかしこのエキゾチズムゆえに、産業化の過程で出現した新たな労働者階級を、民俗学者は文化的共同体としてのフォルクの一員として認知することは困難であり、労働者は異人として受けとめられた。

一方で、一九世紀末にはドイツ本国で五〇万人を越えていたユダヤ人は、古く長い共存関係があるにもかかわらず、内なる異人として民俗学的認識の境界の外部に属している人々であった。

そして今日、移民、移動が常態化する状況で、他者／われわれの境界がもはや自明ではなくなってきている。文化研究としてのエスニック科学の領域は、民俗学／民族学という住み分けがもはや困難な事態となった。ドイツ民俗学は、現在アカデミックな制度としてはヨーロッパ民族学もしくは文化人類学と名称を変えつつあるが、これはまさに民俗学が日常学、あるいは経験的文化科学として存立するための、必然的な展開であったといえよう。そして現在の異人の研究は、異人に対する表象・ステレオタイプを伝承レベルで解き明かすこと以上に、異人の日常の中にマジョリティである〈われわれ〉がどのように介入しているのか、また〈異人／われわれ〉の関係が時として逆転・移行するプロセス、すなわち〈人はいかにして異人となるのか〉が問われているのである。

注

(1)　日本民俗学の文脈では小松和彦による「異人論」が異人との共同体の関係性をフォークロアのレベルで取り上げ、異人の民俗社会における役割についてあらためて問題化したことは銘記しておくべきだろう（小松 1985）。また最近では、特に〈内なる他者〉の問題は歴史的に差別問題と強く結びついている。最近では赤坂憲雄による民俗学と差別問題の関わりを学史的にたどった考察がなされている（cf. 赤坂 2010）。

（2） Fremde は形容詞 fremd の名詞形だが、異邦人、外国人という意味の他に、異郷、外国の意味を併せもつ。より抽象的な意味の「他者」というよりも、異郷の人々のニュアンスが強い。しばしば〈ふるさと（Heimat）〉と対置される語であることも留意すべきである。

（3）『ドイツ俗信事典』は、第二次大戦以前のドイツ民俗学的成果の集大成的百科事典であるが、強く文献学的であり、その記述は地域、時代を限定せず文献によって確認できるあらゆる資料を網羅している。

（4） ドイツでの状況に反し、グルンヴァルトのユダヤ民俗学博物館の設立に刺激を受けたスイスの民俗学者ホフマン＝クライヤーは、スイス民俗学会にユダヤ民俗学委員会を設置、ユダヤ民俗学の重要性を主張している（Daxelmüller 1993：201）。

（5） 法橋（1998）参照。

（6） 先駆的研究として、ヴィル＝エーリヒ・ポイカートの『プロレタリアの民俗学（*Volkskunde der Proletariat*）』（Neuer Frankfurter Verlag, 1931）があるがナチス政権下で未完に終わっている。

文献

赤坂憲雄、二〇一〇、『内なる他者のフォークロア』岩波書店。

Andree, Richard, 1881, *Zur Volkskunde der Juden,* Velhagen & Klasing.

Assion, Peter, 1988, „Arbeiterforsch ung., "Brednich, R.W. ed., *Grundriss der Volkskunde,* Dietrich Reimer.

Bächtold-Sträubli, Hanns and Eduard Hofmann-Krazer, ed., 1933, *Handwörterbuch des deutschen Aberglaubens,* Bd.3, Walter de Gruyter.

Bausinger, Hermann, 1981, „Verbürgerlichung Folgen eines Interpretaments", Langwiese, Dieter and Klaus Schönhoven, ed., 1981, *Arbeiter in Deutschlan*d, Ferdinand Schöningh, 98–121.

Daxelmüller, Christoph, 1987, „Folklore vor dem Staatsanwalt, *Anmerkungen zu antijüdischen Stereotypen und ihren Odfern, Stereotypvorstellungen im Alltagsleben: Beiträge zum Themenkreis Fremdbilder, Selbstbilder, Identität,* Münchner Vereinigung für Volkskunde.

Daxelmüller, Christoph, 1993, „Volkskunde –antisemitische Wissenschaft", Conditio Judaika III, 190–226.

Daxelmüller, Christoph, 1994, „Judische Volkskunde in Deutschland zwischen Assimilation und neuer Identität. Anmerkungen zum gesellschaftlichen Bezug einer vergessenen Wissenschaft", Jocobait, Wolfgang, Hannjost Lixfeld and Olaf Backhorn, ed., 1994, *Völkische Wissenschaft,* Böhlau, 87–114.

Diederichs, Uls and Christa Hinze, ed., 1987, *Alemannische Sagen,* Ulstein.

Emmerich, Wolfgang, 1971, *Zur Kritik der Volkstumsideologie,* Suhrkamp.

Gerndt, Helge and Georg R. Schroubek, 1987, *Stereotypvorstellungen im Alltagsleben: Beiträge zum Themenkreis Fremdbilder, Selbstbilder, Identität,* Münchner Vereinigung für Volkskunde.

Greverus, Ina-Maria, ed., 1988, *Kulturkontakt-Kulturkonflikt: Zur Erfahrung der Fremden,* Bd.1, 2, Institut für Kulturanthropologie und Europäische Ethnologie, Universität Frankfurt am Main.

Greverus, Ina-Maria, 1988, „Zur Einführung: Das Zwinkern zwischen den Zeien", Dieselbe ed., *Kulturkontakt-Kulturkonflikt: Zur Erfahrung der Fremden,* Bd.1, 2, Institut für Kulturanthropologie und Europäische Ethnologie, Universität Frankfurt am Main, 11–16.

Grimm, Jakob and Wilhelm Grimm, 1816, *Deusche Sage,* Nicolaischen Buchhandlung.

法橋量、一九九八、「フォークロアの中の他者――現代ドイツにおける外国人をめぐるフォークロア」『世間話研究』八号、二七–三九頁。

Irsigler, Franz und Arnold Lassotta, 1984, *Bettler und Gaukler, Dirnen und Henker,* Greven.（＝一九九二、藤代幸一訳『中世のアウトサイダーたち』白水社。）

小松和彦、一九八五、『異人論』青土社。

小松和彦、一九九五、「異人論——『異人』から『他者』へ」大澤真幸ほか編『岩波講座現代社会学3——他者・関係・コミュニケーション』岩波書店。

Kristeva, Julia, 1988, *Étranger à nous-mêmes,* Librarie Artheme Fayard.（＝一九九〇、池田和人訳『外国人——我らの内なるもの』法政大学出版局。）

Jacobeit, Wolfgang, Hansjost Lixfeld and Olaf Backhorn, ed., 1994, *Völkische Wissenschaft,* Böhlau.

Jahn, Friedrich Ludwig, [1810]1935, *DeutschesVolkstum,* Ferdinand Hirt.

Gerndt, Helge, 1988, *Stereotupvorstellungen im Alltagsleben. Beiträge zum Themenkreis Fremdbilder –Selbstbilder –Identität,* Münchner Vereinigung für Volkskunde.

Klapper, Josepf, 1934, „Fahrende Leute und Einzelgänger", Peßler, Wilhelm, ed., 1934, *Handbuch der Deutschen Volkskunge,* Ersterband, Akademische Verlagsgesellschaft Athenaion. 145–148.

Köstlin, Konrad, 1988, „Erfahrung der Fremden", Greverus, Ina-Maria, ed., *Kulturkontakt-Kulturkonflikt: Zur Erfahrung der Fremden,* Bd.1, 2, Institut für Kulturanthropologie und Europäische Ethnologie, Universität Frankfurt am Main, 17–26.

Langwiese, Dieter and Klaus Schönhoven, ed., 1981, *Arbeiter in Deutschland,* Ferdinand Schöningh.

Peßler, Wilhelm, ed., 1934, *Handbuch der Deutschen Volkskunde,* Ersterband, Akademische Verlagasgesellschaft Athenaion.

Riel, Wilhelm Heinrich, 1856, *Die bürgerliche Gesellschaft,* J. G. Cotta.

Riel, Wilhelm Heinrich, [1851]1861, *Land und Leute,* J. G. Cotta.

Riel, Wilhelm Heinrich, [1858]1883, *Die deutsche Arbeit,* J. G. Cotta.

Riel, Wilhelm Heinrich, 1958, „Die Volkskunde als Wissenschaft", Lutz, Gerhard, ed., *Volkskunde. Ein Handbuch zur Geschichte ihrer Probleme,* Erich Schmidt, 23–37.

Sartori, Paul, 1911, *Sitte und Brauch,* Zweiter Teil, Wilhelm Heims.

Schenda, Rudolf, 1993, *Von Mund zyu Ohr: Bausteine zu einer Kulturgeschichte volkstümlichen Erzählens in Europa*, Vandenhoeck & Ruprecht.

Schwedt, Herbert, 1988, „Fremdheit – Chance und Schicksal," Greverus, Ina-Maria, ed., *Kulturkontakt-Kulturkonflikt: Zur Erfahrung der Fremden*, Bd.1, 2, Institut für Kulturanthropologie und Europäische Ethnologie, Universität Frankfurt am Main, 49–58.

Weber-Kellermann, Ingeborg, 1987, *Landleben im 19. Jahrhundert*, C. H. Beck.

柳田國男、一九九四、「遠野物語」『柳田國男全集４』筑摩書房。

第Ⅱ部　異人をめぐる表象

第5章　メディアの〈共同体〉と〈他者〉表象について

――アフター・テレビジョン時代に向けての覚え書き

石田佐恵子

本書の共通の目標とは、異人、他者、移民、移動、流動性などの概念に注目することによって、固定的かつ静態的な「民俗」概念を再構成することである（序章）。さらに、第Ⅱ部では、メディア研究による他者表象の研究成果を総合することによって、現代社会文化研究における「民俗」概念の可能性を追求することがめざされている。この章では、それらの共通目標を視野に入れつつ、メディアの〈共同体〉と〈他者〉表象について考えてみたい。

二〇〇〇年代以降、文化人類学や民俗学とメディア論、民俗文化とメディア文化とを接続して発想する学問的試みが、さまざまなかたちで展開されてきている。たとえば、日本文化人類学会誌『文化人類学』では、二〇〇四年に「マスメディア、人類学、異文化表象」という特集が組まれ、「人間環境の全域を取り巻くマスメディアの影響と文化人類学との関係」があらためて問いなおされている（森山ほか 2004）。民俗学においても、「メディア社会のフォークロア」といった主題において、多様な分野の書き手によるシリーズが刊行されている（新谷・

岩本編 2006）。いずれも、メディア・コミュニケーションによる圧倒的な世界像の構築を無視できなくなった時代状況を強く意識した特集となっている。

グローバルなモノ・情報・人の移動が顕著となった二一世紀において、産業化・都市化・デジタル化された社会についての研究は「社会学」や「メディア研究」が担い、それらの進展の度あいが相対的に低い社会・地域についての研究は「文化人類学」や「民俗学」が担う、という学問的な「棲み分け」は、もはや意味をなさない時代となった。そして、その棲み分けの限界は、前者の領域においてよりも、後者の領域においてより強く意識されているようである。私自身は、前者のグループに属する研究者であるが、文化人類学のフィールドワーク、エスノグラフィーという方法や民俗学の諸概念について、メディア文化を考えるうえでも有用だと考えている。また、先進諸国（過剰発展社会）のみを中心に据えた社会学やメディア研究は、もはや成り立たないことは自明であろう。

インタビューやアンケート調査といった社会学定番の「意識分析」には、本人による「語り」を重視するため、意識できる水準の事象のみをとらえがちになる、という困難が存在する。梶谷真司は、個人の「語り」からだけでは集合心性をとらえることはできず、「集合心性の現象学」にとっては「集団の語り」としての「民話」や日常生活における感情や身体・外見の問題をとらえ返すことこそ重要ではないかと指摘する（第1章）。ここでは、「集団の語り」としての「民話」の現代版とは、すなわち「メディア言説」ではないか、という仮定に立ち、「集合心性」をとらえようとする問題意識を共有することにしたい。

B・アンダーソンは、その著書『想像の共同体』において、出版産業が新しいかたちの「想像の共同体」を可能とし、国民国家およびナショナリズムが成立する契機となったことを描き出した（Anderson 2006＝2007）。それ以前の社会の組織化のありようとは、典型的には宗教共同体や王国によるものであったが、メディア言説が作り上げる「新たな共同体」とは、それ以前の形態とはどのように異なっており、あるいはどのように連続性をもつのだろうか。さらに、活字メディアが想像の共同体を作り上げた時代から、映像の時代、放送メディアの時代、そして、インターネットの時代へと、メディアのありようそのものも大きく変化してきている。メディアの変化につれて、メディアの作り上げる〈共同体〉のありようも変化してきたとするのなら、それはいかなる変化なのだろうか。

本章の主題は、二一世紀のコンテクストにおいて、メディアの作り上げる〈共同体〉とはいかなるものなのか、という大きな問いを含むものである。それは、小論のなかで明確な回答を導くにはいささか大きすぎる問いではあるが、メディア研究における他者表象分析についての先行研究を整理しつつ、本書の共通目標につながるいくつかの論点を探りたい。

1　「彼ら」としての他者——対《つい》としての他者表象

自己と他者

他者表象（Representation of the Other）とは、物語（あるいは物語群）のなかに描かれる「他者性（Otherness）」のイメージの暴力を記述するための分析概念である。すなわち、ある社会において「他者性をもつ者」のイメージが形成されるときに、多用される図像・言葉・音楽などのパターン化された表現とそれを通した理解のありようの総体、ととらえることができる。これまで、他者表象分析は、文学研究や映画研究、メディア研究の分野で採用され、先行研究が多く展開されてきた。

それらの一連の研究の源流にあるのは、E・W・サイードの著作である。彼が中心的に論じたのは「西洋《オキシデント》 vs.

東洋《オリエント》」という対《つい》であり、その分析対象は、文学作品、映画、ニュース報道まで、さまざまなメディア表現に及ぶ(Said 1978=1993, 1981=1986ほか)。

他者表象とは、つねに多数派の「私たち」という表象と対立する概念である。西洋vs.東洋、異性愛vs.反異性愛、男性表象vs.女性表象、アメリカ人表象vs.日本人表象、などのように、支配的文化に属する「私たち」の〝まなざし〟と、その〝まなざし〟を向けられる「彼ら＝他者」とが対をなす。したがって、他者表象を分析する研究は、他者表象を「権力と支配のための装置」としてとらえ、また、支配的文化の担い手側の「自己」の投影作用として「他者」を解読し、その批判的再読を実践するものである。

先行研究において他者表象分析の俎上にのせられてきたのは、たとえば、人種、エスニシティ、セクシュアル・マイノリティ、ジェンダー、スポーツする女性、障害をもつ者、狂気、といった表象である。それらを通読して気づくことは、ある社会において「他者性をもつ者」とはきわめて文脈依存的であり、時代背景や地域によってどのような集団（カテゴリー）を「他者」と見なすかは異なっている、ということである。

支配的文化と「他者」

では、いかにして、あるカテゴリーを「他者」「他者性をもつ者」として選定しうるのだろうか。多くの先行研究では、物語の語り手や主人公、作者や制作者を「自己」と想定し、それとは対比的なカテゴリーを「他者」と想定している。たとえば、ハリウッド映画を対象とする研究の場合、主人公のアメリカ人男性の目から見た〈日本〉および〈日本人〉が他者表象として分析されている（池田 2005）。その映画の物語は主人公のアメリカ人男性を中心に進行し、同時に「支配的文化に属する想定観客＝私たち」という視点が埋め込まれているために、表象の対比はきわめてわかりやすく際立っている。

多くの物語では、主人公とその周辺の人物像は観客が「共感」し感情移入をしやすいように姿形や人格が人間的・魅力的に描かれるパターンを踏襲するのに対して、道化役や敵役は文化的・歴史的・人種的な偏見にもとづくステレオタイプ的表現に結びつけられやすい。他者表象をキーワードにした研究の多くは、「他者」として〝まなざし〟を向けられる側の立場に依っており、その関心は「支配的文化に属する想定観客」ではない側から見た「違和感」や「イメージの暴力」への共感と認知が出発点となっている。

そのため、メディア研究における他者表象分析は、マイノリティ表象の分析や偏見・ステレオタイプの分析と通底しているとも言える。また、ある文脈においてあらかじめ他者化されている表象を選び、それらが物語やメディア表現の中で用いられるありようを記述し、ステレオタイプや歪み、偏りを指摘する研究は、表象の固定された意味と決まりきったイメージ、パターンのカタログ的な水準に留まりやすい、という問題点もある。

特に、文字表現だけで構成される文学作品に比べて、視覚表現をともなうマンガやアニメーション、実写を用いるテレビや映画作品では、人物の具体的な外見（髪型、肌の色、目の色、体型、服装）や物語空間の細部にいたるまで、さまざまなイメージが用いられている。なかでも、マンガ表現は単純化された線と図形パターンによる表現であるから、他者表象やマイノリティ表象について、時代を超えて読み継がれるなかで「差別的」であるとしてのちに論議を呼び、作品の回収や封印という結果を招いた例も少なくない。たとえば、黒い肌、分厚い唇、鷲鼻、といったパターン化された人種表象を用いて登場人物が描かれる作品などの例。

だが、近年では、「差別的」と烙印を押されたマンガ作品の表象をめぐっても、その作品の文脈や時代背景、作者とメディア産業との関係、読者の〈誤読〉、ネット上の批評と感情的反応などに踏み込んだ、より緻密な考察が展開されるようになってきている（たとえば、吉村・田中・表 2007）。ステレオタイプや偏見という概念を無前提に使用するのではなく、「他者」概念を採用することの利点は、「支配的文化に属する想定観客＝私たち」という図式を批判的に見直し、他者表象を介しての「自己」の構築、および（批判的）再構築がなされうる、という可変的プロセスを強調できる点にあるだろう。

2　異人としての〈他者〉――他者化のプロセスと〈他者〉の多重性

よそもの／異人

第1節では、メディア研究における「他者」概念について、主に「自己」との対比から、すなわち「私たちと彼ら（Us and Them）」という関係から考えてきた。社会学者のZ・バウマンは、「よそもの（Strangers）」とは、「私たちと彼ら」という対概念とは異なる位相にあると指摘している（Bauman 1990=1993）。この節では、バウマンの「よそもの」概念を援用し、異人としての〈他者〉について、その他者化のプロセスと多重性に注目して論を進めてみよう。

メディア研究における「他者」概念と同様に、バウマンもまた、「彼ら＝他者」とは「私たち」が「私たち」であるために重要な対概念であると述べる。「私たちと彼ら」「自己と他者」のあいだには、明確に境界線が引かれており、その特徴の対比は揺るぎがない。これに対して、「よそもの」は、「私たちと彼ら」のどちらにも属さず、両者の境界線を脅かすような存在であるという。また、「よそもの」は、一般的にイメージされるような「見知らぬ存在」ではなく、むしろ、「見慣れた存在」「よく知っている存在」であるという。

バウマンが挙げる「よそもの」の例は、「庭」を浸食し「荒れ地」との境界をわからなくさせる雑草、「食卓」を飾っているときには賞賛される料理も「寝具」にこぼれていれば汚物となる、といったものである。つまり、何・誰が「よそもの」であるかは、その置かれた場所、空間、状況の定義、文脈に深くかかわっており、その存在の「外見」だけでは判別がつかないのである。「よそもの」は、既存の境界線（「庭vs.荒れ地」「食卓vs.寝所」）や対立の妥当性、その構築の自然性、ひいては、社会の自明性に疑いを生じさせるために、社会の境界線／区別を熱心に守ろうとする人々から忌み嫌われる。さらに、バウマンは、E・ゴッフマンの概念を引用しつつ、現代社会における都市空間とは私たち誰もが互いに「よそもの」や「異人」となりうるような場所であって、儀礼的無関心の支配する空間となっていることを指摘する（Bauman 1990＝1993：69-91）。

このように、既存の境界線や対立の妥当性、その構築の自然性に疑いを生じさせるような「よそもの」を、ここでは、多重に他者化された存在、異人としての〈他者〉と呼ぶことにしよう。

他者化のプロセスと〈他者〉の多重性

研究の対象としてメディア表現や言説を扱う場合、特に、テレビや映画、マンガといった視覚イメージをともなうものについては、登場人物や存在の外見、表象、身体的差異に着目することができる。さまざまな社会において、「彼ら＝他者」として区別されるような身体的差異をともなう境界線や区分が存在する。N・クロスリーは、男性vs.女性、健常者vs.障害者、成人vs.子ども、白人vs.黒人、といったあらゆる身体的差異は、カテゴリー化の図式をともなって認知され、構築されることをあらためて指摘している。彼によれば、人間を社会的行為者として作り上げる再帰的な習慣は、社会の図式や集合表象のなかにすでにあるものから形成される。そして、所与の社会的カテゴリーが一方的に人間をカテゴリー化するのではなく、さまざまな表象が習慣のかたちで身体図式に内自化されることをとおしてカテゴリーそのものも再構築されるという（Crossley 2001＝2012）。

そうであるなら、メディア言説に表現される〈他者〉カテゴリーは、さまざまな表象が習慣のかたちで身体図式に内自化され、つねに新たに作り替えられるものである。また、身体化されること（ふるまいや映像表象のなかに織り込まれること）をとおして、それぞれの場面における〈他者〉が構築され、同時にそのカテゴリー自体も存続するのである。したがって、メディア言説における他者表象分析は、すでに存在するステレオタイプとしての「他者」イメージを介して個々の人物カテゴリーが「他者」として表現されることを明らかにするだけではなく、あるふるまいや外見の身体化をとおして〈他者〉化が進行するプロセスこそ考察されなければならない。

かつて私は、韓流ブームはどのようにして他者化されたのかについて、〈他者〉構築の多重性に着目して分析を進めたことがある（石田 2007）。具体的に対象としたのは、二〇〇四年一一月のニュースにおける映像クリップと一連の言説のシークエンスである。そこでは、「私たち」の対となる「彼ら＝他者」として「韓国」および「韓流スター（ペ・ヨンジュン）」の表象が構築され、それとは別のレベルで、異人としての〈他者〉として「熱烈なファンたち（特に中高年女性）」の表象が構築されている、と分析した。

この時期のニュース言説に表現されていた「韓国」「韓流スター」の表象は、もっぱら「新鮮な驚き」「情熱的で親密な態度」「セクシーな身体」といった意味と結びあわされており、彼らは、従来の日本の芸能スターたち（私たちの世界）との明確な対比によって「彼ら＝他者」として位置づけられていた。それに対して、中高年女性を中心とした韓流ファンたちは、報道されるニュースショーのなかでは主役であり、「お馴染みの」「よく知られた」存在だった。それ以前にも、ニュースショーの空間のなかでは、中高年女性たちが歌舞伎役者の話題や劇場観劇に熱心であったり、往年の欧米のロックスターたちが来日したときに空港に多数の出迎えが集まったことなどがしばしば報じられてきたからだ。だが、二〇〇三年から徐々に盛り上がりを見せ始めた韓流ブームが二〇〇五年にピークに達するころ、その担い手の中心とみなされたファンたちは、「オバファン（＝オバサン＋ファンの蔑称）」というラベルを貼られ、冷ややかな論調で論じられることが多くなっていく。この現象は、次第に「嫌韓流」のムーブメントと合体し顕著になっていった。韓流ファンたちは、「境界を侵犯する異人」として、「過度に感情的」で「理解不可能な存在」として表象されるようになり、端的に言えば、〈他者〉化されていったのである。さらに、熱烈な韓流ファンを自認する北原みどりによれば、その傾向が過激なインターネット上での攻撃に結びつくようになるのは、二〇一一年以降のことであるという（北原 2013）。

このように、単に「私たち」の「自己」像を強化し、対として補完する「他者」だけがメディアの表象分析の対象ではない。多重な〈他者〉化のプロセスに着目し、社会の既存の境界線や対立の妥当性、その構築の自然性に疑いを生じさせるような「よそもの」が、〈他者〉化されていくプロセスを分析することが肝要であろう。次節では、「異人としての〈他者〉」概念を用いて、そうした社会的カテゴリーが生みだされ、排斥や非難、攻撃の対象となることが、メディアの〈共同体〉の構築と深く関わっているのではないか、という論点を抽出してみよう。

3　ニュースショーにおける〈他者〉化——事件・事故報道を題材に

ニュースショー——社会的現実に関する〈物語〉

ここで具体的に議論の対象としたいのは、ニュースショーにおける〈他者〉表象である。歴史的に、報道番組（ストレート・ニュース）についての研究は、ジャーナリズム研究やマス・コミュニケーション研究が担っており、そこでの課題は、いかに「正確に」「公正に」「社会的正義にもとづいて」報道するか、といった基準から考えられてきた。つまり、そういった研究の立場は、報道する側の「倫理」の問題を扱ってきた。

ここでの視角は、それらのアプローチとは異なるものである。ジャーナリズム研究が、ニュースの伝える情報が「真実」か否かと論ずるのに対して、メディア研究や表象分析は、現実の出来事を語る〈物語〉としてニュースをとらえる。テレビニュースとは、単に報道や情報であるだけではなく、アナウンサーが読み上げる「語り」、音声言語、画面に表示される文字情報、背景映像、ＢＧＭ（効果音や音楽）、コメンテーターによる「解読」などが組み合わされ、連続的・断続的な意味の連なりを形成している〈物語〉の束であり、それらの〈物語〉をとおして、さまざまに異なる「社会的現実」が構築されている、との立場を採るからである（伊藤編 2006）。

冒頭に述べたように、本章は「個人の意識」ではなく「集合心性」をとらえようとする問題意識を共有しており、ニュースショーは、現代の「民話」「集団の語り」として分析できる格好の素材である。それらの〈物語〉においては、どのような自己と他者の対が形成され、両者に境界線が引かれ、どのような〈他者〉化が進行しているのだろうか。

二〇世紀後半に社会に登場したテレビニュースは、それに先行する新聞報道スタイルとは異なる形式の情報様式をもたらした。一九五〇年代には、テレビのジャーナリズム性がドキュメンタリー番組において革新的に発揮され、社会にとって「新しい」メディアとして注目を集めた。米倉律によると、一九六〇年代頃から、現在につながる形式、すなわち「ワイドニュース」「キャスターショー」といったフォーマットが定着し始めたという（米倉 2013）。「ワイドニュース」とは、幅広い話題のニュースを、比較的長い時間尺で伝える形式であり、「キャスターショー」とは、単にアナウンサーがニュース原稿を読み上げるのではなく「キャスター」として解釈を加え、番組の主役となるような形式である。

ワイドショーは、いわゆる「情報番組」として、「ストレート・ニュース」とは区別され、ジャーナリズム研究において取り上げられることの少なかったジャンルである。しかし、ニュースを「社会的現実に関する〈物語〉」ととらえるならば、ワイドショーもまた無視することのできない言説空間としてその一角を担っていることは間違いない。

ニュース番組と同様に、ワイドショーも一九六〇年代に社会に登場したが、日中に在宅する女性向けのジャンルとして区別され制作されてきた。ワイドショーの特徴の歴史的変遷は、以下のようにまとめることができる（詳しくは、石田 2010a を参照）。第Ⅰ期（一九六五―一九七四年）：核家族と専業主婦という「標準像」の構築、第Ⅱ期（一九七五―一九八四年）：家庭のような空間＝「解釈共同体」の形成、事件リポーターの登場、ワイドショー的主題の〈他者〉化、第Ⅲ期（一九八五―一九九四年）：ワイドショー的現実の普遍化、劇場型社会、〈現地中継〉のリアリズムと物語消費、第Ⅳ期（一九九五―二〇〇六年）：ニュース・ジャンルとの融合、強制された〈日常性〉の構築、コメンテーターの登場、第Ⅴ期（二〇〇七年―現在）：ネットメディアとの融合、テレビメディアの信頼性の低下、である。

ここでは、ストレート・ニュースがワイドショーと区別がつかなくなったと指摘された第Ⅳ期以降、すなわち、一九九五年以降のテレビニュースとワイドショーが作り上げる言説空間を「ニュースショー」と呼び、両者を併せて議論の対象とすることにしたい。

ニュースショーが「社会的現実に関する〈物語〉」であるのなら、そこで表現される「彼ら＝他者」とはいかなる存在であるのか。たとえば、映画における表象分析と同じように、ニュースショーに登場する「外国イメージ」は、「自己＝日本」と仮定した場合の「彼ら＝他者」として対比的に構築されると分析可能である（萩原・国広編 2004：萩原 2007）。それらは、支配的文化の〝まなざし〟から見た他者表象、あるいは、テレビメディアが作る〈いま・ここ・私たち〉の時空から見た他者表象ととらえられる。

しかし、本章で特に論じたいのは、「異人としての〈他者〉」であり、それは、既存の境界線や対立の妥当性、その構築の自然性に疑いを生じさせるような「よそもの」、多重に〈他者〉化された存在である。ニュースショーにおいて、特に顕著に多重な〈他者〉化のプロセスが観察できるのは、事件・事故報道、犯罪報道といった分野の「語り」である。なぜなら、事件・事故報道は、既存の社会秩序や境界線に対する〈脅威〉として、つねに警戒と排斥の〝まなざし〟を向けられているからである。

事件・事故報道と〈他者〉化のプロセス

犯罪社会学の分野では、戦後日本の犯罪報道を実証的かつ批判的に検討する先行研究が数多く展開されてきた。たとえば、浜井光一は、犯罪統計データを詳細に分析し、一九九〇年代後半に急速に社会に蔓延した「日本の治安が大きく悪化している」という感覚を、客観的事実にもとづかない「治安悪化神話」と呼んでいる（浜井 2004）。浜井によれば、人々が「治安が悪化している」という感覚をもつのは、テレビや新聞で犯罪報道をよく見るからである。一九九〇年代には、現実に起きた殺人事件数とは無関係に記事数が増え、しかも、単なる「殺人」ではなく「凶悪」というキーワードと合体していったことが指摘されている。

大庭絵里も、新聞記事を基に、犯罪事件を起こした少年がニュースの言説においてどのように構築されてきたのかを分析している（大庭 2010）。社会学領域ではよく言及されることだが、少年犯罪・事件数は戦後一貫して減少してきているにもかかわらず、近年「少年による凶悪事件が増えている」との神話が強化され続けてきた。まず、大庭は、一九六〇年代に少年事件記事数がもっとも多かったこと、その後次第に記事数が減少していったことを明らかにする。典型的な少年犯罪である軽微な犯罪が報道されなくなる一方で、特に一九九〇年代後半以降、傷害事件や殺人など「凶悪」とされる事件が相対的に多く報道されるようになってきたという。また、かつては、加害少年について「特別な事情」のある人間、との差別的イメージが付与されていたが、加害少年もまた「普通の少年」であり得るような描かれ方に変化してきたという。

四方由美は、女性が被害者や被疑者として関係する犯罪報道を継続的に検討する一連の研究をおこなっている

（四方 1996、2008、2011）。犯罪報道では、実数としては圧倒的に少数であるにもかかわらず、女性被害者の事件が男性被害者のそれよりも多く報道される傾向があり、また、セクシュアリティに関わる事件の女性被害者が、とりわけセンセーショナルに報道されるという（四方 1996）。そういった記事の特徴として、被害者の①落ち度が問われる、②容姿に言及される、③生活の様子や交友関係に言及される、という点が指摘されている。また、被害者ではなく被疑者として女性が登場する場合にも、「毒婦」「悪女」などが典型であるように、ジェンダー規範にもとづくネガティブなイメージが強調されて報じられる傾向があるという（四方 2008）。

ニュースショーの犯罪報道、事件・事故報道において、まず「彼ら＝他者」として「私たち＝視聴者」と区別され構築されているのは、「凶悪」事件の犯罪被疑者・加害者といった存在である。犯罪被疑者・加害者とは、社会に害をなす存在であり、その意味で、ステレオタイプと結びついた外見や性質をイメージされ、ニュースショーのなかでも「私たち」とはまったく異なる「他者」として表象されやすい。

これに対して、「よそもの」「異人」として多重な意味において〈他者〉化されているのは、加害者よりもむしろ、事件や事故の被害者ではないだろうか。

支配的文化に属する「私たち＝視聴者」の多くにとって、殺人事件とは「身近な経験」ではなく「メディアによる経験」のみである。人口動態統計によると、近年の他殺による年間の死亡者数は五〇〇～八〇〇人で推移しており、自殺死亡者数が三万人を超えているのに対して、そのわずか七〇分の一にすぎない。すでに確認してきたように、「少年が起こした凶悪殺人事件」や「女性が被害者／被疑者の殺人事件」は実際に発生している比率よりもはるかに多く報道される傾向にある。被害者たちは、同情や共感を寄せる対象であり、一見「私たち＝視聴者」の一部であるかに思える。だが、四方が指摘するように、犯罪ニュースにおける女性被害者像は、加害者の場合と同様、時にはそれ以上に「ジェンダー規範からの逸脱者」として描かれる傾向があり、既存の境界線を揺らがせる存在として、非難の〝まなざし〟を浴びせられる。法社会学者の河合幹雄によれば、そもそも近代以前の社会においては、犯罪被害者自体にその原因があると考えられ（殺される者には殺される理由がある）、ネガティブなイメージを付与される存在であったという（河合 2002）。近代社会が進展するにつれて、次第に被害者像も変化してきたものの、そもそも、近代以前の小さな共同体においては、犯罪被害者は少しも共感や同情の対象ではなかったのである。そうであるならば、現代の犯罪被害者たちもまた、そのネガティブな記憶のイメージをどこかに内包しつつ、現代の「民話」、すなわち、ニュースショーにおいて、表象されているのではないだろうか。

4　アフター・テレビジョン時代におけるメディアの〈共同体〉

一九九〇年代以後のメディアの〈共同体〉の変質

前節で言及した浜井や大庭の研究は新聞記事を基にしているが、阪口祐介は、新聞／テレビをローカル・ニュース／全国ニュースに区別し、それらとの接触と犯罪不安との関係を分析している。その分析によると、新聞よりもテレビニュースとの接触の方が犯罪不安に影響を及ぼしやすく、なかでも、テレビの全国ニュースとの接触が、治安悪化神話をより強化するという結果であった（阪口 2008）。また、全国ニュースの凶悪犯罪報道では、被害者や遺族の視点が強調されて伝えられる傾向が顕著であるため、一方では「自分のまわりでは治安は悪化しておらず、自分自身が被害に遭う心配もない」という感覚が存在しているにもかかわらず、配偶者をもつ男性や子どもをもつ親、といった層で「守るべき対象（重要な他者）の犯罪被害への不安」が強化されることになるという。

清水瑞久は、二〇〇四年のニュース番組を素材に、事件・事故報道によって構築される「感情の共同体」について考察をおこなっている（清水 2006）。清水の方法は、テレビニュースのナレーション／テロップ／映像の組み合わせによって生成するシークエンスに注目し、そこで紡がれる〈物語〉構造を分析するというものである。具体的には、①セクシュアリティに関連する女性被害者の殺人事件、②女性被疑者が登場する保険金殺人事件、③母親による女児虐待死事件、の三つの事件を取り上げている。清水によれば、この三つの事件についての「語り」は、いずれも類似した「感情の共同体」を形成しているという。すなわち、〝守られるべきもの〟vs.〝邪悪なもの〟とが対比され、そこで〝守られるべきもの〟とは、被害者の無垢さ／まじめさ／明るさ／優しさ／かわいさといった価値であり、対比される〝邪悪なもの〟とは、それを断ち切る「外部に存在する闇」であるという。いずれの先行研究でも、一九九〇年代後半に急速に社会に蔓延した「日本の治安が大きく悪化している」という感覚や、被害者やその遺族に過剰に寄り添う報道姿勢が指摘される点が共通している。

先行研究における考察を総合的に考えると、一九九〇年代後半以降のニュースショー、特に事件・事故報道において表現され強化されてきた他者表象とは、「私たちの世界」に対比される「邪悪な外部」である。さらに、被害者を含めてその出来事全体が、多重な意味において〈他者〉化されることによって、〝守られるべきもの〟を中心とした「感情の共同体＝メディアの〈共同体〉」を構築している、と読み解くことができるだろう。その共同体においては、被害者は、加害者でも被害者でもありえるようなあいまいな存在であることは許されない。その〈物語〉の構築にとっては、被害者はあくまで〝純粋な被害者〟であることが求められる。そして、被害者がその〝純粋性〟や〝無垢性〟を疑われることになった場合（そして、しばしばニュースショーの連続物語のなかでは、そのような展開になるのだが）、過剰に作り上げられた「感情の共同体」による激しい非難や反発、排斥を受けることになる。

テレビのニュースショーは「生放送」である点に何よりも大きな特徴があり、それらはつねに進行中の〈現在〉に言及する〈物語〉である。石田英敬は、その形式を「同時性の領域」と呼び、ニュースの発信する〈いま〉が、そのコミュニケーションの共同体の成員たちと共有する〈いま・ここ・私たち〉となっているような世界であると説明する（石田 2003）。〈いま・ここ・私たち〉を強制する閉じられたニュースショーの解釈空間においては、メディアの〈共同体〉＝「感情の共同体」を称揚する読みがつねに優先的に導かれるのである。

このようなニュースショーの解釈空間、メディアの〈共同体〉は、一九九〇年代後半以降、社会に強固に作り上げられた「治安悪化神話」と表裏一体に構築されてきた。特に二〇〇四年に起こったイラク戦争日本人人質事件とその後に吹き荒れた「自己責任論」報道は、被害者が〈他者〉化されていく典型的なプロセスをたどったものととらえられる。石田英敬は、「自己責任論」報道について、人々の生活圏がメディアによって全面的に包囲されることによって起こる想像力の貧困、イメージ過剰社会が生み出すイメージの貧困問題、すなわち「象徴的貧困」の所以だったと読み解いている（石田 2004）。この人質事件の〝被害者〟たちは、社会の既存の境界線や、その構築の自然性に疑いを生じさせるような「よそもの」として〈他者〉化され、あまりにも強烈な排斥とバッシングを受け、現在でもその名誉回復はほとんどなされてはいない(1)。

アフター・テレビジョン時代、メディアの〈共同体〉の行方

二〇一〇年代に入り、〈いま・ここ・私たち〉という「同時性の領域」、メディアの〈共同体〉を構築するもっとも強力な装置であったテレビは、大きな転換期を迎えている。すでに一〇年ほど前から、若者世代のテレビ離れが顕著な傾向として指摘されてきたが、デジタル録画機器とインターネットにおける動画視聴の普及は、「テレビ以後（After Television）の時代」と呼ばれるほど、テレビ研究のありようをも変えてきている（Turner and

Tay 2009、伊藤・毛利編 2014）。

テレビ離れが指摘される昨今においても、依然としてテレビはもっとも接触率の高いメディアであり、なかでも「ニュース・報道」番組がもっともよく見られている。たとえば、二〇一三年一一～一二月におこなわれた「テレビに関する調査」によると、全国の男女一二〇〇人がもっともよく視聴している番組ジャンルとは「ニュース・報道」の七六・一％である（複数回答）。そして、つねに一定して「ニュース・報道」の二割程度の比率を占めているのが、いわゆる「社会面」のニュース、事件・事故報道である。また、全体の七割近い回答者は、「食事をしながら」テレビを見ていると答えている（リサーチバンク 2013）。

このような調査結果を一見すると、テレビが構築するメディアの〈共同体〉のありようは以前とそれほどは変わっていないのではないか、との印象を受ける。だが、これを世代別に、また、視聴スタイル別に詳しく見てみると、異なる様相が見えてくる。

ＮＨＫ放送文化研究所では、一〇年ごとにテレビ視聴に関する詳細調査をおこなっているが、二〇一二年におこなわれた「テレビ六〇年調査」では、この一〇年間にテレビ視聴のあり方が大きく変化したことが報告されている（平田・執行 2013、木村 2013）。その調査によると、テレビ視聴のあり方は、「同時性の領域」、すなわち、リアルタイム視聴が希薄化し、放送時間にかかわりなく録画番組を視聴する「タイムシフト視聴」へとより変化している。また、インターネットでテレビ番組を見る層も増えており、このような視聴スタイルは、〝カスタマイズ視聴〟と名付けられている。また、ＳＮＳでテレビに関する情報や感想を書き込んだり、家族間のコミュニケーションに利用したりするスタイルは、〝つながり視聴〟と呼ばれ、どちらもこの一〇年間に顕著に増えている（平田・執行 2013）。

視聴スタイルの特徴を世代別に見ると、リアルタイムのみで視聴している者の割合は、全世代では四九％だが、二九歳以下の若者世代では二六％にすぎず、三〇～五〇歳代の中年世代で三六％である。これに対して、六〇歳以上では七二％がリアルタイムのみで視聴しているという結果であった。若い世代ほど、テレビを〝カスタマイズ視聴〟しており、同時にインターネットを使用しながらの「ながら視聴」も多い。これに対して、高齢世代では、テレビを従来のようにリアルタイムで「専念視聴」している率がきわだって高くなる、という結果であった（NHK放送文化研究所 2013）。

こうした調査結果から、現在では、特に若者世代にとっては、テレビの構築する〈共同体〉が必ずしも〈いま・ここ・私たち〉という唯一絶対の「同時性の領域」となっているとは言えないのではないか、と推察することができる。濱野智史は、インターネットの世界を時間の共有の仕方で「真性同期」「選択的同期」「疑似同期」の三つに分類した（濱野 2008）が、テレビ視聴スタイルもまた、時間の共有の仕方において、「真性同期」がつねに優先されるメディアとは言えなくなっているのではないだろうか。

アフター・テレビジョン時代、すなわち、インターネット・メディアが巨大化し、私たちの日常感覚の大きな部分を占めるようになった時代においては、メディアの〈共同体〉もまた、テレビ、モバイル、インターネットなどの各メディアが融合して作り上げるものとなるだろう。アフター・テレビジョン時代におけるメディアの〈共同体〉について、それ以前とはいかなる点が連続しており、いかなる点が異なっているのか、今後のさらなる調査によって明らかにされる必要があるだろう。

日本におけるテレビ六〇年の歴史の中で紡がれてきたメディアの〈共同体〉は、B・アンダーソンが述べるように、国民国家の枠組みと境界を想像させ、敗戦後の日本社会を統合・再統合するのに一役買ってきた。テレビは、特に初期ドキュメンタリー番組においては、多様性を含んだ〈社会の全体像〉を映し出す「新しいメディア」として機能してきた。しかし、いつしか、テレビによって構築される〈共同体〉は、社会の同質性（「私たち」の世界〉のみを強化し「よそもの＝〈他者〉」を排斥する、あまりに強力な装置へと転化してしまったのではないだろうか。

前項で述べたように、重要な他者への犯罪不安は、全国ニュースとの接触によって、〝守るべき対象〟をもつ層（配偶者をもつ男性や子どもをもつ親）において特に強化される傾向があった（坂口 2008）。また、テレビの個人視聴率調査を参照すると、あらゆるジャンルの番組について五〇歳代以上の中高年世代の視聴率が高く、若者世代の視聴率は低かった（執行ほか 2014）。テレビ・メディアの作り上げる〈共同体〉は、その映し出す〈現実〉が、あたかも〈社会の全体像〉であるかのように前提されているが、それはもはや、前世紀の記憶に過ぎないのかもしれない。たとえ、その〈共同体〉の主たる構成員が高齢者に偏っていたとしても、それが〈社会の全体像〉のように見えるところに、テレビメディアの媒介作用の核心部分が含まれている。

本章では、ニュースショーというメディア言説を現代の「民話」ととらえ、その〈物語〉が作り上げる〈共同体〉について〈他者〉表象をキーワードに考えてきた。メディアそのものの変化にともない、メディアの作る〈共同体〉のありようも変化してきたと前提するならば、ニュースショーにおける〈他者〉表象についての研究も、インターネットや他の媒体とのあいだで相互に引用され増幅される回路を組み込んだ研究枠組みを必要とするだろう。アフター・テレビジョン時代におけるテレビ研究は、他メディアとの接合と接続の視点を含まずには展開することができないからである。

最後に考えておきたいのは、メディア言説の中で日々〈他者〉化のプロセスを目撃している者たちの「無関心」の問題である。第2節で述べたように、バウマンは、現代の都市空間を、私たち誰もが互いに「よそもの」や「異人」となりうるような場所であり、「儀礼的無関心」が支配している場として記述している（Bauman

1990=1993：69-91）。それは、私たち誰もが互いに「よそもの」である時代の宿命である。

気持ち良く晴れた朝。リビングルームに置かれたテレビからニュース番組が流れている。その番組は、ある女性がどのように殺されどのように運ばれたのか、微に入り細に入りくり返し報道を続ける。初めてそのニュースを見聞きしたときには、同情や共感をもったかもしれない視聴者たちも、すでに数日以上に渡ってその〈物語〉が紡がれ続けるとき、その事件への「無関心」や「見世物として楽しむ視点」が付加されているのを感じざるを得なくなる。このようにして私たちの〈日常〉が紡がれ続けていることに対して、和田伸一郎は「世界の〈見捨て去り〉」と表現し（和田 2006）、クラインマンらは「他者の苦しみの文化的流用」と批判する（Kleinman, et al 1997=2011）。

メディアの作る〈共同体〉と〈他者〉表象の分析は、こうした「儀礼的無関心」が支配する日常経験についての研究と同一線上にあるものであり、ニュースショーが「現実の出来事を語る〈物語〉」として「私たち」の気楽な食卓の場において消費されていることを、つねに留意しつつ進める必要がある。インターネットのメディア空間は、テレビ言説が作りあげる空間が「よそもの」とそれに対する「無関心」で満たされていくのに反比例するかのように、過剰な「親しみやすさ」や「親密な関係性」が噴出する場となっている。人々は、多重に構築されたメディアの〈共同体〉のなかにそれぞれが自らの感情的関与や居場所を見いだし、ときには過剰なまでの感情的関与が噴出することがある。このような現象は、テレビ以後の時代に、人々にとってのメディアの〈共同体〉が幾重にも重なりあって構築されているという視点から読み解くことができるものである。

注

（1）ＮＨＫ番組「関西熱視線〝自己責任〟が残したもの――イラク人質事件　家族の9年」二〇一三年三月八日、映画

『ファルージャ イラク戦争 日本人人質事件…そして』伊藤めぐみ監督作品、二〇一三年など、近年になってようやくこの事件が再考されるようになってきている。

文献

Anderson, Benedict, 2006, *Imagined Communities: Reflections on the Origin and Spread of Nationalism* (Revised edition), Verso.（＝二〇〇七、白石隆・白石さや訳『定本 想像の共同体――ナショナリズムの起源と流行』書籍工房早山。）

Bauman, Zygmunt, 1990, *Thinking Sociologically*, Basil Blackwell.（＝一九九三、奥井智之訳『社会学の考え方――日常生活の成り立ちを探る』ＨＢＪ出版局。）

Crossley, Nick, 2001, *The social body: habit, identity and desire*, Sage Publications.（＝二〇一二、西原和久・堀田裕子訳『社会的身体』新泉社。）

Kleinman, A., Das, V. and M. M. Lock, 1997, *Social Suffering*, University of California Press.（＝二〇一一、坂川雅子訳『他者の苦しみへの責任――ソーシャル・サファリングを知る』みすず書房。）

Said, Edward W., 1978, *Orientalism*, Pantheon Books.（＝一九九三、今沢紀子訳『オリエンタリズム』平凡社。）

Said, Edward W., 1981, *Covering Islam: how the media and the experts determine how we see the rest of the world*, Pantheon Books.（＝一九八六、浅井信雄・佐藤成文共訳『イスラム報道――ニュースはいかにつくられるか』みすず書房。）

Turner, Graeme and Jinna Tay, 2009, *Television studies after tv: understanding television in the post-broadcast era*, Routledge.

池田淑子、二〇〇五、「他者の表象と自己の再構築――『ラスト サムライ』（二〇〇三）における『日本人』の映像と『アメリカ人』の再構築」日本記号学会編『ケータイ研究の最前線』2巻、慶応大学出版会。

石田佐恵子、二〇〇七、「韓流ブームのさまざまな語り手たち――他者表象と越境する文化」石田佐恵子・木村幹・山中千恵編『ポスト韓流のメディア社会学』ミネルヴァ書房。

石田佐恵子、二〇一〇a、「家庭空間とワイドショー的世界――ワイドショー・ジャンルの成立と拡散」吉見俊哉・土屋礼子編『大衆文化とメディア』ミネルヴァ書房。

石田佐恵子、二〇一〇b、「メディア表現は〈当事者〉の敵なのか」宮内洋・好井裕明編『〈当事者〉をめぐる社会学』北大路書房。

石田英敬、二〇〇三、『記号の知／メディアの知――日常生活批判のためのレッスン』東京大学出版会。

石田英敬、二〇〇四、「『象徴的貧困』の時代――イラク『日本人人質事件』報道を問う（「自己責任論」が映し出す日本社会）」『世界』七二八号、一〇四-一一一頁。

伊藤守編、二〇〇六、『テレビニュースの社会学』世界思想社。

伊藤守・毛利嘉孝編、二〇一四、『アフター・テレビジョン・スタディーズ』せりか書房。

NHK放送文化研究所、二〇一三、「デジタル時代の新しいテレビ視聴（テレビ60年）調査（二〇一三年一月）主な結果について」放送に関する世論調査HP（https://www.nhk.or.jp/bunken/yoron/broadcast/）。

大庭絵里、二〇一〇、「メディア言説における『非行少年』観の変化」『神奈川大学国際経営論集』第三九号、一五五-一六四頁。

河合幹雄、二〇〇二、「犯罪被害者とメディア」『PSIKO』第三号、三〇-三七頁。

北原みのり、二〇一三、『さよなら、韓流』河出書房新社。

木村義子、二〇一三、「メディア観の変化と〝カスタマイズ視聴〟〝つながり視聴〟――「テレビ60年調査」から(2)」『放送研究と調査』第六三巻七号、六四-八一頁。

小松和彦、一九九五、「異人論――『異人』から『他者』へ」井上俊ほか編『岩波講座現代社会学3――他者・関係・コミュニケーション』岩波書店。

阪口祐介、二〇〇八、「メディア接触と犯罪不安――『全国ニュース』と『重要な他者への犯罪不安』の結びつき」『年報人間科学』六一-七四頁。

四方由美、一九九六、「社会面にみる女性の犯罪報道」田中和子・諸橋泰樹編『ジェンダーからみた新聞のうら・おもて』

現代書館。

四方由美、二〇〇八、「犯罪報道は変化したか――メディアが伝える女性被害者・女性被疑者」『宮崎公立大学人文学部紀要』第一五巻一号、一一五-一三二頁。

四方由美、二〇一一、「日本の犯罪報道における女性――女性被害者・女性被疑者」『アジア女性研究』第二〇号、五五-六六頁。

執行文子ほか、二〇一四、「テレビ・ラジオ視聴の現況――二〇一三年一一月全国個人視聴率調査から」『放送研究と調査』第六四巻三号、六八-七九頁。

清水瑞久、二〇〇六、「犯罪ニュースがかたどる生と死のかたち」伊藤守編『テレビニュースの社会学』世界思想社。

新谷尚紀・岩本通弥編、二〇〇六、『都市の暮らしの民俗学1～3』吉川弘文館。

萩原滋・国広陽子編、二〇〇四、『テレビと外国イメージ――メディア・ステレオタイピング研究』勁草書房。

萩原滋、二〇〇七、『テレビニュースの世界像――外国関連報道が構築するリアリティ』勁草書房。

平田明裕・執行文子、二〇一三、「広がる〝カスタマイズ視聴〟と〝つながり視聴〟――『テレビ60年調査』から(1)」『放送研究と調査』第六三巻六号、一八-四五頁。

浜井浩一、二〇〇四、「日本の治安悪化神話はいかに作られたか――治安悪化の実態と背景要因」『犯罪社会学研究』第二九号、一〇-二六頁。

濱野智史、二〇〇八、『アーキテクチャの生態系』NTT出版。

森山工ほか、二〇〇四、「〈特集〉マスメディア・人類学・異文化表象」『文化人類学』第六九巻、日本文化人類学会。

吉村和真・田中聡・表智之、二〇〇七、『差別と向き合うマンガたち』臨川書店。

米倉律、二〇一三、「シリーズ　初期〝テレビ論〟を再読する――第一回　ジャーナリズム論　ラジオジャーナリズムからテレビジャーナリズムへ」『放送研究と調査』第六三号、二-一七頁。

リサーチバンク、二〇一三、「テレビに関する調査」ライフメディア（http://research.lifemedia.jp/2013/12/131211_tv.html）。

和田伸一郎、二〇〇六、『メディアと倫理』ＮＴＴ出版。

第6章　帝国日本映画における朝鮮／映画へのまなざし

梁　仁實

帝国日本映画において朝鮮または朝鮮映画（以下、朝鮮／映画と表記）はつねに「日本」映画とは何かを問い直す他者なる存在であった。しかし、帝国日本映画と朝鮮／映画との関係がつねに支配-被支配関係にあったわけではなく、帝国日本映画における朝鮮／映画の他者という位置も流動的であったことに注意すべきである。本章は植民地朝鮮（以下、朝鮮とする）で作られた映画が帝国日本のなかでいかに受容されていたのか、とりわけ内地日本（以下、内地とする）においてどのような受容のされ方をしていたのかについて考えるためのものである。

ところで、帝国日本における朝鮮映画については一九九〇年代末から活発になった朝鮮映画の発掘とともにさまざまな研究がおこなわれている。それらの研究をここですべて取り上げることはしないが、とりあえず、本章のテーマと深くかかわるものをいくつか取り上げることにしたい。まず、そのなかで代表的なものは帝国日本映画という枠組みのなかで朝鮮映画を位置づけようとし、その対象を一九三〇年代末から終戦までのあいだに製作された「朝鮮」映画にしたもの（이영재 2008＝2013）や、一九二〇年代の朝鮮の映画産業や観客の「分離」と

「絡み合い」からナショナル・シネマの概念を問い直すもの（Kim 2009＝2011）を取り上げることができる。この二つの研究は朝鮮／映画がどのようなものであるかを鋭く考察しているが、朝鮮／映画とは何かという問題と対に日本／映画とはどのように考えられていたのかも合わせて考察する必要があると考えられる。本章ではこれらの研究がもっている問題意識をふまえながら、主に内地において朝鮮／映画がどのように受容されていたのかについて考える。内地において朝鮮／映画は他者化されつつも、映画が消費される場においては他者なる存在ではないこともあった。帝国日本において朝鮮／映画はつねに流動的な他者として存在し続け、日本／映画を問い直すものでもあったのである。

さて、本章では内地に朝鮮映画が受容されはじめた一九二〇年代から一九四五年の終戦まで発行された映画専門雑誌を対象にする。日本で発行されていた映画関連の膨大な文献をまとめた今村三四夫によると、日本において映画関連雑誌は一九〇九年ころから発行されはじめ、一九一三年には三種、一九二七年には四八種のものが発行されるようになった（今村 1967：233）。この間に数多くの映画雑誌が発行と廃刊をくり返し、その数は二〇〇種に上る（ibid）。本章ではこのなかでも一九三〇年代まで日本映画雑誌の中心的役割を占めていた（牧野 1994：72-75）『キネマ旬報』(1)と『映画旬報』(2)、そして『国際映画新聞』(3)、および『日本映画』(4)を主な対象にする。『キネマ旬報』が映画そのものに重きを置き、批評をしていたとしたら、『国際映画新聞』は主に映画館中心の記事を掲載しながら地方の映画常設館までその読者層を広げた映画経済専門雑誌であった。また『日本映画』は一九三六年に創刊され、一九四五年の終戦まで発行され続けられた雑誌である。そして、一九四一年一月に第一次雑誌統合により創刊された『映画旬報』は満州映画特集号、朝鮮映画特集号などをつぎつぎと組み、戦時中の帝国日本映画が自らをどのように位置づけようとしていたのかがわかる資料である。本章ではそれぞれ性格の異なる四つの雑誌に掲載された朝鮮／映画関連記事を見ていくことで、内地で朝鮮／映画というテクストをどのように受容していたのかという批評的な立場のみならず、それを上映していた映画館という場に注目することもでき、さらに戦時中の内地においても朝鮮／映画がどのように受容されていたのかについて考えることもできると思われる。

1 「朝鮮劇」のなかの他者

これらの映画関連雑誌が朝鮮／映画関連記事を頻繁に掲載する前に、朝鮮／映画とかかわっていたのは新聞関係の雑誌であった。内地において映画は最大娯楽として発展しており、一九二二年には大阪毎日新聞が『芝居とキネマ』を、大阪朝日新聞が『映画と演芸』をそれぞれ刊行した。この二つの新聞社は活動写真班もそれぞれ組織していたが、とりわけ大阪毎日新聞社の場合は「新聞社の販売網も利用して、フィルム・ライブラリー、学校巡回映画連盟、工場映画連盟といった関連組織を次々と発足させて」（赤上 2013：16）いるほど映画には力を入れていた。

ここでは、こうした新聞社が刊行していた映画雑誌における朝鮮とのかかわりを少し見ておく。一九二三年九月一日の関東大震災が日本映画に多くの影響を与えたことはすでに広く知られている。同年一月一日『大阪朝日新聞』は一万五〇〇〇号を記念に長編小説、創作劇（芝居の台本を意味する）、映画劇の三つの分野で懸賞作品を公募した（田中 2001：58）。そして、この映画劇部門では当時明治大学法学部三年に在学中であった吉田百助の『大地は微笑む』が当選した。同作品は同年九月から連載が始まったが、関東大震災により二日で連載は中断、再び連載されたのは一九二五年一月一日からであった。

ところでこの作品は内地で初めて朝鮮人の女性を主人公とした映画（日活、松竹、東亜の競映、一九二五）[5]であった。しかし、同作品は『逆流に立ちて』[6]とともに「朝鮮人生活の一片だに伺ふ事の出来ない映画」と酷評されており、とりわけ、『逆流に立ちて』は「内容、形式共に非現実性を帯び朝鮮人を侮辱し、朝鮮人観を内地人に誤認せしめたる責任のある作品」とされた（『キネマ旬報』一九三〇年三月一日号）。この評論の書き手は前田諒一、前田諒三郎という名前をもち、京城映画研究会のメンバーとして活躍していた前田夢郎であった。

さて、この『逆流に立ちて』は「松竹の朝鮮劇」として、大阪毎日新聞が発行していた雑誌『芝居とキネマ』（一九二四年一〇月号）にて紹介された。「朝鮮キネマと松竹の朝鮮劇」とのタイトルのもと、『逆流に立ちて』は「朝鮮劇」の一つとして紹介されたのである。しかし、同雑誌では「朝鮮劇」に対する説明や定義はなく、おそらく「朝鮮を背景とした劇映画」という意味で用いられたと考えられるが、『逆流に立ちて』は朝鮮ではなく、千葉で撮影され、朝鮮人役も日本人俳優が演じた。これらの映画以外にも、一九二五年に製作された内地映画のなかで朝鮮を背景としたものは、「日本初の純粋な冒険連続活劇映画」の『世界の女王』[7]、一九二六年製作の「北鮮」を背景とする『国境の血涙』[8]、内地から新しい生き方を求め朝鮮に渡るという『自由の天地』[9]などがあった。そして、これらの映画は松竹の「朝鮮劇」と同様に日本人俳優が朝鮮人を演じていた。

このようにつぎつぎと製作される「朝鮮劇」は内地だけではなく、朝鮮でも上映されたが、そのなかの「朝鮮または朝鮮人」の描き方については、前述した前田の評論からもわかるように好評ではなかった。前田のような在朝日本人だけではなく、朝鮮人観客にもその描き方は「朝鮮人を侮辱したもの」とされた。たとえば、『大地は微笑む』を朝鮮の京城で見たある朝鮮人観客は「このような映画は当然島国日本の外に出さないことを願うが、朝鮮人の首都である京城でこんな×俗《ママ》な映画を公然に我々の前に持ってきて（中略）我々としてはあらゆる侮辱を感じる」（『朝鮮日報』一九二五年五月四日付）と不快感を表わした。

また、この『芝居とキネマ』は同年一一月号から「女優の家」コーナーを設け、その二回目となる一二月号には朝鮮の女優・李月華の家を掲載した。ここには李が自分の部屋で編み物をしながらカメラを見つめる姿が写真として載せられた。植民地朝鮮の美術を研究しているキム・ヘシンは戦前の西洋画から「モダン」に代表される新女性の姿と「伝統」に代表される妓生の姿が対照的なものではなく、交差するということを鋭く論じている（金惠信 2013）。この李月華の写真はまさに映画や女優というモダンと、編み物という伝統を、部屋のなかというプライベートな空間のなかで交差させている場となっていた。

ところで、李月華はのちに述べる朝鮮映画『海の秘曲』にも出演するが、朝鮮では映画より先に『カチューシャ』の舞台でヒロインを演じ、「家庭」というプライベートな空間から離れた「新しい女性」の出現を象徴する女優（이화진 2013：300-301）として評価されていた。朝鮮においてカチューシャとは「女優に対する家父長的なまなざしを再生産しながら西欧的価値に傾到された虚栄と放蕩のイメージとその値としての転落、流浪、破滅のイメージを同時に与えるメタファ」（이화진 2013）であった。『芝居とキネマ』が掲載した李月華のプライベートな空間における伝統的姿は朝鮮におけるこうした「カチューシャ」のモダンなイメージとは異なるものとして表象されていたのである。

このように内地映画のなかに朝鮮を背景とし、朝鮮人を主人公として登場させていた当時、朝鮮映画も少しずつ移入されはじめた。内地に初めて紹介された朝鮮映画は『春香伝』(10)であった。映画雑誌『活動倶楽部』(11)（一九二四年三月号）が「朝鮮に芽生えた純映画劇」として「烈女　春香伝」を紹介しつつ、「吾々は今、兄弟朝鮮を知らねばなら」ず、「より以上《原文ママ》理解と愛とを持たねばなら」ず、「朝鮮を理解する為めに、朝鮮人を愛せん《原文ママ》が為めに、幸い此の映画が全たき使命を果たさんことを祈る」としたのである。しかし、この映画の試写会や映画館の封切が内地でおこなわれたかどうかはいまのところ資料がなく不明である。

これ以降、朝鮮映画が内地で上映されたのは、『海の悲曲』(12)からである。この作品が初めて紹介されたのは映画館ではなく博覧会だった。一九二四年大阪の三越呉服店で『大阪毎日新聞』が後援した映画博覧会（一九二四年一〇月一四日から二〇日まで）に朝鮮キネマが参加したのである。そして、一九二五年に正式に輸入され、東京朝日会館で試写会が開かれた。しかし、この映画は内地にて注目されたものの、正式に上映されることはなく、そのまま朝鮮に戻ってしまった。その理由について、前田夢郎は「この悲惨なる送還は揺籃期の朝鮮映画とは云え断じて映画価値なき為によるものではない、当時は震災直後内地に流言されたる鮮人××《ママ》事件の為民族的反感のみで『海の秘曲』を一蹴したものである、決して作品が見られない愚劣物ではなかった」としている（『キネマ旬報』一九三〇年三月一日号）。なお、この『海の秘曲』で主人公を演じたのは前述した朝鮮の女優・李月華であった。

このように一九二〇年代の内地の映画界における「朝鮮劇」や朝鮮映画の紹介には大阪毎日新聞と大阪朝日新聞がかかわっていた。そして、朝鮮の女性は乙女として演じられ、朝鮮の男性は「威嚇的存在」としての他者としてスクリーンのなかに表れていたのである。

2　朝鮮／映画の本格的移入

一九二〇年代に内地にて朝鮮を背景とする、あるいは朝鮮人を登場させた映画がつぎつぎと製作されるのと時をともにし、朝鮮で作られた映画も本格的に移入されはじめた。前述した朝鮮キネマの『海の悲曲』以降、同じ会社製作の二作目の作品『寵姫の恋』[13]、三作目の『暗光』[14]が入ってきたのである。

また、一九二六年には朝鮮で製作された『アリラン』が一九二七年にヤマニ洋行により移入された。アリランはもともと朝鮮半島で伝わる口承民謡であった。宮塚利雄の研究によると、内地にアリランが初めて紹介されたのは二〇世紀初めであり、舞台作品としては一九二二年朝鮮の留学生たちの学術評論会であった土月会の公演

『アリラン峠』にて初めて紹介された（宮塚 1995：135）。そして、一九三一年にはビクターレコード、一九三二年にはコロムビアレコードによりそれぞれ発売された（宮塚 1995：75）。

ところで、朝鮮映画『アリラン』を内地に紹介したヤマニ洋行は内地の映画のなかで特に興行価値のある優秀な映画を配給することを目的に設立された配給会社（『キネマ旬報』一九二六年一二月一一日号）であるが、その第一回作品として朝鮮映画の『アリラン』を選んだのは注目すべきであろう。また、『アリラン』が朝鮮映画として内地に紹介されたのちに、『アリランの唄』というミュージカル映画が内地で製作された。この映画は一九三三年宝塚キネマが製作・配給し、民門敏雄が原作と脚色を、米澤正夫と久保文憲が監督を担当した。主演は椿三四郎と松浦築枝ということで話題となったこの映画は『アリラン』をテーマにしたミュージカル映画であった。

さて、この映画の製作会社である宝塚キネマは『アリランの唄』製作以外にも朝鮮と関連した記事で映画雑誌にしばしば登場していた。たとえば、同映画製作会社が製作し、「日本に対して蘇炳文の叛乱に絡み娼婦と情人の愛国心を描」（『国際映画新聞』一九三三年七月上旬号）いた『日章旗の下に』は朝鮮では上映不可となったことで話題になった。同映画が上映不可となった理由は「本映画中に表現される外地領事館の在留民保護状態の甚だ稀薄なるを示すは、満州國移住民を多数に有する朝鮮に於ては一般住民に外地領事館頼《原文ママ》るに足らずの観念を抱かしむる」（『国際映画新聞』一九三三年五月一日号）ためであった。

ここで注目すべきはこの『日章旗の下に』の検閲を朝鮮総督府に申し込んだ人が宝塚キネマの朝鮮支社の支社長である徳永熊一郎であったということである。徳永は一九三三年一二月に朝鮮の京城興行協会の会長に選ばれ、当時京城の興行界の中心人物となっていた。こうした彼の履歴をみると、一九二〇年朝鮮に渡り、京城で徳永活動写真商会を経営し、一九二八年四月二〇日には映画上映館であった黄金館を買収、東亜倶楽部に改称し、東亜キネマの鮮満配給権も獲得したという。そのあと、しばらくは三日に一回上映作品を替え、入場料金も一〇銭から二〇銭の格安均一料金制を取り入れることで他の映画館を驚かせた（『国際映画新聞』一九三四年一月下旬号）[16]。

ところで、徳永活動写真商会は映画製作を目的とするプロダクションであったが、一九三四年の統計資料をみると、一九二三年から一九三四年まで同商会が製作した映画は「内地劇」二本（『国際映画年鑑』一九三四年）に過ぎない。その二本のうちの一つは内鮮融和教育映画『純精神の如し』であり、その原作は雑誌『キング』に掲載された教育実話にもとづく美談であった（『国際映画新聞』一九二九年七月号）。これらの資料から推測してみると、徳永は最初国策映画を製作していたが、のちには映画の配給と輸入に重点を移したと考えられる。

一方、映画『アリランの唄』の封切り館は大阪の新世界にあったパーク劇場であった。同劇場では、一九三六年七月には上映中止処分を受けた朝鮮映画『洪吉童伝』が、同年一一月には朝鮮映画『薔花紅蓮伝』の上映がおこなわれていた。同劇場は大阪の朝鮮人コミュニティに近い新世界に位置しており、在日朝鮮人向けに朝鮮映画を封切りしていたとも考えられる。一九二七年当時の統計によると、大阪居住朝鮮人は四万九六〇人、同時期東京に居住していた朝鮮人は一万六〇八三人であった（東京府学務部社会課 1929）。そして、一九三〇年代になると、大阪に居住する朝鮮人は約二〇万人にいたっていた。

朝鮮映画は以降も内地へつぎつぎと紹介されたが、とりわけ一九三二年に移入された『主なき小舟』[17]は内地の各映画雑誌以外に日刊紙にも関連記事が掲載され、内地における朝鮮映画への関心の高さを示した。当時の内地のメディアはこの映画が試写会や特別上映会、博覧会などの形態ではない、内地の一般映画館で上映された初めての朝鮮映画であった（『読売新聞』一九三二年一〇月二一日夕刊）と紹介しており、『映画評論』（一九三二年一二月号）には広告と映画評も掲載された。しかし、この作品の監督であった李圭換はある証言のなかで、『報知新聞』の試写室で試写会を開き、津村秀夫がその映画評を『朝日新聞』に書くなど注目を浴びたものの、鈴木重吉の家でそのプリントがなくなり、映画の上映はできなくなった（한국예술연구소편 2003：148）と述べている。

このように内地の映画界では一九二〇年代においては「朝鮮劇」として、一九三〇年代には「朝鮮映画」として朝鮮／映画が位置づけられていた。ここで注目すべきは、一九三〇年代の内地で「朝鮮映画」をみるまなざしが一九二〇年代の映画評論家たちが西洋映画を優位にしながら日本映画を批評していた基準と同一のものであったということである。たとえば、『キネマ旬報』（一九三〇年六月二一日号）ではある朝鮮映画についてつぎのような基準が掲載された。

総有点に於て内地映画と比較にならない程不完全なる朝鮮映画界の現状に於て、製作される朝鮮映画なるものも内地映画と同等に取扱う理由には行かない、必然的に一個の独立したる朝鮮映画批評基準がある。

この文章は一九二〇年代に田中三郎が「日本映画に対する批評をすべて外国映画に対すると同じ基準に於て行ふとしたら、残念乍ら殆ど酷評に終らざるを得ないような気持ちがする」ので「日本映画の批評基準は自ら外国映画のそれと異なるべき」としたことを引用したあとに続くものである。一九二〇年代に外国映画と日本映画を序列化し、自らを他者としていた内地の映画界は一九三〇年代になると、自分たちを外国映画と同等の優位におき、朝鮮映画をその下に置くことで朝鮮／映画を他者なる存在として位置づけようとしていたのである。

以上で述べてきたアリランの移入、宝塚キネマの朝鮮物、徳永熊一郎、大阪パーク劇場における朝鮮映画の上映、『主なき小舟』をめぐる記憶の相違などが、個別に起きた事柄ではなく、有機的につながっていることは注目すべきであろう。これらの事例は一国の映画史研究、とりわけ植民地-被植民地の過去をもっている国の映画史研究がナショナルな枠組みから離れ、トランスナショナルにおこなわれるべきであることを示しているのである。

3　大東亜共栄圏のなかの朝鮮／映画

「真なる朝鮮／映画」(authenticity) への欲望

一九二〇年代に内地に移入され始めた朝鮮映画は一九三〇年代初頭を経て、一九三〇年代の末になると「技術的・経済的合作の対象」(『国際映画新聞』一九三八年一〇月上旬号)に、あるいは日本映画の一方言映画(『日本映画』一九三九年八月一日号)として位置づけられる。そして朝鮮映画の技術と資本の弱点を補うという理由で、内地の資本と技術が朝鮮映画に流れていった。このようにして製作された映画は朝鮮より内地にて早く上映されることもあった。たとえば『漁火』[18]は朝鮮映画の貧弱な技術と資金を補うため、内地の東宝が製作に協力をしたが、松竹の配給により内地にて先に封切された(『日本映画』一九三六年七月二一日号)。

その背景には一九三一年の満州事変の勃発が大きく影響を与えていた。前述したように一九二〇年代の内地の映画にはすでに朝鮮を背景とした「朝鮮劇」が登場していたし、朝鮮映画も移入されていたが、朝鮮映画が帝国日本映画という大きい枠組みのなかの一部という認識は稀薄であった。しかし、満州事変以降の一九三〇年代半ば以降朝鮮半島出身の舞踊家・崔承姫を主人公とした映画『半島の舞姫』[19]の出現など内地内における朝鮮／映画の位置が変化しつつあった。内地映画のなかにて朝鮮人が朝鮮人を「演じる」[20]とともに、内地に移入される朝鮮映画にも「朝鮮特有のローカル・カラー」を求めるようになったのである。

こうした「ローカル・カラー」への欲望は「真なる朝鮮、純粋な朝鮮、朝鮮語を話す朝鮮映画」を求め、内地の映画に朝鮮人を登場させる、あるいは内地の映画が朝鮮を撮る「朝鮮劇」ではない朝鮮映画を要求するようになったのである。たとえば、一九三七年に移入された朝鮮映画『旅路』は前述した李圭換が監督し、内地の映画監督・鈴木重吉が監修をつとめたが、この映画をめぐる評論でも「本物の朝鮮映画」を探そうとする動きが見えてくる。たとえば、板垣鷹穂はここで見られる「ローカル・カラー」とはその土地について詳しい人もそうではない人も「真実のような」感覚を抱かせるものであり、こうした面で同映画は成功していると述べる（『映画教育』一九三七年六月号）[21]。また、ここで注目されるのはすべてのセリフが朝鮮語でおこなわれ、日本語はスーパーインポーズでおこなわれていることを高く評価しているということである。さらに、同映画の監修をした鈴木重吉はこの映画で「内地人は一人も出演せず」、したがって「内地語も一言も出てこない」純粋な朝鮮、真の朝鮮を見ることができると語る（『映画評論』一九三七年五月号）。さらに鈴木はこの映画をはじめとし、これから南洋や満州へとこうした動きを拡大していきたいという希望のためこの仕事に臨んだという[22]。また、同映画の宣伝には日本語ではなく朝鮮語が使われる場合もあった。たとえば、東京江東区の吾嬬館は周りの住民に朝鮮人労働者が多いことに着目し、映画の宣伝チラシを朝鮮語で作成し、配布した（『国際映画新聞』一九三七年六月上旬）。

ところで、この『旅路』をめぐっては、朝鮮の映画監督・安哲永が「外国の市場に販路を得るための意図から製作されたものであり」「日本内地市で歓迎されるべき使用価値の利用を善処したものに過ぎない」（『東亜日報』一九三七年九月一一日付）とし、在日小説家の張赫宙はこの映画の朝鮮人の生活は朝鮮人の現実とかけ離れているものとし、批判した。興味深いことにこの張赫宙の批判について、日本の映画評論家・来島雪夫は張赫宙が朝鮮から離れている期間が長く、〝故郷の美〟について覆おうとしているかもしれないと反論し、つづいて「このような美しい故郷を恥じ、愛さない」のは「真なる朝鮮人」とはいえないとした（『映画評論』一九三七年六月号）。

一方、内地資本の協力により、朝鮮の映画界は好況を博したかのように見えた。とりわけ、首都・京城の映画館は在朝日本人の増加を含む居住人口の増加と劇場設備の整備、大陸景気の余波、および戦時体制の準備により朝鮮全国が購買力を構えることになった（『キネマ旬報』一九三九年七月二一日号）。こうした好況のもと、製作と資本の内地からの協力により、編集や監修、監督にいたるまで「内地人」により製作された朝鮮映画が数多く現れはじめた。そのなかで朝鮮映画に期待されていた「ローカル・カラー」は消えていくことになってしまったのである。

また、一九三〇年代以降内地に移入される朝鮮映画は一九二〇年代と同様に在日朝鮮人が主な観客となっていた。たとえば「朝鮮のトーキーという以外には見る所はない。封切館では米国の西部劇、探偵映画を添えてトリにつかったか、余り良い成績ではな」く、「たゞ朝鮮人の観客が非常に多かったのは無論であ」(『キネマ旬報』一九三六年七月一日号)った朝鮮映画『幽霊は語る』[23]、「鮮人の在住する区域の映画館では絶対に使用す可き」であるという『洪吉童　続編』[24](『キネマ旬報』一九三六年七月二一日号)、「朝鮮映画という物珍しさだけが取柄で、添物としても余り期待できない」『漁火』(『キネマ旬報』一九三八年九月一日号)、「半島人あふれた」(『キネマ旬報』一九三九年一二月一日号)『愛を求めて』などの記事をみると、朝鮮映画の主な観客が在日朝鮮人であったことがわかる。

ところで、これらの記事のなかで注目すべきは「半島人あふれた」という映画『愛を求めて』である。この映画は内地では一九三九年に上映されたが、もともとは羅雲奎が朝鮮キネマプロダクションにて一回目の監督作品として一九二六年に『アリラン』を監督し、その後、羅雲奎プロダクションを設立したのち、その第三回作品として一九二八年に監督したものであった。最初は『豆満江を越えて』というタイトルであったが、検閲の問題で『愛を求めて』になった。しかし、なぜ内地にて一九三〇年代後半にこの映画が上映されていたのか。この問題について少しふれたい。この映画の広告は『キネマ旬報』一九三九年九月二一日号に、関連記事は一九四〇年一二月号に掲載された。さらに、広告は『アリラン』とともに掲載され、ハングルも併記されている。両作品ともタイトルにはハングルが併記され、その配給は大阪と京都に事務室を構えている半島映画配給社が担当となっている。しかも、『アリラン』は「半島民謡アリランの唄をテーマにした本物のアリラン」(傍点強調は筆者)がキャッチフレーズである。このキャッチフレーズは一九三〇年代日本内地における朝鮮／映画に関する認識をよく表わしている。すなわち、一九二〇年代から製作され続けた「朝鮮劇」や一九三〇年代に「朝鮮映画」が本格的に日本内地に移入され始めるところで日本または日本映画が求めていたのは「本物の朝鮮映画」であったのである。(25)

前述したように、一九三〇年代半ば以降内地の技術と資本が朝鮮に流れていくが、その結果内地の映画人たちが期待していた朝鮮の「ローカル・カラー」は消えていく。それで内地ではもう一度「本物」の「朝鮮映画」を再認識しようとしたのである。ここで『アリラン』と『愛を求めて』を召喚し、内地映画における朝鮮／映画の位置を確認しようとしたともいえる。言い換えると、技術と資本の「合作」により「朝鮮のローカル・カラー」がなくなりつつあった朝鮮映画に再び「朝鮮／映画」という他者としての地位を与えたのである。しかも『愛を求めて』や『アリラン』の広告が一九二〇年代の広告とは異なり、ハングルを併記したことは、日本語の読み書きができなくても、朝鮮語の読み書きができる在日朝鮮人に想定したためであろう。すなわち、製作側が意図した「朝鮮／映画」の他者なる日本人観客の目を意識した「ローカル・カラー」は朝鮮語がわかる在日朝鮮人のノスタルジーをいやす意図せざる結果をもたらし、その結果、映画の広告にもそれが反映されていたとも考えられる。朝鮮の「ローカル・カラー」であるエキゾチズムの消費者はアイロニカルにも異郷でノスタルジーを感じていた在日朝鮮人であったのである。

ここで考えるべきは「本物の朝鮮／映画」をめぐる議論が出た時点である。日本内地では一九三九年九月に「内務省文部省厚生省令によって」出された「映画法施行規則」で「外国映画」について規定された。ここで外国映画というのは、外国において製作された映画と、「本邦ニ於て」外国人または外国法人が製作する映画として、特に後者に限っていえば帝国臣民を主な演出者、または演技者、または撮影者にした映画で字幕や発声に外国語が主たるものではないものを指すとなっている。たとえば、満州にある満州映画協会の場合、日本内地の演出者、演技者、および撮影者が行って映画を製作し、日本語を「喋」るまたは「内地語を喋って内地の字幕を使用する映画」は日本映画と規定される（『映画旬報』一九四三年三月一一日号）ということであった。

「大東亜共栄」と朝鮮／映画

一方、満州事変以降再認識されつつあった朝鮮／映画は内地の映画が帝国日本映画へと拡大していくなかでその役割はさらに重要になってきた。たとえば、映画評論家の飯田心美は一九三〇年代後半内地の映画界が朝鮮映画に注目するようになったことについて以下のように述べ、内地の映画界の朝鮮映画へのまなざしがもはや朝鮮を越えていることを示した（『キネマ旬報』一九三八年五月二一日号）。

本邦映画の取材領域が行詰まりを叫ばれている今日、半島地方から新しい映画が生まれることも一つの打開策として役目を立派に果すことになるだろう。近来満州に於て、また北支に於て、さまざまな意図のもとに数々の実写や劇映画がつくられつゝあるとき、半島を材料とし、その地にキャメラを据えた映画が当然現はれるべきでありながら、その数の寥々たる有様に我々はむしろ奇異の思ひをさせられるのである。

上述した飯田の見解は「取材に行き詰った」内地の映画に朝鮮映画が果たす役割に期待を託すものであった。しかし、同時期の映画評論家・岩崎昶は朝鮮の映画人が内地の映画人と「提携しようとしても内地の映画業者は、内地人に見せる為めのエキゾチシズムを目当に朝鮮映画を拵らへようとした所」（『日本映画』一九三九年八月号）にその失敗の要因があるとし、飯田の見解とは異なる意見を示した。

内地の映画が帝国映画へと拡大していくなかで朝鮮／映画は内地映画が経験した他者なる存在として注目されはじめた。そしてそのまなざしは「東亜共栄圏」や「大東亜共栄圏」のなかに朝鮮／映画を位置づけようとする。たとえば、『映画旬報』の一九四一年一〇月一一日号に「朝鮮映画令一周年を回顧して」を投稿した亜木朗は「東亜共栄圏」のなかに朝鮮／映画をどのように位置づけるべきかについて以下のように述べる。

> 朝鮮は色々な意味で内地とは特殊な位地《ママ》にある。東亜共栄圏の叫ばれている今日、仮に東亞地図を広げてみても、朝鮮は内地と大陸との橋渡しであり、東亞共栄圏の兵站基地としての重要な足場となっている事はよく人の知る所であり、それが故に朝鮮在住二千四百万の同胞は一致協力して使命達成の為に邁進しているのである。

上述の引用は朝鮮映画の役割を述べる前に、ひとまず東亜共栄圏における朝鮮の地理的位置づけを説明したものである。このあと、彼は一つの生活圏となっている東亜共栄圏において、「朝鮮の文化的役割」がいかに重要であるかを述べていくのである。

そして、こうした認識のもと、朝鮮の地理的位置と映画の役割を強調しつつ、朝鮮／映画には東亜共栄圏からさらに進んだ「大東亜共栄圏」の一員としての役割が求められるようになる。内地の映画界において、朝鮮／映画と絡み合いながら東亜共栄圏と大東亜共栄圏が使われたのは、一九四一年の後半になってからである。たとえば、『映画旬報』一九四一年一一月一一日号は朝鮮の陸軍報道部が製作し、陸軍省報道部と朝鮮総督府が後援したとして注目を浴びた映画『君と僕』の広告において「東亞共栄圏」と「大東亜共栄圏」を頻繁に用いる。

（前略）この映画が半島の実情を正しく伝える事が出来るならば、朝鮮に対する内地一般大衆の認識を是正向上せしめる事が可能なばかりでなく、満支両国民にもそれぞれの立場に於て、東亜共栄圏の認識を弥が上にも深めさせる事が出来ると信じて疑はない。（中略）因みに題名の『君と僕』は、君とは一般内地人の総称であり、僕は即ち一般半島人の総称を型取ったもので、君と僕がしっかり手を握り合って大東亜共栄圏の礎にならねばならぬという決意の程を示したものである。

この文章で用いられた「東亜共栄圏」や「大東亜共栄圏」は南方を含めた意味ではなく、植民地朝鮮と台湾、内地、満州、支那を含むものであった。しかし、これ以降、「大東亜共栄圏」における映画の役割を語るときに、『君と僕』がよく引用されることを考えると、この映画が当時いかなる位置にあったのかはすぐ推察できるであろう。たとえば、朝鮮と同じ植民地下であった台湾では台湾総督府情報部が日本内地の映画会社東宝が製作費を負担するという前提で『君と僕』を真似た『台湾志願兵』を製作すると報じられた（『映画旬報』一九四二年二月一一日付）。この事例を見るまでもなく、『君と僕』は日本で活躍していた「朝鮮人」監督・日夏英太郎によって演出され、のちに詳しく述べるように当時「大東亜共栄圏」のスター・李香蘭を登場させるなど[26]、東亜共栄圏、大東亜共栄圏を意識した製作であったことは明らかであった。

ところで、上記の引用にもあるように、朝鮮、内地、さらには「満支」にも「東亜共栄圏の認識を」深化させ、「大東亜共栄圏の礎とならねばならぬ」といったこの映画の製作意図は同雑誌の一二頁にいたる広告の最初の頁を飾ったスナップ写真にもよく現れていた。この写真を見ると、当時「東亜共栄圏」をまたがるスターであった李香蘭と『君と僕』の主人公・金子（永田絃次郎）が映っている。李香蘭はこの映画のなかで「満州の少女」という役で登場し、一つのシークエンスにしか出演しておらず[27]、しかも李のスケジュールの都合上、日本内地の茨城にある潮来でロケーションを行った（『三千里』一九四一年一二月号）。それで、完成された映画のなかのシーンは朝鮮の扶餘にある白馬江と潮来での撮影シーンをつなげたものである。このつなぎのシーンは映画を見ると、明らかである。まず、潮来で撮ったシーンで「満州の少女」が川辺で近づいてくる船を待っている。このシーンでは「満州の少女」や登場人物のバックに「扶餘」という漢字の地名があり、川の入り口にも「白馬江」という文字が看板に書かれている。この映画的装置から観客は朝鮮の白馬江で船に乗って歌を唄う金子の歌声と川の向こうにいる「満州の少女」の声が唱和するのを「自然な」ものとして受け入れることができていたのである。

さて、この『君と僕』はなぜ扶餘を背景としているのであろうか。一九一〇年代から一九三〇年代まで扶餘では古跡の保存とそのための交通や宿泊施設の拡充、古跡の修理および保持がおこなわれていた(28)。また一九三九年から朝鮮で扶餘は一種の流行を見せていた。一九三九年朝鮮総督府が扶餘神宮の建立を計画し、また多くの文学者や芝居で「古代国家の滅亡史と亡国の物語」が表象されていた（이상우 2010：62）。特に「白馬江」は多くの作品に登場していた。日夏はこれらの扶餘関連の作品のうち、とりわけ朝鮮総督府が支援し、当時朝鮮のトップ舞踊家であった趙澤元の舞踊劇『扶餘回想曲』（一九四一）を見て「良き純正な日本人としての国家意識のもとに構成せられたもので、安直な便乗やすぐに剝げそうな付焼刃は探そうにも見受けられる態のものではない」（『映画評論』一九四一年七月号）と評した。

映画では白馬江の船のなかで「朝鮮の歌は、一体に哀調を帯びていますわね」という内地の女性・美津枝の話に、朝鮮人志願兵の金子は「朝鮮の古い唄は、絶対に非常に明るいんですよ。例えば陽山道、こちらの言葉でヤンサンドと云ひますが、さういふ民謡はシンフォニーにもなって居ますし、立派なメロディです」と答える。その陽山道を聞かせてほしいという美津枝の要請に金子が歌を唄い始め、川の向こうから「満州の少女」李香蘭の声が唱和してくる。朝鮮の古い唄「陽山道」に代表される伝統が、「中国服」を着た「満州の少女」李香蘭の声に代表される東亜共栄圏のなかに吸収されていく姿を『君と僕』は明確に示したのである。

「着替えるレトリック」と言語の他者化

ここで李香蘭が登場することは興味深いことである。「大東亜共栄圏の歌う姫[29]」であった彼女は一九四一年二月一一日まで「日本人」であることを隠し、「中国人」としてふるまい、つねに「中国服」を着ていた。一九四一年二月一一日の『都新聞』に李香蘭が佐賀県出身の日本人夫婦の下で生まれた日本人であることが公表されると、朝鮮では彼女が行方不明となった自分の娘であるとする人々が大勢現れ、そのあげく、「朝鮮の李香蘭」まで現れた。こうした李香蘭が朝鮮の「伝統的歌」の一つである陽山道を唄う姿は象徴的である。朝鮮で李香蘭が「家族の一員」として想像されていたとき、李香蘭は「朝鮮の歌」や「中国服」から「朝鮮服」に着替えることでこの想像に答える可能性を示した[30]。すなわち、李香蘭は「朝鮮服」と「朝鮮の歌」で「大東亜共栄圏の歌う姫」という他者から「行方不明となった」家族の一員に包摂されていたのである。

ところで、上記した映画『君と僕』のなかにも着替える女性が登場する。「和服」を着るのが恥ずかしいという朝鮮人女性の白姫に日本内地の女性・美津江は「あたしなんか朝鮮服平気で着るわ。とてもいいわ」とし、朝鮮の服を着ることに躊躇がないことを強調する。この映画のなかでは上記した歌を通じた交流とともに、このような「着替え」も「日鮮交流」の一つのツールとして用いられる。

こうした着替えのレトリックは一九四〇年に作られた『ともだち』（清水宏監督、朝鮮総督府鉄道局映画製作）でも見られる。この作品は日本人の子どもと朝鮮人の子どもとの交流を描いているものだ。このなかで「内地から来たばかりで朝鮮服が珍しい」横山君は「貧乏だから一人だけ朝鮮服」を着ている李君に、「君、僕のと取り換えよう」とし、着替えるシーンがある。前述した映画『君と僕』と同じようにここでも着替えが交流の一つのツールとなっているが、この点について在朝日本人の水井れい子はあの二人の子どもは体格も異なり、サイズも合うはずがなく、道端で服を交換し、家に帰ることはありえないとし、在朝日本人のなかでは非常に評判が悪く、こうした朝鮮を撮る日本人の映画監督は「外来者」にすぎず、「深み」がないと批判した（『新映画』一九四二年一一月号）。ここで重要なのはこうした着替えのレトリックが女性と子どもに用いられているということである。一九二〇年代の日本内地において朝鮮の女優は「伝統」を象徴する「朝鮮服」の姿でメディアに登場していたが、一九四〇年になっても「朝鮮服」は女性と子どものものであったのである。

また、映画『君と僕』の話に戻ると、「内鮮映画界の交流」をかかげたこの映画は製作過程では朝鮮の俳優たちに「国語セリフ」の練習をさせることで、完成後は日本内地において「朝鮮語セリフ」が問題となる。この映画の監督・日夏について研究した内海によれば、「『君と僕』のセリフは、全編日本語である。主人公の両親の会話だけが朝鮮語で日本語のスーパーが」（内海・村井 1987：106）入っていた。このようにセリフのほとんどが「国語」であったこの映画で日夏は朝鮮の雑誌『三千里』の座談会において「セリフでとても困っています。それで毎日セリフを練習してもらっていますので、大変です」（『三千里』一九四一年九月一日号、一一三頁。ただし、原文はハングル）とし、日本内地と朝鮮の俳優の出演で問題なのは「言葉」であることを明確にした(31)。

しかし、映画のシナリオをみると、「チョコマン（カタカナ表記）」「そこを通りかかる一人の半島人。子供が、老人の袖を引き、朝鮮語で『おぢいさん、黙禱の時間ですよ』」「お帰りなさいませ（鮮語）」「チョッタ（カタカナ表記）」「いや立派になった、本当に立派になったよ。儂の倅が日本の軍人になって、こんなに嬉しいことはないぞ」のほか朝鮮語が散見され、毎日正午の黙禱、小川のほとりでの洗濯、ブランコなどで「朝鮮らしさ」を出そうとしている。映画の脚本は日夏と日本の飯島正が共同で執筆したことになっており、監督は日夏である。日夏は内地に一六年間住みながら一度も朝鮮に帰らなかったので、朝鮮語を聞くことも話すこともできず（日夏 2011：100）、また飯島は朝鮮の歴史、朝鮮の風習、朝鮮語はわからない人であった（飯島 1938：40）。

このようにほとんどが日本語で会話された『君と僕』であるが、内地の検閲ではこの朝鮮語や「朝鮮の地方色」が問題となった。

この映画は内鮮融合を意図とするもので総督府としても相当に後援されたようである。然し、朝鮮での客受けが餘りよくなかったばかりでなく、内務省の検閲問題となり内地の上映が不可能となったのである（中略）検閲では筋書以外に場面に現れてくる地方色だとか、言語だとかが非常に問題になるが、『君と僕』に於ても同様に問題となったやうである。内地側の検閲の立場からは、特異の地方色や、内地語でない言葉を取入れることは、面白くないと云う考である。（帰山 1942：19-20）

ここで問題になった「朝鮮語」と「地方色」の問題は『君と僕』以前から意見が分かれるものであった。たとえば、『日本映画』一九三九年八月一日号の座談会では帝国日本の「文化共同体」としての朝鮮映画を強調し、朝鮮、満州、内地を映画共同体としてみなす見方が出ており、シナリオ作家の八木保太郎は朝鮮映画のなかの言語をできるだけ日本語にすべきだとしながら、朝鮮人の日本語を一つの方言として考え、日本映画に入れるべきだと主張する。しかし、朝鮮の映画制作者・李創用はほかの座談会にて、朝鮮人の八〇％が農民で（日本語の）「文盲」であるため、朝鮮の言語を除外することはできない（『国際映画新聞』一九三九年八月下旬号）とした。また、在朝日本人として朝鮮で映画の脚本を執筆していた西亀元貞は中川紫朗の『防共の誓ひ』（椿三四郎主演）を事例に、朝鮮の共産主義者はシベリアの同胞（朝鮮人）を虐待していたが、日中戦争が起きたあと、自分の行動を反省し、皇国臣民となっていくという映画を朝鮮の観客に見せたら、映画がすべて「国語」となっていたため、映画のなかの人物をすべて内地の共産主義者として見ていた（西亀元貞『映画評論』一九四一年七月号）とのエピソードを示し、「すべて『国語』にすべき」論に反論した。これらの議論に「中立的立場」を示したのが日本内地で映画政策を作っていた内田岐三雄であるが、彼は「しひてすべてを国語にする必要もないし、半島語にする必要もない。それは却って行きすぎである」（内田 1941）とした。しかし、映画『君と僕』以降製作される朝鮮／映画にて朝鮮語は登場しなくなった。

では、「朝鮮語」が消えた映画空間においてはどのように「朝鮮／人」らしさを示すであろうか。いままで述べてきたように、子どもや女性の場合は「朝鮮服」とその着替えで「帝国日本」のなかに「同化」されていくことを示していた。一九二〇年代の「朝鮮劇」がそうであったように、ここでは日本人の女性や子どもが「朝鮮服」に着替えることで「朝鮮人」になり得ることを視覚的に示しているのである。

4　見えない「異」をいかに可視化するか

帝国日本において朝鮮／映画へのまなざしは映画という視覚的装置の特性上、アンビバラントなものとなっていた。たとえば、「朝鮮の地方色」や「朝鮮語」を出さない限り、視覚的には「身長内地人ト差異ナキ」、「顔貌亦内地人ト異ナラザル」（朴編 1975：27-28）朝鮮人を「異」のものとしてスクリーンに出すことはできなかったのである。植民地朝鮮への政策は「差異」を前提にした「同化」であった（水野 2002、2008）が、視覚媒体のなかで「差異」を前提にした「同化」を具現するためにも、「朝鮮の地方色」や「朝鮮語」は必要であったと考えられる。

そして、一九二〇年代の「朝鮮劇」においては日本人俳優が「朝鮮服」を着て「朝鮮人」を演じていたが、一九三〇年代になると「真の朝鮮、本物の朝鮮」を求め、「朝鮮人俳優」を使った「朝鮮／映画」を本格的に移入し始めた。ここで確認されたのはこれらの「本当の朝鮮／映画」の主な観客は在日朝鮮人であったという意図せざる結果であった。また、この時点で「外国／映画」に対する議論が出てきたのも注目すべきであろう。

しかし、一九四一年以降帝国日本内で作られる映画には「国語」しか使えず、こうした「差異」は消えていった。その場に残るのは「朝鮮服」と「和服」を交換する女性たちと子どもの「内鮮交流」であり、この交換により「他者」は「われわれ」へと変わっていく。映画ではそれを視覚的レトリックに示しているのである。ここで気をつけるべきは「交流」というものが「同化」へと変わっていったところであろう。そして、この「朝鮮服」を着た女性と子どもはジェンダー化されたオリエンタリズムのまなざしからみられる朝鮮でもある。「朝鮮服」を恥ずかしがる「朝鮮人」に代わって、それを交換しようと先に提案するのはつねに「内地からきた人々」であった。

また、帝国日本における朝鮮／映画について考えるとき、重要なのは「内なる他者」であった在朝日本人の存在である。とりわけ、一九二〇年代の「朝鮮劇」に対する批判や朝鮮／映画のなかの「朝鮮語」使用や「ローカル・カラー」をめぐる議論で彼／彼女らが語っているのは「朝鮮の内部者」としての自分らの立場（当事者）の確認であり、その対として内地日本からくる映画人を「外来者」つまり「他者」とみなしていたことがここで明確になった。(32)

ところで、東亜共栄圏と大東亜共栄圏を唱えた映画『君と僕』を撮った日夏はこのあとの一九四二年一一月にインドネシアに渡った。(33)この時期は帝国日本の関心が「東亜共栄圏」から「大東亜共栄圏」に拡大していた時期とも重なる。インドネシアのジャワは当時生フィルム不足で困難な状況にあった日本内地およびほかの日本軍進駐地域とは異なり、オランダ占領時代の撮影所をそのまま接収したので、組織的に映画製作が可能であった。日本軍がここに上陸したのは一九四二年三月であり、同年一〇月には日本映画社が支社を開設し、一九四四年四月まで六〇本余りの作品を製作した（岡田 2004：27-88）。日本から朝鮮へ、そして再びインドネシアへ渡り、映画を製作し続けた日夏の映画歴は帝国日本の映画史をそのまま反映しているのだ。

注

（1）『キネマ旬報』は一九一九年に初めて発行されたが、最初は東京蔵前工業高等学生であった田中三郎、田村幸彦、増戸敬止郎、日浦武雄が一ヶ月に三回ずつ西洋映画を紹介する四頁くらいのものであった。それ以降徐々にページ数を増やしていき、一九二三年の関東大震災以降映画が最大娯楽となっていくことにつれ、同雑誌も日本の映画雑誌を代表するものとなった（牧野 1994）。

（2）『映画旬報』は戦時期の第一次雑誌統合により『キネマ旬報』『キネマ』『スタア』『映画之友』を統合して創刊された映画雑誌である。一九四一年一月一日に創刊号を出し、一九四三年一一月二一日に一〇〇号を最後に廃刊された。

（3）『国際映画新聞』は市川彩が主幹としていた雑誌である。市川は国際活映株式会社の営業社員であったが、同社が倒産するとジャーナリストになり、一九二四年には『国際映画通信』、一九二五年には『日本映画事業総覧　大正一五年版』、一九二七年には『国際映画新聞』を刊行した。同誌は「新聞」となっているが、実際には一ヶ月に二回ずつ発行される旬報の性格をもっていた。

（4）『日本映画』は一九三六年に創刊された雑誌で菊池寛を中心とした『文藝春秋』の編集人たちが同雑誌に協力しており、一九三五年一一月に創立された大日本映画協会の機関誌でもあった。

（5）『大地は微笑む』については拙稿（梁 2008）を参照されたい。

（6）安田憲郎監督、一九二四年、松竹蒲田製作。

（7）三枝源次郎監督、一九二五年、日活京都。

（8）友成用三監督、一九二六年、高松プロ。

(9) 大森勝監督、一九二六年、帝キネ。
(10) 早川孤舟監督、一九二四年、東亞文化協会。
(11) 『報知新聞』の記者だった森富田は森鴎光という名前で浅草帝国館の弁士として活躍しながら、一九一八年に雑誌『活動評論』を創刊した。この雑誌が一九一九年には『活動倶楽部』に改称された。
(12) 王必烈監督、一九二四年、朝鮮キネマ。王必烈は高佐貫長の朝鮮名である。
(13) 尹白南監督、一九二五年、朝鮮キネマ。原題は『雲英伝』。日本では『キネマ旬報』（一九二五年二月一一日号）にてそのあらすじが紹介された。
(14) 王必烈監督、一九二五年、朝鮮キネマ。朝鮮で封切されたときのタイトルは『神の粧』であった。日本では『キネマ旬報』（一九二五年三月一一日号）にてそのあらすじが紹介された。なお、もともと朝鮮でも本映画のタイトルを『暗光』としていたが、封切されるとき『神の粧』と改題された。
(15) 当時朝鮮の映画館の入場料金は五〇銭から七〇銭であった。
(16) このような「大衆向け」の映画を封切していた東亜倶楽部は一九三四年七月にはチャップリンの映画『街の灯』の上映権を獲得し、映画興行界を再び驚かせた（『国際映画新聞』一九三四年八月上旬）。
(17) 李圭換監督、一九三二年、柳新キネマ。
(18) 安哲映監督、一九三九年、聖峰映画と東宝。
(19) 湯浅克衛原作、今日出海監督、一九三六年、新興東京。なお、崔承姫の映画のなかでもっとも知られているのは『半島の舞姫』であるが、『大金剛の譜』（水ヶ江龍一監督、一九三八年、日活多摩川）でも崔承姫は主演を演じている。
(20) 崔承姫のように内地の映画で朝鮮人役を演じる朝鮮人は稀であった。内地の映画界で活躍する朝鮮の映画人の多くは監督やカメラにかかわる人々であり、役者をめざす人も少なかったのである。
(21) 本章では詳しく述べないが、同評論で朝鮮映画『旅路』とともに板垣は興味深い作品として、アイヌの生活を扱った日本内地の映画『熊の唄』を取り上げ、両作品とも素材とテーマにおいて新たな試みを図っているとし、注目した。一九三〇年代末から一九四〇年代前半にかけて日本映画はいわゆる「地方」から素材を求めることになるが、この『熊の唄』はその嚆矢ともいえる。

(22) 鈴木のこうした意図は『旅路』の監修をした翌年の一九三八年東和商事でいわゆる「日中親善」を目的とした映画『東洋平和の道』の製作へとつながった。また、鈴木は同映画について「東洋平和の道を完成して」という記事を映画雑誌『スタア』に掲載している（『スタア』一九三八年四月上旬号）。

(23) 洪吐無監督、一九三六年、高麗映画京城撮影所。なお、原題は『薔花紅蓮伝』である。

(24) 李銘牛監督、一九三六年、朝鮮映画京城撮影所。

(25) ここで詳しくは述べないが、朝鮮半島では抗日映画と知られる『アリラン』が日本内地では「本当の朝鮮映画」として宣伝されていたことは興味深いことである。

(26) 最初の企画では『半島の舞姫』崔承姫も登場する予定であったが、途中でキャンセルとなった。

(27) 『君と僕』のフィルムは長い間現存しない「幻の国策映画」として知られてきたが、二〇〇九年全一〇巻のうち、一巻と九巻の一部が発見された（『朝日新聞』二〇〇九年四月三〇日）。同映画は東京近代美術館フィルムセンターにおいて上映され、同年一〇月一九日には第二二回東京国際映画祭でも上映された。この発見された映像のなかに李香蘭の映像も含まれている。

(28) 一九一五年扶餘の地域の人たちによる扶餘古跡保存会が発足し、一九二九年には朝鮮と日本の有志たちの寄付による運営団体としてこの保存会は財団法人へと変更となった。このあと、一九三九年には財団法人扶餘史蹟顕彰会に改称された。より詳細な内容については（최 2003）を参照されたい。

(29) 李香蘭と大東亜共栄圏との関係については、四方田（2001）を参照されたい。

(30) 『新世紀』一九四〇年九月号には李香蘭が朝鮮を初めて訪れたときにおこなわれたインタビューと、新京で撮ったという「朝鮮衣裳を振舞った李香蘭」の写真が掲載されている。

(31) しかし、実際の映画の上映では日本人による吹き替えがおこなわれたようである。たとえば、以下の記事を見てみよう。「内鮮はすべて日本語で、内地語でといふ国策からセリフは全部内地語であるが、文藝峰、金素英など半島の俳優にはいきなり内地語で芝居は無理だろうといふので前者は忍節子、後者は羽田登喜子が吹き替えをするが、これがアフレコでなく、シンクロだけに音をマッチさすのに骨折だった」（『都新聞』一九四一年一〇月二〇日付）。

(32) 帝国日本の映画における在日朝鮮人の役割、そして在朝日本人の役割については、拙著（2013）を参照されたい。

(33) 日夏のインドネシアでの活動については、内海（1986）を参照されたい。

文献

＊なお、旧字体および漢字はすべて改めた。また、引用文のうち、原文がハングルの資料は筆者が日本語に訳してから用いた。

赤上裕幸、二〇一三、『ポスト活字の考古学――「活映」のメディア史　1911―1958』柏書房。

최석영、2003、「일제 식민지 상황에서의 부여 고적에 대한 재해석과 관광명소화」서울대학교 비교문화연구소『비교문화연구』9―1호、pp.109-137（＝チェ・ソクヨン、二〇〇三、「日帝の植民地状況における扶餘古跡に対する再解釈と観光名所化」ソウル大学比較文化研究所編『比較文化研究』9（1）。）

한국예술연구소편、2003、『이영일의 한국영화사를 위한 증언록 성동호 이규환 최금동편』도서출판 소도（＝韓国芸術研究所編、二〇〇三、『イ・ヨンイルの韓国映画史のための証言録　ソン・ドンホ・イ・ギュファン・チェ・グムドン篇』図書出版ソド。）

日夏もえ子、二〇一一、『越境の映画監督　日夏英太郎』文芸社。

今村三四夫、一九六七、『日本映画文献史』鏡浦書房。

Kim, D.H., 2009, 'Segregated Cinemas, Interwined Histories: The Ethnically SegregatedFilm Cultures in 1920s Korea under Japanese Colonial Rule,' *Journal of Japanese and Korean Cinema* 1: 1, pp.7-25（＝二〇一一、山崎順子訳「分離されたシネマ、絡み合う歴史――日本植民地支配下の一九二〇年代朝鮮映画文化」藤木秀朗編『日本映画史叢書14――観客へのアプローチ』森話社、一三九―一七〇頁。）

金恵信、二〇一三、「植民地期韓国のモダンガールと遊女」北原恵編『アジアの女性身体はいかに描かれたか』青弓社、一五一―一六九頁。

黒川みどり、二〇〇九、「〈見えない人種〉の徴表――映画『橋のない川』をめぐって」竹沢泰子編『人種の表象と社会的リアリティ』岩波書店、一六〇－一八六頁。

牧野守、一九九四、「映画書誌の創生と年鑑に到る映画ジャーナリズムの動向」岩本憲児・牧野守監修『映画年鑑　昭和編別巻一』日本図書センター、五九－七七頁。

宮塚利雄、一九九五、『アリランの誕生――歌に刻まれた朝鮮民族の魂』創知社。

水野直樹、二〇〇二、「朝鮮植民地支配と名前の『差異化』」山路勝彦・田中雅一編著『食民主主義と人類学』関西学院大学出版会、一四三－一六四頁。

水野直樹、二〇〇八、『創氏改名』岩波新書。

岡田秀則、二〇〇四、「南方の映画工作」岩本憲児編『映画と「大東亜共栄圏」』森話社、二七〇－二八八頁。

朴慶植編、一九七五、『在日朝鮮人関係資料集成　第一巻』三一書房。

田中眞澄、二〇〇一、「文学と映画――映画劇『大地は微笑む』顛末記」『国文学解釈と教材の研究』46（6）、五八－六五頁。

東京府学務部社会科編、一九二九、『在京朝鮮人労働者の現状』（社会調査資料　第七輯）。

内海愛子・村井吉敬、一九八七、『シネアスト許泳の「昭和」』凱風社。

梁仁實、二〇〇八、「一九二〇年代視覚メディアの一断層――『大地は微笑む』と朝鮮」『立命館産業社会論集』四三号、三五－五七頁。

梁仁實、二〇一三、「在日朝鮮人／在朝日本人の映画経験について」ＪＳＰＳ二国間交流事業共同研究シンポジウム『植民地期の韓国映画と日本映画の交流について』（於：立命館大学、二〇一三年三月二日口頭発表）。

이영재、2008、『제국일본의 조선영화 식민지 말의 반도：협력의 심정、제도、논리』현실문화（＝李英載、二〇一三、『帝国日本の朝鮮映画　植民地メランコリアと協力』三元社。）

이상우、2010、『식민지극장의 연기된 모더니티』소명출판（＝イ・サンウ、二〇一〇、『植民地劇場の演じられたモダニティ』ソミョン出版。）

이화진、2013、「여배우의 등장 근대극장의 신체와 섹슈얼리티」이상우 외 편『越境 하는 극장들 동아시아근대극장과 예술사의 변동』소명출판（＝イ・ファジン、二〇一三、「女優の登場――近代劇場の身体とセクシュアリティ」イ・サン

ウほか編『越境する劇場——東アジアの近代劇場と芸術史の変動』ソミョン出版、二七〇-三〇七頁。）

四方田犬彦、二〇〇一、『李香蘭と東アジア』東京大学出版会。

参考雑誌および新聞記事

飯島正「朝鮮映画論」『新映画』一九三八年一月号、四〇-四三頁。

「朝鮮映画の現状を語る」『日本映画』一九三九年八月一日号、一一〇-一一七頁。

李創用「朝鮮映画の将来——その死活はこれから…にある」『国際映画新聞』一九三九年八月下旬号（二五二号）、一一-一四頁。

西亀元貞「朝鮮映画の題材について」『映画評論』一九四一年七月号、五一-五三頁。

「『君と僕』座談会」『映画旬報』一九四一年一〇月二一日号（二九号）、三一-三五頁。

「『君と僕』を語る座談会」『三千里』一九四一年九月号（第一三巻九号、ただし、原文はハングル、本文での引用はすべて筆者訳）一一二-一一八頁。

工藤武城、「医学から観た往古の日鮮関係の一考察」『朝鮮及満州』一九三四年一〇月号（三二三号）、四〇-四六頁。

「扶餘聖地　勤労奉仕記」『三千里』一九四一年三月一日号（第一三巻三号）、一二六-一二九頁。

内田岐三雄「朝鮮映画について」『映画評論』一九四一年七月号、四四-四八頁。

日夏英太郎、「内鮮両映画界の交流について」『映画評論』一九四一年七月号、四九-五一頁。

「シナリオ　君と僕」『映画評論』一九四一年七月号、一三二-一四五頁。

「興行価値」『映画旬報』一九四一年一二月一一日号（三四号）。

「映画館の頁」『映画旬報』一九四一年一二月一一日号（三四号）。

帰山教正「朝鮮映画界について」『映画旬報』一九四二年六月二一日号（五一号）一九-二〇頁。

水井れい子「朝鮮映画をかへりみて」『新映画』一九四二年一一月号、九〇-九四頁。

第7章　異「人」化する妖怪言説
――「正体探し」と「異界殺し」

飯倉義之

1　「異人」としての「妖怪」

「われわれ」と「異人」の関係

「〇〇という集団にとってXXという存在は〈異人〉である」という文がもしあったとしたら、それは〇〇のこともXXのことも、何ら説明していないに等しい、同義反復的《トートロジー》な文だと言わざるを得ない。なぜなら〈異人〉とは、「われわれ」という同質性・同調性を前提としたカテゴリーの外側に想定され配置される存在だからである。言い換えれば〈異人〉とは、ある立場から「われわれではないもの」として名指される広範な存在である。つまり「〇〇という集団にとってXXという存在は〈異人〉である」という文言は、「〇〇という集団にとって、その集団がわざわざXXという別の名称を持って区別し『われわれとはちがう』と社会的に意味づけしている存在は、〇〇集団における『われわれ』には含まれない存在なのである」という、あたりまえのことをくり返しているにすぎなくなってしまうのだ。

そうして「生きた人間によって構成される共同体」が「われわれではないもの」として位置づける存在には、当然「日常接触する実在の〈われわれではないもの〉」や「噂に聞くだけだが実在するらしい〈われわれではないもの〉」と同時に、「明らかに人間ではない（この世のものではない）存在」までを含みこむ。それゆえ「異人」概念は、非常に多くの存在やイメージを包み込み多数の民俗事象を説明しうる概念として、恣意的に便利にも使えてしまう、いささか取扱注意の概念なのである。

異人の四類型と妖怪

この〈異人〉という概念と早くに向き合った小松和彦は、〈異人〉とそれを迎える集団との関係に注目して分析し、以下の四つのカテゴリーに整理している（小松 2002）。

小松はまず初めに「ある社会集団に一時的に滞在する存在」の〈異人〉を置く。具体的には旅の宗教者や職人、乞食、観光客やホームステイの外国人などである。このカテゴリーの異人は「よそ者」として集団と接触し、目的や所要、滞在期間が過ぎれば「よそ者」として去っていくことが明らかな存在である。社会集団と第一カテゴリーの異人とは「互いに異人であるという了解のもとで」接触している。

第二のカテゴリーは、ある社会集団に余所からやってきて定住しようとする〈異人〉である。はじめは旅人としてある社会集団に寄留して正式な一員になることを望み、社会集団のルールに適応する努力を重ね、最終的には〈異人〉とみなされなくなることを目的とする存在である。集団外からの通婚してきた嫁や婿、共同体への移住者や国際的な移民、Ｉターン就職者や国際結婚者などがこうしたタイプの異人であるだろう。

第三のカテゴリーはそれとは逆に、社会集団が内部から成員を排除することで作られる〈異人〉である。集団の成員であった者を差別・排除して集団の周縁や外部に追いやることで作られる存在である。このカテゴリーの異人は集団の秩序を乱す犯罪者や無法者、かつての共同体においては生産の周縁に位置づけられていた障害者、社会的差別として排除された階層に固定された被差別部落や芸能民などの被差別者、共同体内部での緊張から生み出された憑き物もち俗信の伝承により排除された憑き物筋の家系などとなるだろう。

最後の第四のカテゴリーは、空間的・時間的に隔絶した場所にいるとされ、それゆえに想像の中で勝手に関係を結んでいるに過ぎない存在の〈異人〉である。たとえば会ったこともない、知識でしか知らない遠い外国の人間や、海山の向こうのはるか彼方から正月にやってくるという秋田・男鹿半島のナマハゲや鹿児島・甑島のトシドンなどの「春来る鬼」、そうして先祖霊なども含めた広い意味での「神」までもが、このカテゴリーに含まれる。

この四つのカテゴリーの〈異人〉のうち、第一から第三の〈異人〉は実体をもった人間として社会集団と接触する存在であるが、第四のカテゴリーの〈異人〉は、超自然的な存在までをも含む現実には交わることのないイメージの中の〈異人〉という点で異なっている。

さて、近年日本社会において広く「妖怪」が注目を集めている。この十年来、妖怪を題材にした小説・マンガ・ゲーム等の創作は数多く生み出され多くの人に親しまれているし、妖怪画を主題とした大規模な展覧会なども博物館・美術館で頻繁に開催されている。多くの人が興味をもって見聞するとはいいがたい民俗文化の中では、「妖怪」という題材は例外的に集客力のあるコンテンツとして扱われているといえる。

それではこの「妖怪」と〈異人〉との関係を考えてみよう。民俗知識において、超自然的な存在であり、怪異を引き起こす主体と考えられている妖怪は、人間とは異なる異界の存在であり、いわば「異なる人」ではなく「人と異なるモノ」という意味で〈異人〉とすることができる。

出現しない民間伝承の妖怪

そうして意外なことかもしれないが、妖怪という存在は民間伝承において、直接に出現することは案外少ない。たとえばよく知られる山の妖怪である「天狗」は、フィクションである昔話などでは村人の前に姿を現すが[1]、かつての村落共同体で話されていた本当にあったとされる怪異譚（世間話）においては、人間を行方不明にしてしまう「神隠しという現象」や、山中でどこからともなく響く笑い声の「天狗笑い」や、同じく木を切り倒す音だけを聞かせる「天狗倒し」などの「音という現象」、突然通行人に小石や砂を降らせる「天狗つぶて」などの「石降りという現象」を起こす存在とされ、その姿が目撃されることはめったにない。妖怪存在とは、不可思議な「現象」に与えられた説明装置なのである[2]。したがってそのような妖怪存在は、第一から第三のカテゴリーの〈異人〉のように、現実に接触できる〈異人〉ではなく、第四のカテゴリーに配置される、イメージの中にのみ存在する〈異人〉とすることができるだろう。

しかし、遠い異国の人間や神仏は距離的に隔てられた場所にいるとされ、その存在は外国のことを書いた書籍や風聞、僧侶・神主といった人の知識などから主知的に学び知る知識であるだろう。対して妖怪存在は、海や川、山や森、村はずれや墓地といった共同体の周縁、便所や屋根裏、蔵といった生活家屋の一角といった、生活に近い場所に出現する身近な存在であり、民俗文化の中に埋め込まれた、日常生活における知の一端をなすものである。妖怪存在は第四のカテゴリーの〈異人〉、すなわちイメージの中に存在する〈異人〉のうちでも、社会集団と距離的・心理的に近しい存在として伝承（＝イメージ）されてきたといえる。

2　妖怪の〈正体〉をめぐる言説

近代科学思考による合理的な〈正体〉

そうした怪異・妖怪の自明さに変更を迫ったのは、近代科学であった。近代科学は妖怪現象に、再現性のある原因と結果を要求した。近代科学の思想が日本に広まるにつれ、多くの怪異・妖怪は現実には存在しない「迷信」であり、近代科学で説明できる現象であるという主張が現われてくるようになった。そのような啓蒙運動の先導者となったのは、仏教哲学者で東洋大学の創始者であった井上円了であった。

井上円了は「妖怪学」という学問分野を提唱し、これまで言い伝えられてきた怪異・妖怪・迷信の類は何らかの錯誤や思い込みであり、近代科学の思考では自然現象としてその〈正体〉を合理的に説明しうる現象なのだと論じた。(3) 井上は著作や講演をとおして怪異・妖怪・迷信の〈正体〉を列挙していったが、その真意は、近代科学の合理的思考を紹介することで、人間がそのような錯誤（井上の言葉では「偽怪」「誤怪」）に不当に惑わされることなく、真の宇宙的疑問（「真怪」）に向き合うようになるべきだという哲学的啓蒙にあった。がしかし、同時代のメディアは井上を「妖怪博士」などと呼んでもてはやし、その主張より大学の教授が時代遅れのお化けを論ずるという点や話の面白さを強調して、ジャーナリスティックな対象として扱っていたようだ。

近代科学の合理思考で名指される怪異・妖怪の〈正体〉は、大きく分けて二つある。まずは「物理的・自然科学的な〈正体〉」である。この説明は、超自然的な存在が引き起こすとされていた現象を、さまざまな自然科学のメカニズムに同定して、近代科学で理解しうる現象として合理化するものである。たとえば、不知火や狐火といった怪火の正体を蜃気楼と同様の気象現象とする説明や、野山で人に取り憑いて動けなくするが、少量の米や食物を口にすると逃れられるというヒダルガミの正体を、空腹などにより血中の糖濃度が低下することによって起こる低血糖症の発作であるとする説明、夜の川端で小豆を研ぐ音を出すアズキトギの正体をチャタテムシという昆虫が出す音だとする説明などである。こうした〈正体〉の説明は、実際に何らかの現象は起こってはいるが、合理的に説明しうる自然科学的な知識の欠如により怪異とみなされてきた、という図式である。

もう一つの怪異・妖怪の〈正体〉は「心理学的な〈正体〉」である。こちらもたとえば、幽霊は目撃者の罪の意識が見せる幻覚であるとする説明、憑き物は精神異常の発作であるとする説明、狐に化かされて道に迷わされるという現象は夜道やアルコールによる酩酊が原因であるというような説明だ。こうした〈正体〉は、不可思議な現象は現実には起きてはおらず、体験者の脳内でのみ起きている錯誤や幻覚・幻聴であるとする説明である。これらの〈正体〉言説は、井上円了の妖怪学が「偽怪」「誤怪」「仮怪」を暴き出し、近代科学で解明しうる現象として説明する手つきと共通している。「怪異・妖怪の科学的で合理的な説明」という意味での〈正体〉といえるだろう。

歴史的実体としての〈正体〉

しかし近年、そのような〈正体〉とは異なる妖怪の〈正体〉を推定・断定する言説が目立つようになってきている。それは怪異・妖怪伝承の起源を過去に存在した人間集団の営為に求めるような、妖怪存在を歴史的実体にあてはめる言説である。

そのような言説はさまざまに異同はあれども、おおむね妖怪の〈正体〉を、他民族や歴史上において差別・阻害・弾圧された集団・階級が物語化されて伝わったものであると推測する点で共通する。つまり天狗や河童のような「妖怪」は、実は歴史的に実体をもった民族もしくは職業集団であり、彼らは国家権力によって社会の周縁に置かれたために、時の為政者の圧制を受け、もしくは後世の権力者によって隠蔽されたがゆえに、人間ならざる異形のモノとしてのみ歴史書や文芸書に記録され、もしくは口頭で伝承されたのだ、というような〈正体〉の説明をとる。妖怪の〈正体〉を過去に実在した社会集団や民族に比定し、読み解く言説といえる。代表的な例を挙げよう。

記紀神話や風土記に登場する土蜘蛛や夜刀の神は、大和朝廷に反抗した地方豪族の比喩であるという説は近世以前よりあり、一定の説得力をもっている。飛騨の伝承である両面宿儺《りょうめんすくな》や、長野の八面大王などの異形の存在も、そのような反抗した地方豪族を妖怪として語り伝えたものなのだ、といわれる。山に現れる天狗や鬼は、前者は山伏、後者は山賊だとする説明が一般的であるが、大和民族に追い払われた先住民族の生き残りであるとされたり、難破した南蛮船から漂着して山中に隠れ住んだ欧米人を誤認したものとされる場合もある。

水辺の妖怪である河童はその知名度からか〈正体〉の数が多い。河川敷に居住して死穢の祓いや芸能に携わった河原者と呼ばれた被差別民をその正体とする説。漁を生業とし河原沿いに移動生活をしていた非定住民をその正体とする説。河童の〈正体〉を大工や土木工事の職業集団に求める説は、飛騨匠が大建築を成し遂げるために呪術で木人形や藁人形を行使し、その人形たちが川に入り河童となった、という河童の起源伝承を証拠としてあげる。『遠野物語』などに類例がある、河童が人間の娘に子を生ませたという伝承から、河童の〈正体〉を秘密裏に間引きされた私生児や障害をもった子どもとする説。熊本の九千坊河童は中国から渡ってきたという伝説などをもとに、河童の正体を渡来人集団や東南アジアの漁労民族、シルクロードを通ってやってきたトルコのカッパドキア出身の氏族、はては頭頂部を剃り上げたトンスラという特徴的な髪形を理由に、戦国時代に来日したイエズス宣教師フランシスコ・ザビエルを〈正体〉とする説まである。

商業メディアで広まる妖怪の〈正体〉

こうした歴史ロマン的な〈正体〉は歴史雑学の一分野として、コンビニや駅の売店などで売られる歴史雑学本や派手なヴィジュアルと荒唐無稽な話題が売りのB級実話誌、インターネットなどでもてはやされている。二、三例を引こう。たとえば、歴史の謎研究会『「妖怪」の謎と暗号——鬼・河童・天狗…異形の姿に封じられた驚きの真相』という本では土蜘蛛を以下のように解説している。


いったい全体、どうしてこんな妖怪が誕生したのだろうか。

どうやら土蜘蛛とは、クマソ・エゾ・ハヤトなどと同じような、日本の先住民族だったらしい。大和政権の勢力が強まるにつれ、これらの先住民族たちは、次第に追い立てられ、最後には滅ぼされてしまったのだろう。（中略）勝てば官軍、という言葉の通り、征服者というもの、自らを正義の使者に見立て、滅ぼした者たちを乱暴者だとか、化け物だとか言い立てる。そして、自分たちに都合のよい歴史をでっちあげるものだ。

大和からやって来た残虐な征服者は、滅亡に追いやった長人族を、ことさら不気味な化け物に仕立て上げた。

これこそが、妖怪「土蜘蛛」の正体である。（歴史の謎研究会 1997：65-67）

妖怪とはゆがめられて記述された人間たちなのだ、という論理こそ、同書がサブタイトルで謳う「驚きの真相」である。同書ではほかにも、佐渡の団三郎貉などの名のある貉は金貸し業をしていた成功した猟師である、天狗は鎌倉新仏教によって妖怪化された山伏集団である、サトリの怪や山人は滅ぼされた「日本原人」である、などの臆説が説かれている。

こうしたものいいは同書だけではない。たとえば週刊雑誌の増刊号として刊行された『週刊大衆ミステリー増刊　奇談』に掲載の「鬼、天狗、河童「にっぽん三大妖怪」徹底研究」では、天狗について以下のように説く。

「室町時代になると、西洋から外国人が次々と日本に漂着してきました。日本人にすれば、彼らの風貌は赤ら顔で、毛深くて、体格もいい。そして鼻が異様に高い……。まさに天狗のモデルです。そして、そうした〝異国の民〟は差別や迫害を受けて、どんどん山奥に逃げ込んでいきました。その結果、山に住む〝天狗伝説〟が生まれたと考えられるのです」（天狗研究家）

確かに、西洋人の顔だちを大げさに表現すれば、天狗に似ていなくもない。（無署名記事 2009：49）

ここでは西洋人と天狗の体つき、顔だちの類似点を強調して〈正体〉と類推している。無論この臆説は、学説としてはとても支持できるものではない。たとえば、記事中で「西洋から外国人が次々と日本に漂着」したとされる室町時代の天狗は鳶の顔をした姿でイメージされており、赤ら顔で鼻の高い、いわゆる鼻高天狗が一般的な天狗のイメージとして定着するのは江戸時代以降であるという一点をもっても、この「天狗研究家」の発言のいい加減さがわかる。その他にもこうした言説は、河童の〈正体〉を特定の集団に求める説(4)、鬼や天狗の正体を被差別民や製鉄集団に求める説(5)などが著作物として多数刊行されているほか、インターネットなどにおける議論でも盛んに生産されている(6)が、そのほとんどは妖怪伝承と実在した集団や民族との多少の類似を誇張し、証拠も無く断定する「思い付き」と「あてはめ」のいわゆる「トンデモ説」にすぎないといえる。

3　「あいつら」の妖怪化――妖怪の〈イメージ〉と〈正体〉

民俗学・人類学の〈正体〉学説

こうした学術的にはまったく賛同できない俗説が世間でもてはやされているが、それに対して研究者は積極的に否定するようなことはなく、無視し、放置してきた。しかし、そのような妖怪の〈正体〉を実在した民族や社会集団に求める言説は、民俗学の学説をその根拠として引くことがままある。

まず日本民俗学の祖・柳田國男は、初期の「山人論」では、山神・山男・山女・山姥・山爺ら山人の〈正体〉を、稲作民族によって山中に追われた日本列島の先住民族の末裔と平地人との遭遇が物語化されたものとして論じているし、隻眼一足の妖怪や神霊の〈正体〉を、古代の神祭の供犠に捧げた生贄が聖別された証として片目片足を潰された名残であると説いている。(7) 独自の民俗学を構築した折口信夫は、春（新年）を告げに時期を定めてムラを来訪する神人が後世、実態としては千寿万歳などの祝福芸能の徒と化し、イメージの上では節供に訪れる妖怪として伝承されたという図式を描いている（折口 1995）。さらに人類学の坪井正五郎らの、アイヌ伝承の小人・コロポックルをアイヌ以前の北海道の先住民族として理解するコロポックル説(8)や、谷川健一が展開した鍛冶神論、一眼・一足の神や妖怪の信仰を製鉄民の動向と関連付ける論（谷川 1995）などだ。

妖怪の〈正体〉を実在集団に求める俗説は、こうした学説を引用して自らの説の補強とする。しかし柳田の初期山人論やコロポックル説は後年自ら撤回もしくは否定された学説であり、説の補強にはなりえない。そうしてその他の学説と俗説とは、一見の限りでは類似しているように思えるが、〈正体〉言説が怪異・妖怪をあくまで実在した集団に求めるのに対し、学説は「実在した集団に重ねられ、投影されたイメージ」という概念の次元での類似を指摘している点で大きく異なる。言い直せば、学説が「妖怪XXはそのイメージを○○集団と共有している」として、その怪異・妖怪伝承の成立の背後にある精神史、イメージの類似を問題とするのに対し、俗説は「妖怪XXは○○集団が故意に捻じ曲げられて記述・伝承されたものである」として、歴史上の実在および権力による隠蔽を前提であり結論とする点で大きく異なる。こうした怪異・妖怪の〈正体〉を、論証や根拠をなおざりにしたまま歴史的実体として読み解く態度には、現在の歴史事実が知られざる何者かによって仕組まれた虚像であり、真実はわれわれの眼前から隠蔽されている、とする「陰謀論」や「都市伝説」と類似した思考が透けて見える。

イメージ論と実体論の距離

学説と俗説の乖離が際立つ例として『歴史読本臨時増刊　異界の日本史――鬼・天狗・妖怪の謎』（新人物往来社 1989）での各論者の論じ方を挙げうる。妖怪の〈正体〉を解明するという特集において、研究者サイドの論者が怪異・妖怪の淵源を民間信仰や集団がまなざされていたイメージに求めたり[9]、時代時代の霊魂観・異界観に求めたりしているのに対し[10]、専門家ではない作家・評論家の論者の多くは（全員ではないにせよ）怪異・妖怪の〈正体〉を歴史上実在した民族や集団に比定して論じている[11]。「妖怪のイメージが集団Xに投影されている」と「妖怪の正体は集団Xだ」は、一見すると似ているが、その内実はまったく違うものである。

このように、妖怪の〈正体〉をある特定の集団と説くことは、その集団を「われわれ」とは違うものとして区別し、分離する思考の表れということができる[12]。こうした現象を冒頭の小松の異人の分類で理解するならば、異人の第三のカテゴリーである「差異を作り出され、排除される異人」の一類型としうるだろう。つまりある民族や社会集団を妖怪の〈正体〉と名指すことは、反転すればそうした民族や社会集団を「自分たちと同じ人間ではない」として名指すことである。こうした妖怪の〈正体〉のあてはめから、その主張にコミットする人たちの考える「われわれではない集団」が可視化されうるはずだ。そこには外国人や非定住民、被差別民、障害者といったマイノリティを人でないもの、すなわち「異人」として「われわれ」の埒外においておきたいという暗い欲求が透けて見えるのである。(13)

4　妖怪の「あいつら」化――「異界」「異人」を排除する世間

正体探しという「異界殺し」

前節で整理したとおり、こうした「妖怪への実在集団のあてはめ」は特定集団の排除＝異人化である。と同時に、それは人間にとってまったくの他者である妖怪という異界的存在の〈正体〉を人間として包摂してしまう説明でもある。小松のカテゴリーでいえば、それは第四のカテゴリーに属する神霊の類、この世の外にあるべき妖怪を、この世の存在に「あてはめ」て定着させ、第三のカテゴリーに移行するいとなみといえる。それはいわば、妖怪存在のもつ絶対的外部性――人間でもこの世のものでもないという決定的な断絶――を無化・消失するものいいである。すべての妖怪を〈正体〉にあてはめて人間として説明し終えたとき、すべての異界的存在の活動は異界からの他者・異人との接触ではなく、此界の「われわれ」人間の営みとして位置づけられる。そのとき、絶対的な他者であったはずの異人は、文化の枠組みや思考のうちから完全に消滅する。それは人間による完全な「異界殺し」なのではないだろうか。

妖怪の〈正体〉言説は、一面ではある集団を「人間外」のカテゴリーに移行し、「われわれ」のうちから排除する。しかし他面では、妖怪という絶対的に外部に位置する「異人」を否定し、すべてを「われわれ」人間の世界のうちに位置づけようとする言説でもある。そこにあるのは「われわれ」しか存在しない世界を理想とする世界観である。

人間化する妖怪たち

近年における妖怪という「絶対的な他者」の「人間化」は、創作の分野からも指摘しうる。妖怪を主人公や主要登場人物とするマンガ作品を、「妖怪マンガ」というジャンルとして考えるとき、妖怪の描かれ方に時代ごとの変遷を指摘しうる（兵庫県立歴史博物館・京都国際マンガミュージアム 2009、飯倉 2010）。妖怪がマンガの主人公として現われ始めた一九六〇年代後半においては、妖怪の属性をもつ主人公や登場人物は人間の共同体からは拒絶される異人として描かれていた。(14) ついで一九九〇年代には、妖怪は人間と共感し、ともに悪と戦う仲間として描かれていく。(15)

そうして二〇〇〇年以降、妖怪マンガに二つの潮流が現れる。一つは日常的に怪異や妖怪、幽霊と交流する「見える人」を主人公とする妖怪マンガである。(16) これらの作品では主人公たちは、神や霊魂・妖怪と交信する能力ゆえに普通の人間からは変人として疎まれ孤立しており、霊や妖怪とのみ十全なコミュニケーションを取ることができる。そこではしばしば、霊や妖怪といった人間にとって完全な他者であるはずの存在が、むしろ主人公をもっとも深く理解する近しい存在としてふるまう。主人公は妖怪に対して初めて自己を独白し、自己像を投影して成長していく。主人公を理解しない人間が「異人」として、主人公を深く理解しうる妖怪が「われわれ」側の存在として描かれているのである。

もう一つの流れは、妖怪をかわいらしく〈萌え〉化して愛情の対象として描く作品群の登場である。こうした作品においては妖怪はその脅威性や醜悪さを取り去られ、ぬいぐるみかペットのように愛らしい存在として、もしくは恋愛対象となる魅力的な異性として描かれる(17)。感情を移入するペットや心通わせる恋人にしても、もっとも自らの心身に近しい存在、いわば「わたしの半身」である。自己像を投影されて「わたしの半身」となってしまった妖怪は、もはや「異人」ではなく「人」だろう。

〈異人〉を忌避する現代社会

これまで述べてきたように妖怪は現在、創作の中で急速に妖怪性・他者性を奪われ、人間化され馴化されている。それは妖怪の〈正体〉言説と同じく、外部に属する絶対的な他者である「異人」を解体し、「われわれ」の一部として再構成する思考といえる(18)。

異人を内部から作り出し外部へと排除する社会は、ある意味では異人を必要とし、希求する社会でもある。「われわれ」の外部をつねに意識し、まったく異なる論理や価値観をもった異人といかに接触し交渉するかが重要な問題となってくる。その意味では異人を必要とする社会は、異人を通じて外部や他者とつねに対話する準備のある社会でもある。ならば異人を「われわれ」として無化・消失させてしまった社会は、外部や他者との対話を忌避し、「われわれ」のみの状態を理想とする社会ということになるのではないだろうか。妖怪の〈正体〉言説や創作の中で人間化される妖怪は、ネットでの「炎上」事例や在日外国人や生活保護受給者、障害者や被差別部落出身者に対するヘイトスピーチなど、自らの規範を固持し、異なる意見をもつ他者との対話や接触を拒否するような、いまの世間の傾向が反映されているのかもしれない。

「われわれ」以外は信じられない心意からは「われわれ」ではないものへの攻撃が誘発され、さらに「われわれ」というあやうい幻想の共同体の同質性を保とうとする心意からは、異なる意見の存在しない、さらに小さく同質な「われわれ」集団に極端化していく傾向が強まる。私たちの社会が現在抱えている問題は、異なる考え方や価値観をもつ者との対話を忌避し、均質・同質な「われわれ」同志で結びついて安心していたいという、異人恐怖・異人忌避にあるのではないだろうか。

注

（1）たとえば昔話「瘤取爺」で、山中で爺の瘤を取り去る超自然的存在を天狗とする事例が多くある。また昔話「隠れ蓑笠」などでは、吉四六などのおどけ者に騙されて宝物を取られる間抜けな役で天狗が登場する。

（2）妖怪「現象」と妖怪「存在」、さらに絵画といった妖怪「表象」の関係については小松（2012）等を参照。

（3）井上円了の妖怪学については井上（1999-2001）等で確認できる。

（4）金井（1978）斎藤（1994）など参照。多くは河童を先住民族・異民族としている。

（5）大橋忠雄（1999, 2011）水澤（2011）など参照。なお、昔話の「異類婚姻譚」を被差別民を動物として描いた差別の説話であるとする根拠のない臆説が、教育界で一定の説得力をもって信じられている現状がある。高木（2013）を参照。

（6）たとえば匿名巨大掲示板「2ちゃんねる」での言説の例として、ニュース速報（VIP）板に立てられた「妖怪の正体って身体障害者の方だと思う」というスレッドを挙げうる（ログ速 2011）。抜粋していくつかの発言のみ示す。

1：決して馬鹿にしてるわけじゃなく／例えば、足が1本しかない人が／夜の雨の中、傘を差してボーッとしていた／それを見た人が驚いて、みんなに言いふらして／人から人へと伝わっていくうちに、「そいつは1つ目だったらしい」などといった余計な要素が追加され／からかさお化けになったんじゃないかと思う

3：あながち間違いではないかもな

5：なるほど!!

10：カッパは疫病の《ママ》かかったコジキって言うしな

12：カッパはダウン症　説

21：西日本日本海側の鬼は流れついた朝鮮人という話もあるな

27：天狗は日本に来た西洋人だって話もあるしな

28：天狗はオランダ人／赤鬼もオランダ人／青鬼は白人（多分オランダ人）
67：山姥なんてのもそのままだな／ただの捨てられた老人
86：昔の日本は奇形児が生まれると産婆がシメて流産という事にしてた／これは「穀潰し」になって障害者だから穀物浪費するだけでなく／本能のままに行動するから殺人やレイプをしてしまうからだ／特に近親交配によって奇形児が生まれやすくなるのは周知の通りだが／大金持ちの場合、金があるから地下室や別倉庫で隠し続ける／殺すのは罪の意識によってそうポンポン出来るものでもないからな／しかも近親の子であれば尚更健常児でも知られたらやばい／でも人並みの行動が出来ないので夜に川で水浴びをさせたりする／奇形児っていうのは目の位置や頭の形などがズレてたりするので／電気が無い時代の夜に見られると恐怖で人では無い＝妖怪と思ったわけだ／健常者なら座敷童子とされていた可能性もある／ちなみに天狗はユダヤ系の子孫で外人ゆえの鼻の高さや山伏の格好が奇異なところから／妖怪と間違われている可能性が高い／鬼も同様で赤青は肌の色、粗暴さや体格のよさなどから外人、ロシア系白人である可能性が高い
92：夢の無い考え方だが／カッパはサンカ、赤鬼青鬼は白人とか水死体とか／まあ妖怪出る所は危ないところだから寄らない方がええよっていう民間伝承なんだろうね

（7）柳田の山人論はいくつもの著書や論文にまたがっているが柳田・大塚（2013）で手軽に確認することができる。一眼一足については柳田（1997）を参照。
（8）明治期のコロポックル論争については吉岡・小出（1996-97）がもっとも参考になる。
（9）松田修は「小子信仰」から小人伝承を、阿部真司はヤマタノオロチを製鉄集団が「神格化された姿」として、内藤正敏は津軽の鬼を「古代製鉄技術者の姿」「渡来人のイメージ」「修験者の影」が投影されたものとして、宮本袈裟雄は天狗を「修験者の天狗信仰」から、石川純一郎は河童を「非定住のメタファー」として、宮田登は百万都市・江戸の怪異を「妖怪イメージ」から、それぞれ意味づけて論じている（新人物往来社 1989）。
（10）小松和彦は中古・中世の化物退治絵巻の鬼や化け物を「（被征服民の）封じ込められた神」として、藤井貞和は源氏物語のもののけを「スピリット（精霊）的存在」として、鎌田東二は平田篤胤らの霊への接近を「霊的国学」「異界へ

の憧憬」と論じている（新人物往来社 1989）。

(11) 田中勝也は土蜘蛛を「古代日本の異族先住民」「ツングース民族」と、若尾五雄は鬼を「鉱業の関連」と、郭安三は河童を「アミス族の若者組＝河童」と論じている（新人物往来社 1989）。

(12) そうして、同様の「異民族・他集団の非人間化」は、あらゆる民族や文化においても絶えずおこなわれてきた。幕末日本においては、黒船で来航した異民族（米国民）ペリーは鼻高・鉤爪などの異形で描かれたし（神奈川県立歴史博物館 2012）、戦争時には対戦国の国民を「鬼畜米英」「日本鬼子」「モンキー」など非・人間として表現し、戦意を煽る表現が使われた（Keen 1994）。このように「われわれとは違う敵意ある〈奴ら〉」を人外の存在として表現すること自体はあらゆる時代と文化でくり返されており、現代日本に特殊な現象ではない。

(13) 反面、人間ならざるものの子孫であることを権威の淵源とするような伝承も存在する。大分の緒方家や新潟の五十嵐家は大蛇（水神）の子孫を名乗った旧家であるし、京都の八瀬童子や吉野の五鬼家は鬼の子孫であることをその宗教的権限の根拠としていた。「自分たちと同じ人間ではない」という印づけは、必ずしも不利益をともなう排除のみではなく、その神秘性を利用して権威を得る手段として用いられてもいた。

(14) 例として、水木しげる「ゲゲゲの鬼太郎」（一九六五年連載開始）、手塚治虫「どろろ」（一九六七～六九年連載）、テレビアニメ『妖怪人間ベム』（一九六八～六九年放映）などのマンガ・アニメ作品を挙げうる。

(15) 例として、藤田和日郎「うしおととら」（一九九〇～九六年連載）、椎名高志「GS美神極楽大作戦!!」（一九九一～九九年連載）、真倉翔・岡野剛「地獄先生ぬ～べ～」（一九九三～九九年連載）等の作品を挙げうる。

(16) 例として、今市子「百鬼夜行抄」（一九九五年連載開始）、熊倉隆俊「もっけ」（二〇〇〇～〇八年連載）、緑川ゆき「夏目友人帳」（二〇〇三年連載開始）などのマンガ作品を挙げうる。

(17) 例として石川優吾「カッパの飼い方」（二〇〇三～一〇年連載）、池田晃久「ロザリオとバンパイア」（二〇〇四～一四年連載）、今井美保「ぴこたん」（二〇〇七年連載開始）、星野リリィ「おとめ妖怪ざくろ」（二〇〇八年連載開始）などの作品を挙げうる。また妖怪事典制作委員会（2008）のようなイラストブックの影響も大きい。

(18) 怪異・妖怪伝承から剥奪された他者性・外部性は、他の説話に担われたと考えることもできるだろう。実際に起きた怪異の聞書き（であるがために因果の説明などがない）でリアリティ重視の怪異譚である「実話怪談／怪談実話」は一九九〇年代に始まり、現在月に数冊の文庫本が発刊されている人気のジャンルに成長したが、そこに現れる怪異は対話や交渉がほぼ不可能で、一方的に人間に被害をもたらすという特徴がある。「実話怪談／怪談実話」には「われわれ」を打ち破る絶対的な「他者」である暴力的で異質な霊の顕現する。そうしてそれら「他者」とは対話不可能であり、「われわれ」と「他者」との遭遇は「われわれ」が一方的に蹂躙され被害を受けるものである、という論理を潜在的に有している。これこそが現在のわたしたちが抱える不安感なのではないだろうか。

文献

兵庫県立歴史博物館・京都国際マンガミュージアム、二〇〇九、『図説妖怪画の系譜』河出書房新社。

飯倉義之、二〇一〇、「妖怪マンガは世につれ、世は妖怪マンガにつれ――妖怪マンガの変遷とその時代」『子どもの文化』二〇一〇―六、一一―一九頁。

井上円了、一九九九―二〇〇一、『井上円了・妖怪学全集』全六巻、柏書房。

神奈川県立歴史博物館、二〇一二、『ペリーの顔・貌・カオ』。

金井啓二、一九七八、『河童考――利根川流域の先住民族』崙書房。

Keen, Sam, 1986, *Faces of the enemy*, Harper & Row.（＝一九九四、佐藤卓己・佐藤八寿子訳『敵の顔――憎悪と戦争の心理学』柏書房。）

小松和彦、二〇〇二、「異人」小松和彦・関一敏『新しい民俗学へ』せりか書房、二一二―二一一頁。

小松和彦、二〇一二、『妖怪文化入門』角川書店。

ログ速、二〇一一、「妖怪の正体って身体障害者の方だと思う」（http://www.logsoku.com/r/news4vip/1301877372/, 2014.3.20）。

水澤龍樹、二〇一一、『日本のまつろわぬ民――漂泊する産鉄民の残痕』新人物往来社。

無署名記事、二〇〇九、「鬼、天狗、河童『にっぽん三大妖怪』徹底研究」『週刊大衆ミステリー増刊　奇談』双葉社、四三

-四九頁。

大橋忠雄、一九九九、『鬼ものがたり――鬼と鉄の伝承』明石書店。

大橋忠雄、二〇一一、『茨木童子の素顔に迫る』明石書店。

折口信夫、一九九五、『折口信夫全集（新編集決定版）』一～三、中央公論新社。

歴史の謎研究会、一九九七、『「妖怪」の謎と暗号――鬼・河童・天狗…異形の姿に封じられた驚きの真相』青春出版社。

斎藤次男、一九九四、『河童アジア考――河童は人か妖怪か』彩流社。

新人物往来社、一九八九、『歴史読本臨時増刊　異界の日本史――鬼・天狗・妖怪の謎』。

高木史人、二〇一三、「小学校国語・昔話教材の指導法へ覚書――光村図書版『こくご　一上』所収「おむすび　ころりん」、同『こくご　一下』所収「まの　いい　りょうし」を素材にして――」『名古屋経済大学人文科学研究会人文科学論集』九二、一-二八頁。

谷川健一、一九九五、『青銅の神の足跡』小学館。

柳田国男、一九九七、『柳田國男全集』七、筑摩書房。

柳田国男著・大塚英志編、二〇一三、『柳田国男山人論集成』角川学芸出版。

吉岡郁也・小出龍郎、一九九六-九七、「コロボックル説の成立と終焉」一―四『愛知学院大学教養部紀要』四四（四）―四五（一―三）、二〇三―二二六、一〇五―一三二、一四一―一七五、二〇九―二三二。

妖怪事典制作委員会、二〇〇八、『萌え萌え妖怪事典』イーグルパブリシング。

第Ⅲ部　異人をめぐるフィールド

第8章　ストレンジャー体験と愛着の位相
――はざまに立つことの意味

菅　康弘

1　ストレンジャーの位相

ストレンジャーという言葉には「よそ者」、「見知らぬ者」、そして「風変わりな者」という三つの位相がある。本章で主として考察の対象とする脱都市型移動、すなわちIターンは、伝統的な「よそ者」論の延長線上に置かれている。また、ストレンジャーが「見知らぬ者」として姿を現すのは、主として匿名や無名の他者との相互作用が議論の中心となる都市における公共空間であるが、地域社会との関係性においては、Iターン移住者もときに「見知らぬ者」とみなされることもある。

では、もう一つの位相、「風変わりな者」はいったいどのように考えるべきだろうか。フィッシャーは「見知らぬ人に関する文献の多くは、われわれが区別した言葉の二つの意味――相手にとって個人的に知らない人と、相手にとって風変わりに見える人――を混同しているようだ。ある見知らぬ人について、同時に両者があてはま

表8-1　認知性による他者の分類

個人的に＼カテゴリー的に	知っている	知らない
知っている	日常的他者	アウトサイダー
知らない	透明な他者	刺激的他者

ることはありうる。しかし区別は重要である」（Fischer 1984=1996：123）と述べる。そして、都市研究におけるこうしたストレンジャーの混同について述べた後、村落の生活に比べ、都市生活は単に知らない人と出会う体験をよりしばしば含んでいるが、「きわだって異なった『他者』の存在は、知らない他者の存在よりも、都市的体験にとってずっと重要な側面である」（Fischer 1984=1996：124）ことを示唆する。

彼の論点では、たしかに都市社会は村落社会に比べ疑いなく、単に「知らない」人間と出会う体験が多い。しかし、より重要なのは、都市生活では村落での生活に比較して風変わりな人々（すなわち「異なる下位文化世界の人」）との出会いが煩雑だという点である。つまり、通常「見知らぬ者」として扱われているストレンジャー、都市空間において「刺激的」たりうるストレンジャーとは「風変わりな者」なのである。そしてフィッシャーにとり、都市における「異人性（strangeness）」についてのこうした意味解釈は、アーバニズムの下位文化的解釈に直接つながるものとなっている。この点は敷衍していうなら、個人にとっての他者体験とは、一面では「個人的に知っている-知らない」（匿名性・無名性）であるが、都市社会学的により重要なのは「カテゴリー的に知っている-知らない」（風変わりという認知）という二つの軸によって構成される位相をもつのである。したがって、他者は理論上、表8-1のように四種に分類可能である（ネーミングは筆者）。

ただ、本章ではこうした他者の分類やネーミングに意味があるのではない。むしろ、主としてIターン移住者というストレンジャーをめぐって四つのフェーズ間の移行過程に焦点を当てる。そして、来訪・来住する移住者＝ゲストと、彼らと対峙するホスト社会との相互作用文脈において、「他者性（otherness）」をもっとも際立たせる存在として「異人性（strangeness）」があることを押さえたうえで、“stranger-native interaction”の文脈においてのストレンジャーの「刺激性」とは何か、移住する、移動する人間たちがもつ他者性の経験、またはこの経験が浮上する場面とはいかなるものか、という二点に絞って論を進めたい。

もちろん、この二点は伝統的な「よそ者」論でも研究対象となってきた。しかし、多くの実証研究においては“stranger-native interaction”分析はストレンジャーとの出会いの後の相互作用が主たるもので、その実証性ゆえ議論は限定されてきた。本章では、Ｉターン移住者の語りとその心象風景を探りつつ、〈旅〉と〈住〉という二つの領域の相互浸透状況を明らかにし、地域選択と愛着の問題が尖鋭化する領域としてのプロブレマティーク、すなわち旅立つとき、離れるときに立ち現れる心情やモチーフを対象に、他者性の瞬間や変容過程に焦点を当てたい。

2　〈旅〉の終わりの乖離と生成

つぎの事例は、沖縄・コザの街にふらりと住み着き、二年の暮らしの後、ある事情で去ることになった女性・ＴＯＲＡの述懐である。

「沖縄を去る」と決めたときから、街がそれまでとは違って見えた。それは、言ってみれば風景の中から色を一つ、スッと抜き取ってしまったような、ベールが一枚、自分自身とコザの街の間に降りてきたような、そんな気分だった。もちろん、それはコザが変わったのではない。自分の心のありようが変わったのだ。それは充分すぎるほど分かっていたが、照屋アパートの屋上から眺めるコザの街は、昨日までのそれとはどこか表情をたがえて、キッパリとたたずんでいた。

……「この街からTORAの姿が消える。」

するとそれは到底あり得ないことで、なんだか信じがたいことのようにも思われてくる。そのくせ、日々の生活それ自体は自分でもあきれるくらい、単調そのものだった。

……唯一違うものがあるとすれば、それは「時間」だった。一週間がまるで一時間ほどにしか感じられぬほど、一日は明けたと思っては暮れていき、TORAは呆然とその流れを見つめているしかなかった。（高村 2000：266-267）

ここには、ある意味での〈旅〉の終わりの心情が端的に表現されている。つまり、帰還することが当然のこととして織り込み済みの近代的ツーリズムの終わりでもなく、住み慣れた「わが街」からの離郷という〈住〉の終わりでもなく、その中間のぎりぎりのボーダーラインに立つ作者の心情が素直に吐露されている。つまりここには、「旅の終わり」の姿、そして〈旅〉と〈住〉とのはざまの景観が見え隠れしている。言葉を変えるなら、二年のあいだ渾然一体化していた〈日常〉と〈非日常〉が、そこを去ると決めた瞬間、再び乖離し始めた、すなわち二年の生活のあいだ「日常的他者」になりつつあった存在から再び〈旅人〉という名の「透明な他者」に変貌する過程に身を置いたのである。

「風景の中から色を一つ、スッと抜き取ってしまったような、ベールが一枚、自分自身とコザの街の間に降りてきたような、そんな気分」、そのベールは通常われわれの生活を構成しているこれら二項を隔てるベールなのであり、〈日常〉と〈非日常〉、〈旅〉と〈住〉との二元論を自明のものとしているときにはまったく視えず、逆にこれらが混淆・融解しているときにも視えることはない。ＴＯＲＡは二つのフェーズの移行過程にはからずも身を置いたのであるが、この「中途半端な」心情的地平には、新たな空間が〈場所化〉し始めるプロセスで生まれる愛着の姿が立ち現れているともいえるのである。

こうしたシチュエーションとそのプロセスについては、落合一泰も別の角度から「新しい旅の文学」の誕生の可能性を論じている。それは、〈旅〉という場面での「透明な他者」から「日常的他者」への移行過程において産出されるものである。

> 旅行は無事に帰還することを前提に行われる。生還しなければ紀行文も報告書も土産話ももとより存在しえず、その点では奥地探検や人類学的調査といえども物見遊山やパック旅行とかわらない。だが、そうした確たる帰還を最終目的としたことが、旅の語り方そのものを規定してきたことも否めない。それは、調査報告や探検記や旅日記を含めた広い意味での「旅の文学」にとり、安全地帯でしか旅を語れないという足枷になってきた。帰った後の姿を予測せず、帰還でも帰還不可能でもない宙づりの状態に身をおき続ける旅。そのなかでの思索と行動。こうした困難な試みのなかにこそ、これまでの旅の言説からは生まれ得なかった新たな旅の文学の可能性があるのではないか。（落合 1996：64）

「帰還でも帰還不能でもない宙づりの状態に身をおき続ける旅」――こうした〈旅〉を見いだすのはたやすいことではない。しかし、それこそがコザを離れると決めたＴＯＲＡの内的世界、すなわち〈旅〉とそのなかに現出するある種の「宙づりの状態」であり、コザという土地が彼女のなかで〈場所性〉を獲得し始めたのである。

そして、この他者性の変容をともなう移行過程においてこそ、〈場所〉は顕現し、ある意味で、「新たな旅の文学の可能性」も考えられるのである。

ただ、こうした「宙づりの状態」とそこに胚胎するものの可能性は「離れる」時間にのみ存在するのではない。つぎの事例は、キャンピングカー住まいを続けながら、海外、日本全国を放浪する途上、岩手県野田村でたまたま声をかけられて宿を営むこととなったある夫婦の言葉である。

「ずっとここに住みつづけるのですか?」という問いかけに対して久美子さんは明るく、あっけらかんと答えた。

「わかんなーい。どこかほかにいいところがあったら、そっちに行っちゃうかも」

（中略）

「そもそも特定の場所に住んでいないので、移住したという感じはないですね」と充さん。（『自休自足』Vol.31 2010：55-57 第一プログレス）

漂泊者に〈非場所性〉を見出すことはたやすい。しかし、この野田村の夫婦の場合、定住に、いや定住するがゆえに〈非場所性〉が現出しているといってよい。ただ、コザを離れると決めたTORAにせよ、野田村に行き着いた夫婦にせよ、「帰還でも帰還不能でもない宙づりの状態に身をおき続ける旅」に彼らはいるのである。そして、TORAの内的世界にコザが〈場所〉化したのと同様、野田村の夫婦もまた野田村という場所を見出し、積極的に村とかかわり合っているのである。いうなれば、〈場所〉化と〈非場所〉化という異なるベクトルのせめぎ合いのなかで〈場所〉が生成するといってよい。

ただ、野田村の夫婦の言葉は地元住民にはいささか「刺激的」かもしれない。それは、〈住む〉ということに関する彼らの見解と一般的な〈住〉意識とが、〈場所〉というものに対する認識の面で、大きなずれを、その語彙上、呈しているからである。

3 ずれとはざまから――愛着の諸相

語られる動機のマジメ・フマジメ

そもそも本章で扱うIターン移住においては、語られる移住動機は四つに類型化できる。一つ目は家族や自身の健康不安・病気、そして都市生活の治安に対する不安といった剥奪的動機であり、二つ目に農業や陶芸など、田舎でしかできない生業のための場所選びなどの実際的動機である。これら二つの動機は、他者（この場合、移り住む先の地元住民）の認識フレームにフィットしやすく容易に受け入れられ、外的規制のまなざしにさらされることは少ないのが特徴である。つぎに三つ目として、オルターナティブなライフスタイルなどの実現をめざす理念的動機がある。この動機は、その語りを聞く立場からすれば、その極端なまでの〝マジメさ〟ゆえに、他者の認識フレームを越えているため、やはり先の二つの移住動機と同様、規制的なまなざしから開放されている。最後に四つ目として、こうした〝マジメ〟な動機とは異なるものとして、田舎暮らしそのものに快適さを見出すことを主眼とするアメニティ・ムービング的動機がある。この動機は〝フマジメさ〟と〝わかりやすさ〟から、往々にして他者からの規制的まなざしの洗礼を受けやすいものである。

一九八〇年代以降、Iターン現象には「カントリーライフ」、「新田舎人」、そして単に「田舎暮らし」とさまざまな名称が与えられてきたが、そこには明らかにアメニティ・ムービング的な語り口があった。しかし、先行する七〇年代までの脱都会者のカウンターカルチャー的志向による移住の影響もあり、この人口移動への分析語彙はアメニティ・ムービング以外の領域からの解釈にとらわれ続けてきたのである。

しかし、〝マジメ〟な理念的動機、剥奪的動機などの裏返しによってなされる、アメニティ・ムービングへのネガティブな語り口は地域の選択という主体的営為、選び取ることによる愛着の誕生といった胎動する視点を排除してしまうのも事実である。すなわち、アメニティ・ムービング以外の三つの動機の語彙群（特に理念先行型の移住動機）は、ある意味で〝マジメ〟過ぎるその性質ゆえ、〈住む〉という営みをきわめてミニマムにしかとらえようとしない枠組みになったのも事実である。

今日、〈住む〉ことの姿は大きく変貌しようとしている。したがって、このような限定されたかたちで認識されてきた〈住〉に〈旅〉という要素を導入することにより、二つの領域のはざまから〈住〉に対する認識の変革と、場所への愛着の誕生を探る必要が生じてきている。

選択による愛着の可能性

もちろん、野田村に移り住んだ夫婦にしても、彼らの〈住〉のあり方をめぐる語彙はかなりの部分〈旅〉との境界線上にある。

そもそも二一世紀に入って以降、田舎暮らし関連の書籍の出版点数は減少傾向にある。だからといって脱都市移住の動きが沈静化していると結論づけるのは早計だろう。つまり、動きが鈍ったというより、こうした移住・地域選択がとりたてて珍しいものではなくなったとみる方が妥当であろう。要するに今日、ことさら「田舎暮らし」ではないのだ。言い換えるなら、〈田舎〉という意味づけは伝統的な都鄙二元論にとらわれたある種のあいまいさもあり、今日もはや考慮しなくてもよく、対象の土地での係累の有無を問わない、自由に、自発的に、主体的に居住地を選択することが広く浸透しつつあり、こうした選択の一つとして田舎暮らしがあると考えてよい。だが、こうした〈住〉のあり方・〈旅〉のあり方は他者からの規制的まなざしから依然として自由ともいえない側面もある。それは〈住〉選択の核となる場所への愛着を、地域という枠組みの中で限定してきたからである。すなわち、故郷を離れざるをえない離郷、懐かしき故郷への帰郷、地元愛など、生まれ落ちた土地への愛着のみが伝統的な愛着のとらえ方だったからである。そして、人は地域を語るとき往々にしてこの愛着のみを語り、この愛着を無条件に措定するがゆえに、「地域とは～あるべき」といった、さまざまな規範的な言説が生じ、無意識のうちに人を拘束することになる。

しかし今日、こうした生まれ落ちた土地への愛着だけで場所への愛着を語りきれるだろうか。

「土地にとくに執着はないんです。でも住むからには自分もふくめて地域をよりよい方向へ変えたいですね」、「どこへ行っても何とかなると思います。とにかく今住んでいる所が地球の大事なおへそなんです」――この言葉は、和歌山県中辺路町（現・田辺市中辺路町）に居を構え、農業のかたわら国際的人権運動に関わる大阪出身の夫妻が笑いながらこたえたものである（宇江敏勝、「木の国から」『田舎暮らしの本』一九九五年一一月号、宝島社）。たしかに彼らは「土地にとくに執着はない」のだろう。おそらく自分たちの職業や活動が充足できるところであれば、いつ再び移り住むことになるかもしれない。しかし、つねに「今住んでいる所が地球の大事なおへそ」という言葉には、生まれ落ちた土地への、育った土地への愛着とは別の場所愛、すなわち選びとった土地への、出会った土地への愛着がある（菅 1998：170）。

それでは、こうした選び取ることによる愛着はどのようにして獲得されるのだろうか。この愛着の生成過程には〈旅〉が大きくかかわり、〈旅〉と〈住〉のはざまに身を置くことがキーとなる。

〈旅〉と〈住〉との往還

「まだ旅の途中ですか?」――インタビューを開始したとたんの問いかけに彼はよどむことなく即座に頷いた。小樽に住み着いてもう二〇年になるというのにかかわらず……。

しかし、インタビューの最後の方で「終の住処は小樽ですか」という問いかけに言いよどんだ後、続けて「どこか他に移りたい場所があるんですか」という問いには、「まあ、もっと田舎もいいなあとも考えてます。例えば知床とか……」と松岡は答えた。「なぜ小樽を離れようという気持ちがいくばくかでもあるのですか」という問いには、「出会った頃の、昔の小樽ではないですし……」と、最初の問いと比べ彼の言葉はいささか歯切れ悪い。（松岡つとむ氏への筆者による取材、二〇〇〇年九月四日・二〇〇一年一月一三日、北海道小樽市・とほ宿「ぽんぽん船」にて）

松岡つとむは、一九五六年岡山県新見市に生まれ高校までを過ごした後、京都の大学に進学するが、三年のとき中退し旅に出る。二年間ヒッチハイクで日本を回るうち、七九年に「北海道で冬を越したい」と突如思い小樽にやってくる。小樽ではアルバイトで過ごし、その間も北海道各地の「とほ宿」(1)でヘルパーをしながら旅を続けていた。そして、旅の間に同じヘルパー仲間として知り合った現在の妻と民宿の経営を志し小樽市内に物件を探し始める。結局、小樽運河保存運動で知り合った飼料会社の支局次長のつてで、船見坂を上りきった寺の隣にある、港の見える丘の上で民宿を開業する。その後、事情があって運河近くの場所に民宿は移転するが、民宿を始めてからも運河保存運動には積極的に関わり、またオーケストラ活動なども通して、多くの人脈を小樽にもつことになる。

ただこの取材からわかるとおり、彼の語りには断言と歯切れの悪さが際立ちながら同居している。なぜだろうか。それは彼が小樽という場所に愛着を感じているからであり、小樽に住みつつも〈旅の途中〉であるからだ。そして取材から一年後、彼はとほ宿「ぽんぽん船」を人に譲り再び旅に出た……。

松岡の場合、〈住〉と〈旅〉という二つの領域の往還運動に生を劇的に委ねている。特に、最初の〈住〉から〈旅〉への転換は象徴的であった。大学を中退して二年後の旅の途中、荷物ともども住所録を紛失した。それまで郷里にはしばしば帰るものの、同窓会などには顔を出すことはなかったのだが、「これによって吹っ切れた」と彼は語る。この瞬間、彼は〈住〉から切り離され旅立ったのであり、〈旅〉と〈住〉とのはざまに身を置くことで小樽という場所と出会う素地を創り上げたのである。

〈旅〉のモチーフと旅人の心性に根づく場所への愛着は、葛藤や桎梏をはらみながら、あるときは土地への遠離へ、またあるときは近接へと、移住と居住へのモチベーションとして複雑な相互作用過程を現出する。ここに自己認知のカテゴリーとして〈旅〉は定立する。ここまでの事例で、これまで等閑視されてきた居住地に対する愛着と、居住地選択および居住の動機づけを、それぞれの〈旅〉とそれぞれの〈住〉、そしてこの二つの領域のはざまにみてきたが、それは何も具体的な移住や帰還においてのみ顕現するものではない。〈旅〉と〈住〉とのはざまにこそ愛着は生じるのである。

ただ別の角度からいうなら、われわれは移住、新たな居住を考えるとき、離れる理由を「去る」理由のみに限定して考えてきたのではないだろうか。すなわち、そこには「旅立つ」という視点は考慮されていなかったのではないだろうか。たしかに、「去る」と「旅立つ」は表裏一体である。しかし、他者性という観点から見た場合、その移行フェーズは異なるものがある。そして、そのフェーズによって場所への愛着は異なったものになる。

4　〈旅〉の語り・〈住〉の語り、あるいは〈他者〉の語られ方

〈旅〉のまなざしは、松岡の事例のように自己が自己へ注ぐものばかりではない。たとえば、「よそ者」を「旅の人」と呼ぶ地域は多い。たしかに、旅人が「よそ者」であるのは当然だろう。だが「よそ者」は必ずしも旅人であるわけはない。しかし、ここには〈旅〉という空間が非日常に位置づけられており、同時にその空間に漂う人間に対するある種の排除が働いている。そして何より、「よそ者」を旅人と呼ぶ心性には、〈地域〉と空間が定住、それも厳格なメンバーシップを要求する定住とそれにまつわる規範や価値の総体として定立していた（いる？）ことを意味し、〈旅〉のまなざしが単なる自己認識のカテゴリーであるばかりでなく、他者からのまなざし、他者認知のカテゴリーをも構成していることを意味する。

〈旅〉の自我

では、Ｉターン移住者とはいったい何者とみなされていたのだろうか。以下は、信州・佐久の田舎に移り住んだある人物の、隣町で起こった出来事への雑感である。

小さな村で暮らすには、人格の一貫性が問われるのではないかと思う。
山田さんは、ふらりと来たからには、ふらりと出ていくしかないのだ。彼女は意識したわけではないだろうが、そうすることで人格の統一をはかり、村の人たちも、それが彼女の人となりであると認識した。彼女

は非難の対象にならずに済んだのだ。

都会の生活者は、その場その場でいくつもの人格を場面に応じては使い分ける。そこに一貫性がなくても、その矛盾を誰も気づかない。そうやってマルティプルに変幻させることをたのしむ傾向さえある。フロイトが言ったこの乖離現象は、もう都市では病理ではないのである。しかし村では別だ。（林 1998：69）

ジンメルは「異郷人についての補説」において、「よそ者」を「今日来て明日とどまる者」と定義し、「今日来て明日去る者」である漂泊者と区別した（Simmel 1908=1994）。この意味からすると、「よそ者」とは漂泊と定住とのはざまに位置する者という位置づけになるが、stranger-native interaction 論に則ってより正確に言うなら、「よそ者」とは「今日来て明日とどまる〝とみなされている〟者」と再定義すべきだろう。ただ、佐久の事例では、〈旅〉をめぐる言説が人格という観点とはからずも連関させられているのが興味深い。すなわち、〈旅〉の者はあくまで旅人で〝なければ〟ならず、依然として〈旅〉と〈住〉とは厳然と区別され、〈旅〉と〈住〉とのはざまはあらかじめ排除されているのである。そして、はざまを排除する厳然とした境界づけの理論的支柱が人格という概念である。

特に、Iターン移住をめぐる stranger-native interaction の文脈では、〈旅〉の者は、都市化された世界における多中心的自我構造というよりも、伝統的な一極中心的な（一貫していることが前提とされるような）自我を前提としたフレームで語られやすく、移住者は無色透明な他者というよりも、何らかの「刺激的他者」として、病理とまではいわれないまでも、異端視・排除の対象とされやすい。だから、都市のような、さまざまな他者との接触機会があり、また交わる他者相互が知り合いではないことが多い、多様な選択的な人間関係が支配する領域においては、人は場面場面に応じた自我が一枚のフィルムに感光された、いわば多重露光的自我が形成されるが、そうした自我構造をもつ他者が伝統的な村落社会に入ってきたとき、それは一元的自我モデルの世界からみれば、乖離現象とも映るのである。言い換えれば、村という空間においては、〈旅〉の者は未来永劫〈旅〉に位置することが要求され、けっして〈住〉とは交わってはならない、もし交わるならかなり厳格な儀礼が施されたうえで交わらねばならないという規範性のなかに置かれるのである。

〈住〉と〈旅〉の対立

では逆に、〈住む〉ということは新たに住み着いた者に対し、どのように語られ、考えられ、相互作用されているのだろうか。

（共同墓地の草刈りを全員総出でやることに、むっとして）

私のような新参者に、なぜ墓掃除をと声をかけるのか。やがて私は以下のように、整理することができた。私にとってこの集落に移住したということは単に生活の場所を変更しただけのことであり、長い人生行路の一路程でしかない。ところが、この集落に住む人びとにとっては、引っ越すということは、新たな永住地に到達するということにほかならない。なぜなら先祖以来この土地に住んでいる人びとにとっては、生活の場所を好みで変更するなどといった事態は、あり得ないことなのである。ましてや、人生観が変わったからといって、自分の生活の拠点を変更するなんて発想は存在しない。……

ここでは、私は当然永住するものと思われ、それならいつかはお寺の世話にもなるだろう、墓もいるだろう、お寺や神社や墓の掃除をするのも当然至極ではないか、とみんなは考えたのであるまいか。いや、そうにちがいない。これは、あくまで善意の思いこみなのである。

（中略）集落の人びとは、同じ地に住む人間である以上当然ではないかと、私を差別扱いしない。しかし、私の頭のなかには余所者意識は絶えずつきまとっている。（中略）自分がいかにあいまいな存在かを痛感した。（湯川豊彦「町内会役員日誌——外からは見えない田舎の仕組み」『田舎暮らしの本』一九九四年三月号：九〇-九一頁、宝島社）

筆者の湯川は千葉市緑区のはずれの集落に移り、この時点で七年間住んでいる。しかし、ここには「住む」ということをめぐる思惑の違いが、永住意識と地域の「選択」という二つのかたちで現れている。主観的認知の次元では〈旅〉の側に属しているストレンジャー＝湯川に対し、村のネイティブは〈住〉という文脈でのみ移住者をとらえている。ここでもまた、〈旅〉と〈住〉とは依然乖離し、両者はけっして交わることはない。それどころか、〈住〉に対する語り方自体が、何らかの規範性と権力性というある種の言説的色彩を帯びており、ストレンジャーに対する無意識の規制として〈住〉のまなざしを定立させているのである。

言説のオモサとカルサ

〈旅（tourism）〉の言説はカルイ。〈住〉の言説は重い。たしかに旅は前近代では必ずしも帰還にはつながらない、ある意味、危険なものであった。だからこそ、人は〈旅（travel）〉を語るときその口調は重くなりもした。しかし、マス・ツーリズムという新たな展開で幕を開けた近代の観光は、安全に帰還することを本旨とする。そこには帰還不可能性は微塵もない。したがって今日、〈旅〉の言説はカルイ。

一九八八年に長野県が造語してから、脱都市移住は〝Ｉターン〟と呼ばれ、この言葉は広く流通しているが、「Ｉ」ターンはまさに帰還がないという意味で、「Ｉ」なのかもしれない。この意味で、ツーリストとも望郷的離郷者とも決定的に異なる。そこには前近代の〈旅〉が含まれている。そして、〈旅〉の重みを十分に勘案するとき、〈住〉の言説もまた必然的にその重みを増す。しかし、帰還することが保証された近代的ツーリズムの隆盛の中で一端カルクなった〈旅〉の言説に引きずられるかのように、われわれの〈住〉の言説も今日ある種のカルサをもっている。

住むことの重み――ムラのネイティブも、移住者というストレンジャーをまなざし語る都市の傍観者たちも、移り、そして〈住む〉ことを軽んじているフシがある。彼らがある場所を居住地として選んだならば、そう容易にその場所を移せるような代物ではないことは当然のことである。しかし現実は逆である。ネイティブは移住者たちを「いつ何時また移るかもしれない」と考えがちなのである。ただ、〈住む〉とは重みのある行為である。そう考えれば、移住者たちへのまなざしを修正するのもさほどむずかしいことではないのだが……。

5　空間を場所化する

ポスト近代といわれつつある今日、われわれは、こと〈旅〉と〈住〉においては何か新しい胎動を経験しつつある。その一つに元来相反するものと考えられてきた「定住」と「自由」との新たな融合体験がある。

愛着の獲得

……築百年以上もするこの家を買うことになったとき、「私たちは家を買うというより、ここを受け継ぐんだな」と思いました。（中略）

……家を買う前は、買ってしまったらそこに縛られてしまうようなイメージがあったのですが、むしろその逆で、自分たちの場所を見つけたことによって自由になった感じがしました。そう、もうどこにでも行ける気がしたのです。これはじつに不思議な感覚で、……この場所を「選んだ」のと同じように、私たちは住む場所をこれからも「選ぶ」ことが出来ると思ったのです。（松井美香「ぽれぽれ便り」最終回「またいつか、どこかで……」『田舎暮らしの本』一九九九年一二月号：八七頁、宝島社）

放浪、漂泊といったノマド性に対面したとき、「定着しないこと＝自由」とわれわれは考えがちである。しかし、家を買うという行為からある種の自由（自遊？）を感じ取ったこの事例では、定着という経験が主体的に選択したという経験となり、自己の地平を拡大している。言い換えるなら、「自由に」選ぶことで無意識のうちに自己に課していた枠組みを離脱することが可能になり、さらに重要なことは、「選び取ることによる愛着」を獲得したのである。

先述したように、愛着とは「生まれ落ちた土地への愛着」ばかりではない。しかし、地域をめぐる言説、そして地域という概念を前提にしたさまざまな制度はこの愛着のみを前提にし、この愛着のみを求めている。だが、「選び取った土地への愛着」という、主体的な選択がもたらす愛着も存在するのである。

場所化という営為

つぎの事例は夫の故郷に連れ添い、寺の切り盛りをすることになった京都出身の女性の言葉である。

日本人が一度は住んでみたいと憧れる街、京都に住んでいた私にとって、ここに住むということを受け入れるには、日常のすべてを「マンガ的なオモシロさ」として捉えるしかなかった。例えば、方言一つとっても、人が「ほいじゃ」（それでは、という意味）を連発するのを見聞きすれば、「ほいじゃほいじゃほほいのホイ」と、子どもと一緒に歌にしてしまったり、古く崩れそうな家やボロボロの土壁を、セピア色のフィルターを通してみるようなつもりで眺めて旅人気分を味わう。（中略）たいして面白くないことなのに感激してしまう子どもと同じ視点に立てば、何だか毎日がわけもなく楽しくなってしまうのだ。（丸山のりこ「リアルタイム田舎移住記」6、『田舎暮らしの本』一九九九年三月号：九八頁、宝島社）

この事例はかなり〈フマジメ〉かもしれない。しかし、見知らぬ土地で近所や檀家の相手をする気苦労のなかで家事・育児に励む、都会育ちの若い女性の言葉ととらえるなら、けっして〈フマジメ〉の一言で片づけるわけにはいかないだろう。彼女は、自分が住む（住むことになってしまった？）土地へ近代的ツーリズムのまなざしを注ぐことで、新しい環境に適応したというより、新しい場所に「旅立った」のである。すなわち、ツーリズムのまなざしで場所を経験するということは、ある意味、場所を「飼い慣らす」というアイデンティティ・ポリティックスの一つでもある。それは、田舎を離れ、巨大都市において社会階層の最底辺で生を営む弱者たちが、故郷を美しく唄い、現前する都市を「真の自己の居場所ではない」と仮象化し、オーセンティシティの置き場所として〈故郷〉を創成することによって、日々の辛い営みを飼い慣らす（domestication）という生活実践をなしてきたこと（見田 1967=1978）や、もともと帰るべき地を喪失していた民が漂泊の過程で〈故郷〉という美しき仮象をつくりあげ望郷の民へと変貌した過程（松田 1996）とパラレルである。その意味で、この事例の主婦の生活戦略は都市の最底辺に息づいた弱者たちの裏返しともいえる。いってみれば、どちらも空間を飼い慣らし、場所化する人間的営為なのである。

6　逆接と両義性からの胎動

ここまでみた移住者の事例は、その生活シーンの多くに、〈逆接〉を内包している。日常と非日常のはざまに、〈旅〉と〈住〉とのあいだに、異なるベクトルの葛藤に……。そして、遠離と近接、離脱と定着、乖離と接近という「宙づり」のなかで、ときに意識的に、ときに無意識のうちに自己の場所を見出そうとし、場所を受容しようとする。そして、彼らはつねに「離れる」ことと「出会う」ことを包含するその過程で、空間を場所化し、場所への愛着を見出すのである。

「ホスト-ゲスト」をめぐる逆接

こうした両義性は本章の主題でもある移住ばかりでなく、旅・観光においても見出される。そもそも、観光がホストとゲストのコンタクト・ゾーンであるのと同様、移住、特に脱都市型移住もまた越境と融合の可能性を胚胎するきわめて観光的なコンタクト・ゾーンである。そして、イー・フー・トゥアンも語るように、部外者のまなざしは「審美的」である（Tuan 1974=1992：115）。それゆえ、「観光のまなざし」（Urly 1990=1995）は、ネイティブのものにせよ、ストレンジャーのものにせよ、それがはらむ遊びの視覚ゆえ他者性を尖鋭化させやすい。

ただし、観光という他者とのコンタクト・ゾーンにおけるホストとゲストの力関係はつねにゲストがホストに対し優位に立つ関係であり、ホスト社会はゲストが来訪してくれることを期待し、彼らがもたらす利益を期待する。しかし、Iターン移住の現場でのコンタクト・ゾーンでは往々にして逆である。それは、移住者という存在をゲストとして扱い、ホスト社会の規範や価値への適応を要求し、ゲストもまたそうした文化に（ときに過剰に）

適応しようとするホスト優位の権力関係が支配する場である。しかし、このように関係は逆転するが、今日、多くの移住者が観光地・リゾート地に居を移していることを考えるなら、Iターン移住は、ホスト－ゲスト関係をめぐる、観光的な不均衡と移住的な不均衡が同時に存在する構造的な〈逆接〉の場である。それゆえ、異なるベクトルの権力関係に身を置く移住者は多いだろうし、ときに「透明な他者」になったり、なろうとしたり、ときに「刺激的な他者」と扱われたり、ときに「日常的他者」を指向したりしつつ、彼らはさまざまな〈逆接〉を必然的に内包するのである。

ただこれまで、さまざまなはざまに身を置くこと、「離れる」瞬間という宙づり状態を経験すること、いいかえれば「異人性（strangeness）」がもたらす強い「他者性（otherness）」が新たな場所の発見や場所化の契機となり、主体的な選択による愛着を生むことを強調してきたが、これらの点を別の角度からいうなら、はざまや宙づり状態に身を置くという以上に、〈逆接〉を内在させることが強い愛着を胚胎する場を形成するといってよい。

郷愁をめぐる逆接

ちなみに、こうした胚胎は脱都市移住ばかりでなく、「離れる」という場面、郷愁にも存在する。以下の二つの離郷・望郷歌は単純に「帰りたい、帰れない」の願望を唄うものではない。「帰るべき場所」という規範と「帰りたい場所」という欲求とが渾然一体化した聖地としての〈故郷〉を前提に、「帰りたい、帰らねばならない、しかし帰りたくない」、「離れてはならない、離れたい、しかし離れたくない」という〈逆接〉をはらんだ複雑な感情を吐露している。

「大阪で生まれた女」（BORO）

踊り疲れたディスコの帰り　これで青春も終わりかなとつぶやいて
あなたの肩をながめながら　やせたなと思ったら泣けてきた
大阪で生まれた女やさかい　大阪の街よう捨てん
大阪で生まれた女やさかい　東京へはようついていかん
踊り疲れたディスコの帰り　電信柱にしみついた夜

たどりついたら一人の部屋　裸電球をつけたけどまた消して
あなたの顔を思い出しながら　終わりかなと思ったら泣けてきた
大阪で生まれた女やけど　大阪の街を出よう
大阪で生まれた女やけど　あなたについて行こうと決めた
たどりついたら一人の部屋　青春に心をふるわせた部屋

大阪で生まれた女が今日　大阪をあとにするけど
大阪は今日も活気にあふれ　またどこからか人が来る
ふり返るとそこは灰色のまち　青春のかけらをおき忘れたまち
青春のかけらをおき忘れたまち

（ＢＯＲＯ詞・曲、一九七九）

「ホームにて」（中島みゆき）

ふるさとへ　向かう最終に　乗れる人は　急ぎなさいと

やさしい　やさしい声の　駅長が　街なかに　叫ぶ
振り向けば　空色の汽車は　いま　ドアが閉まりかけて
灯りともる　窓の中では　帰りびとが笑う
走りだせば　間に合うだろう　かざり荷物を　ふり捨てて
街に　街に挨拶を
振り向けば　ドアは閉まる

振り向けば　空色の汽車は　いま　ドアが閉まりかけて
灯りともる　窓の中では　帰りびとが笑う
ふるさとは　走り続けた　ホームの果て
叩き続けた　窓ガラスの果て
そして　手のひらに残るのは　白い煙と乗車券
涙の数　ため息の数　溜まってゆく空色のキップ
ネオンライトでは　燃やせない　ふるさと行きの乗車券

たそがれには　彷徨う街に
心は今夜も　ホームにたたずんでいる
ネオンライトでは　燃やせない　ふるさと行きの乗車券
ネオンライトでは　燃やせない　ふるさと行きの乗車券

（中島みゆき詞・曲『あ・り・が・と・う』一九七七）

「大阪を離れたくはない」、しかし「好きな男についていきたい」、しかし「大阪を離れたくない」……。煩悶する女性の現状を飼い慣らす術は、自身の故郷・大阪の街に逆接的な感情を投影することしかない。「大阪は今日も活気にあふれている」と肯定しながらも、しかし、「そこは灰色のまち」と彼女は語らざるをえない。だが、もちろんそこは、その〈逆接〉ゆえ、「青春のかけら」というアイデンティティ、自己のオーセンティシティの置き場所でなければならないのである。

逆接的な想いとその感情の場所への投影、それは「ホームにて」においてはより複雑化する。「故郷行きの切符は常に手にしていなければならない」、しかし「故郷行きの列車に間に合ってはいけない（乗ってはならない、乗りたくない）」、しかし「ネオンライト（＝都会）にその切符は焼き尽くされてはならない」、しかし、……。ここには都市への相反する感情、すなわち都市に惹きつけられる欲求や感情と、煌びやかさの陰に潜む空虚感ゆえの都市否定感情という〈逆接〉があり、また故郷へ帰りたい・帰らねばならないという想いと、故郷には帰ってはならない・帰りたくないという、欲求と規範をめぐる相克という〈逆接〉がある。

くり返す〈逆接〉のなかで、「ホームにて」乗車券を握ったまま列車を見送る者も、「大阪で生まれた女」も、離郷と帰郷の旅立ちを終え、「帰還でも帰還不能でもない宙づり状態に身をおき続ける旅」の地平に立ったのであり、他者性を帯びることでこの地平から故郷への強烈な愛着を獲得するのである。

したがって、

「自分で選ぶ故郷があってもいいんじゃない?」（帯広告：同時代社編集部編、二〇〇一、『沖縄で暮らしてみた』

同時代社。）

という時代、離郷にせよ、帰郷にせよ、移住にせよ、旅にせよ、離れること・旅立つこと、そして出会う過程は、多様な他者性の移行フェーズである。そこには、さまざまな実践があり、さまざまな語りがある。そして、こうした語りや実践は一見カルそうにみえても、そこにはさまざまな〈逆接〉と両義性が内包されており、さまざまなアイデンティティ・ポリティックスを通し、異人性・他者性の経験のなかで新たな愛着の形が現出する可能性を秘めているのである。

注

（1）若い旅人向けの男女別相部屋民宿。本土出身者による経営が多く、道内三十数軒の宿がネットワークをつくり、『なまら蝦夷』という宿案内・観光案内を年一回発行している。

文献

Fischer, Claude S., 1984, *The Urban Experience: A discussion of the social and physical contexts and consequences of urban life*, Harcourt Brace Jovanovich Publisher.（＝一九九六、松本康訳『都市的体験——都市生活の社会心理学』未來社。）

林えり子、一九九八、『田舎暮らしをしてみれば』集英社。

松田素二、一九九六、『都市を飼い慣らす——アフリカの都市人類学』河出書房新社。

見田宗介、一九六七、『近代日本の心情の歴史』講談社（＝一九七八、『近代日本の心情の歴史——流行歌の社会心理史』講談社学術文庫。）

落合一泰、一九九六、「《南》を求めて——情報資本主義と観光イメージ」山下晋司編『観光人類学』新曜社。

Simmel, Georg, 1908, „Exkurs uber den Fremden,' *Soziologie". Untersuchungen uber die Formen der Vergesellshaftung,*

Duncker & Hunbolt.（＝一九九四「異郷人についての補説」居安正訳『社会学』白水社。）

菅康弘、一九九八、「交わることと混じること――地域活性化と移り住む者」間場寿一編『地方文化の社会学』世界思想社。

高村真琴、二〇〇〇、『コザに抱かれて眠りたい…zzz』ボーダーインク。

Tuan, Yi-Fu, 1974, *Topophilia: A Study of Environmental Perception, Attitude, and Values*, Prentice-Hall.（＝一九九二、小野有五・阿部一訳『トポフィリア――人間と環境』せりか書房。）

Urly, John, 1990, *The tourist gaze: leisure and travel in contemporary societies*, SAGE Publication Ltd.（＝一九九五、加太宏邦訳『観光のまなざし――現代社会におけるレジャーと旅行』法政大学出版局。）

ゆいま〜る隊編著、二〇〇二、『暮らしたい！沖縄』情報センター出版局。

第9章　異人論から見た韓国の巫俗

——ソウルの村祭りを中心に

浮葉正親

1　村祭り（マウル・クッ）の現場から

二〇〇四年一月二二日、旧正月をソウルで迎えた筆者は龍山区漢南洞に村祭り（マウル・クッ）を見に出かけた。漢南大橋のすぐ近く、漢江の流れを真下に見下ろす住宅地である。かつて漢南洞には、南山から漢江に注ぐ小さな川を挟んで、クン漢江、チャグン漢江という二つの村（マウル）があった。この日、出かけたのが旧クン漢江マウルの住民が祀る府君堂（プグンダン）である。

朝鮮王朝時代、漢南洞には漢江流域最大の船着き場があった。ここには都に運び込まれる穀物を扱う巨商たちが住んでおり、都の守りを固める軍営も置かれていた。植民地時代には多くの日本人が住む高級住宅地であったという。この漢南洞の景観を大きく変えたのが、漢南大橋の開通（一九六八年）である。幅一〇〇メートル近い道路が村を横切るかたちで開通したため、多くの村人が転出せざるを得なかった。村の守護神である府君堂も迷

図９－１　村祭りで神託をするＨ万神
（漢南洞、2004年）

信打破の風潮のなかで、ほとんどの敷地が売られてしまった。この日の祭りに集まった村人もわずか一〇人ほどであった。

零下二〇度近い寒気のなか、色鮮やかな韓服に身を包んだ万神[1]が住民代表の総務に神託（コンス）を下している（図９－１）。

> 府君ハルモニ（老媼）、府君ハラボジ（老翁）が遊びに来て助けてくださった。各家庭が平安であるようにという今日の精誠（ジョンソン＝誠意）であるから、そうなるように助けてやろう。官職にある者はその地位が高くなり、戦死した者の子孫は有名になり、各姓バジ（様々な姓の者、つまり村人たち）に事故がなく、大同一帯（村中）が平穏無事に暮らせるように助けてやろう。

また、神々だけでなく、亡くなった村人も降りてくる。

> わしはヨンス湯のハラボジだ。わしは占いもよくしたし、府君堂や村のためによく働いた。祭りが近づくと今年は誰が働いてくれるのか、誰がお金を集めてくれるのかと心配したものさ。（総務に向かって）お前が一番信頼できるからわしが後を頼んだんだ。頑張ってくれ。ところで、うちのかみさんが来たら路資金（ノジ

ャトン＝旅費）を上げようと思うんだが、このまま行こうか？

この言葉を聞いた総務は笑いながら、万神に一万ウォン札を差し出す。毎年のことなので互いに慣れたものである。このようなやりとりが祭りのなかで何回もくり返され、現金が万神たちに手渡される。そのお金は「別費（ピョルビ）」と呼ばれる、いわばチップである。実は、万神や楽士一行に支払われる報酬はあらかじめ決まっている。最近では、区から補助金が出るので、マウルではそれを充てている。参加する住民が多ければ、その分「別費」も多くなるのだが、それも難しいようだ。村祭りを取り仕切る万神を主堂万神という。のちに、その老万神にインタビューしたところ、村祭りの稼ぎは個人に依頼される巫儀（クッ）の半分にもならないという。一方、総務によれば、老万神の神託は毎年同じで新鮮味がない。神通力のある若い万神が祭りを取り仕切ってくれたら、もっと参加者が増えるはずだという。老万神が先代の万神からその祭りを受け継いでから四〇年以上になるというが、住民たちとの関係は意外にドライなようである。

2 「まれびと」としての万神

その老万神・Hさんは一九二六年に平壌で生まれた。家族とともに満州の奉天（現在の瀋陽）で暮らし、女学校を出た後、製鉄会社のタイピストをしていたという。解放後、親日派への追及を恐れて家族とともにソウルに逃れ、軍人だった夫と結婚して七人の子どもをもうけた。一四歳のころから巫病を患い、たびたび発作に悩まされていた。それでも何とか耐えていたものの、除隊した夫が就職に失敗するなど良くないことが続き、三一歳のとき神降ろしの儀礼（ネリム・クッ）を受けた。漢南洞の府君堂は、師匠である神母（シンオモニ）から受け継いだ。自宅は江津区のクァンナルにあり、府君堂を訪れるのは年に一度、この祭りの日だけである（二〇一一年まで。健康状態の悪化により別の万神に主堂万神の地位を譲った）。

正月に村の外からやって来る万神が祝言を述べるという構図は、折口信夫が「春来る鬼」などで示した「まれびと」の姿を想起させる。折口の芸能学を通して韓国の民俗芸能に対する再解釈を試みた伊藤好英は、「まれびと」の成立条件をつぎの三つであると指摘している（伊藤 2006：67）。

①「やつし」による神の表現――「まれびと」は形姿をもつ。
②言語関係――「まれびと」は「呪言」の発話主体である。
③行動関係――「まれびと」は神としての動作をおこなう。

前述したソウルの万神がその条件を満たしているのは明らかであろう。

①については、さまざまな色と形の巫服、被り物、三肢槍（三つ又の短い槍）や神刀、弓矢などの採り物は、その組み合わせで神の姿を表わす。たとえば、仏教の神である帝釈神は白い僧帽を被り、バラと呼ばれるシンバルによく似た楽器を手にしている。また、五方神将は方角を表わす五色の旗をもち、旗の柄を差し出して選ばせ、その色で吉凶を占う。

②については、万神の神託が一人称で神の言葉を伝えることから明らかである。村祭りでは神託のほとんどが祝言であるが、警告や注意が発せられることもある。先述の漢南洞の祭りでは、祭日をもっと暖かい三月ないしは一〇月に変えたいという住民たちの意向を察し、けっして祭日を変えてはならないと老万神が神の言葉を借りて念を押していた。

③については、つぎのような例をあげることができる。欲深い神といわれる大監（テガム）神は扇を差し出して金を要求する一方で、その扇をあおいで人々に財数（チェス：幸運、福）を与えようとする。また、豚の頭を三肢槍の上に立て、人々の誠意が神に通じたことを示す。

ソウルの村祭りを初めて見たとき、まず印象に残ったのは万神の神託の時間が長いことであった。日本では、C・ブラッカーが指摘しているように、一九六〇年代に村祭り（神楽）での託宣はほとんどが絶えてしまっている（ブラッカー 1979：247）。一九八〇年代、託宣が残る数少ない神楽として知られる大元神楽を記録したビデオには、神が憑依した村人が農作物の出来不出来を問う質問に唸り声を上げながら苦しそうに答えている場面が映っている（網野ほか編 1990）。これに比べると、ソウルの万神の神託は神歌の延長であり、激しいトランス状態をともなうものではない。むしろ、神意をしっかりとした言葉で伝えているのが特徴である。[2] また、神託を受ける側もけっして受け身ではなく、少しでも多くの情報を引き出そうと万神に質問を投げつける。子どもの進学や結婚、事業の成否など、必死に食い下がって聞き出そうとする。その受け答えはユーモアがあり、遊びとしての側面も有しているようである。

このように、ソウルの万神を「まれびと」と考えることは無理がなさそうであるが、本章の目的はそれを指摘することではない。筆者が気になっているのは、むしろ祭りのさまざまな場面で万神たちが「別費」を要求することである。この問題は、万神の芸能民、折口のいう「ほかいびと」としての側面を考えることにつながる。そして、その際、参考になるのが小松和彦の異人論の視点である。山泰幸が鋭く指摘しているように、小松の異人論は「貨幣」の言説と結びついた共同体論だからである（山 2008：87）。

3　「異人」としての万神

万神と「貨幣」との関係に立ち入る前に、まず万神に代表される韓国のムーダンについて簡単に説明し、一般の人々がムーダンとどのように関わり、ムーダンに対してどのようなイメージをもっているのかを説明しておきたい。

韓国では、巫俗（広義のシャーマニズム）に関わる宗教的職能者をムーダンと呼ぶ。その歴史は古く、高麗時代や朝鮮王朝時代の文献には、国家儀礼の祈雨祭に多数の巫覡が動員されたとか、貧窮者や伝染病患者の療養機関である東西大悲院（高麗時代）や東西活人院（朝鮮王朝時代）に属していたという記録がある（野村 2002：303-306、312-313）。その一方、朝鮮王朝時代には巫覡は、僧侶、白丁（ペクチョン＝屠畜業者）、広大（クワンデ＝芸人）、妓生（キーセン＝芸妓）などと並ぶ「八賤」の一つであった(3)。近代に入ると、日本の植民地下で「迷信業者」として官憲の取り締まりの対象となり、解放後の朴正熙政権下でも同様の弾圧がおこなわれた。ムーダンに対する賤視は現在でも根強く、たとえば「ムーダンの娘」という理由で結婚を忌避されるケースも少なくない。

ムーダンには巫病による降神を経て成巫する降神巫と家業として巫業を継承する世襲巫の二つのタイプがある。かつては漢江以北の朝鮮半島北部では降神巫が、南部では世襲巫が多かった。この二つのうち世襲巫に対する差別が特に激しかったとされている。世襲巫はタンゴル（得意先という意味）とも呼ばれ、特定の地域の巫業を独占していたが、一般の住民からは婚姻を忌避され、タンゴルはタンゴルの家同士で婚姻関係を結んでいた。崔吉城によれば、全羅道ではタンゴルに対しては子どもでも敬語を使わないという激しい差別が最近まで残っていたという(4)。

先述のHさんは降神巫である。Hさんの血筋にはムーダンはいない。唯一、クンハルモニ（祖父の兄の妻）が巫病にかかり、盲人の読経師に頼んで神を受けないようにクッをしたが、何日も食事ができないまま亡くなってしまった。ムーダンになることを拒んだそのハルモニの運命がHさんに引き継がれたのだという。Hさんも神降ろしの儀礼を受ける前に何度も激しい発作に襲われた。一九歳のときは結婚前だったので、周囲の噂になると困るので隠し、二三歳のときは結婚していたので、婚家に知られないよう実家に戻った。そして、三一歳のときムーダンになることを決意したのは、自分がやらないとその運命が四人の娘たちの誰かに受け継がれてしまうことを恐れたからであるという。Hさんの話からもわかるように、ムーダンになる運命は血筋だけでなく、結婚によっても伝染してしまう可能性がある。現在でもムーダンの家との結婚が忌避されるのはその理由によるところが大きい。

Hさんの場合は違うが、巫業に従事するようになると夫婦仲が悪くなることが少なくない。占いで不特定多数の人と出会い、深夜までクッをしたり、泊まりがけで祈祷に出かけたりすることもある。巫業の師匠となる神母を「お母さん（オモニ）」と呼び、場合によっては実の母親以上に親しくなり、楽士やキョウダイ弟子など巫業を通じて知り合った人たちとの新しい関係ができる。ムーダンになる前には病気になるだけでなく、商売や事業に失敗して借金を作るなど、身近な人に迷惑をかけることが多い。そのため、親族や家族と疎遠になってしまうようである。また、ムーダンにとって、一緒にクッをする仲間、とりわけ息の合う楽士との関係が大切であるため、楽士と同居したり、再婚したりするケースも珍しくない。そのため、一般の人々からはムーダンが性的にだらしないというイメージを抱かれることになる。(5) 女性でありながら煙草を吸う人が多いことも韓国の社会では否定的なイメージにつながるのかもしれない。

先述のHさんの場合、村の外から訪れて村祭りを取り仕切るが、府君堂のすぐ近くに住む主堂万神もいる。龍山区普光洞の府君堂である明化殿のすぐ下で堂守をするDさん（一九四六年生まれ）は、母も父の外祖母（母方の祖母）も万神であり、自身も三五歳のとき万神になった。明化殿を守る神母のもとで長年修行し、八年前に堂守を引き継いだ。明化殿の主神は新羅の名将・金庾信将軍であり、普光洞の住民が村の守護神として祀ってきた。明化会という組織があり、明化殿を管理してきた。住民たちが明化殿を訪れるのは旧正月の村祭りのときだけであり、それも男性がほとんどである。女性が祭りの場で万神から神託を受けることもあるが、それ以外のときに自分を訪ねて来ることはない。来るとしても必ず明化会をとおして許可を得ることになっている。明化殿を訪ねるのは、歴史を勉強している学生や金庾信将軍の神威に触れようとする万神たちである。Dさんはもともと麻浦区に自宅と神檀があり、そのときの顧客でいまでも付き合いのある人や噂を聞いて占いに来る新しい顧客たちの相手をすることで生活している。Dさんによれば、明化会の役員以外の住民とはほとんど接点がないのだという。

小松和彦は「異人」を四つのグループに分類している。第一群は、ある共同体に一時的に滞在するが、所用をすませればすぐに立ち去っていく「異人」たちである。遍歴する宗教者や職人・商人・乞食、観光目的の旅行者、巡礼などである。第二群は、共同体の外部からやって来てそこに定着することになった「異人」たちである。戦争や飢饉によって自分の共同体を失ったり追われたりした難民、商売や布教のため定着した商人や宗教者、自分の共同体を追われた犯罪者などがあげられる。第三群は、共同体がその内部から特定の成員を差別・排除するかたちで生まれてくる「異人」である。このグループの異人には、異人として特徴づけを受けつつも共同体に留まっている者と、共同体を追放される異人の、二通りの種類がある。たとえば、共同体に留まっている前科者や障害者などに対する差別意識が生み出す「異人」が前者であり、処刑されたり追放されたりする犯罪者などが後者に属する。第四群は、空間的にはるか彼方に存在しているために間接的にしか知らない、したがって想像のなかで関係を結んでいるにすぎない「異人」たちである。鎖国時代の中国人や朝鮮人、西洋人、インド人などは、ほとんどの日本人にとって直接会ったことがない人々であり、絵画や書物、あるいは伝聞をとおしてわずかに知られているにすぎない「異人」たちである。また、この群には、異界に住む善霊と悪霊の双方を含み込んだ、広い意味での「神」も含むことができる。共同体の外の世界からやってくる異人には「神」のイメージが投影されるからである（小松 1995：177-178）。

この分類によれば、Hさんは第一群に、Dさんは第二群に属するといえるが、そのような分類はあくまでも便宜的なものである。小松も指摘しているように、実際には異人はこれらの類型の複合体として存在したり、時間の経過のなかである類型から別の類型へと変換・変貌したりする（小松 1995：179）。たとえば、Hさんの場合、たしかに共同体の外からやって来るものの、祭りの執行はあらかじめ決まった仕事であり、放浪芸人や巡礼とは共同体への関わり方が異なる。Dさんの場合、たしかに共同体内に定着しているが、住民たちとの関係はきわめて限られており、堂守を弟子に引き継いだときには共同体を出なければならない点から、第二群と第一群の複合型とも考えられる。

小松によれば、「異人は社会のさまざまな局面、すなわちさまざまな社会集団の〈外部〉に立ち現れる関係概念である」（小松 1995：176）。ソウルの村祭りの事例でも、洪泰漢が指摘するように、村の守護神の堂守を三世代にわたって世襲している万神もいる。村人は家庭の心配事を万神に相談し、占いやクッをおこなうなど、その関係は密接である（洪 2007：303）。このような場合、その万神を万神であるという理由だけで「異人」とみなすことには慎重にならなければならない。また、小松は「異人論が探求しなければならないのは、じつは異人自身のことだけでなく、異人を通じて明らかにされる、この異人が関係する集団それ自体の性格なのである」（小松 1995：177）と指摘している。

以下では、祭りを主管する村（マウル）に視点を定め、祭りの場で、村人と万神、また万神をとおして祭りの場に来臨する神々とのコミュニケーションの諸相を報告していく。その際、特に注目するのは、村人の「財数（チェス＝福）」に対する意識、またそれをもたらす神々に対する考え方、そして、それを実現するために万神たちが儀礼の場でどのような行為をし、その行為に対して村人たちがどのような反応をするのかという点である。つまり、村人と万神、万神を媒介にして村人と神々のあいだでどのような交換がなされているのかという点に注目してみたい。

4　村祭り（マウル・クッ）と「貨幣」

ある民俗学者の忠告

麻浦区滄前洞、小高い山の中腹に栗島（パムソム）府君堂がある。ここでは、かつて漢江の中島であった栗島に住んでいた住民たちが陰暦一月二日に村祭りをしている。一九六八年、後に国会議事堂ができる汝矣島を開発するために、川幅を広げて水害を防ぐという理由で栗島は爆破され、約六〇戸、四〇〇人余りの住民は移住を余儀なくされた。住民の多くは島を見下ろす山の中腹に家を建て、栗島マウルを再建した。府君堂もそのとき移築され、いまでも祭りを続けている。しかし、一九九五年に栗島マウルにアパート団地が建設され、その再開発により再び住民の多くがここを離れた。元住民の高齢化が進むとともに若い世代は祭りに関心がなく、参加者が減り続けている。

筆者が初めて栗島の村祭りを見たのは、冒頭で紹介した漢南洞の村祭りの翌日である。前日の祭りでも出会った民俗学者を含む多くの研究者が友人や弟子たちを連れて集まっていた。というのも、旧正月元日は漢江流域の数ヶ所で村祭りがあるが、二日におこなわれるのは栗島だけだからである。漢南洞に比べて万神や楽士の数が多

図9－2　府君神の巫神図
（栗島府君堂，2004年）

く、多くの見物客を得て、華やかな雰囲気である。この祭りは、この年（二〇〇四年）の一二月、ソウル市の無形文化財第三五号に指定される。研究者が多かったのは、その審査のためだったかもしれない。

府君堂の前庭にはテントが張られ、楽士と万神たちの席が設けられている。堂の内部には、正面に府君内外（夫妻）（図9－2）と三仏帝釈が、左側に軍雄（グヌン）が祀られている。右側には、府君堂を移築した際（一九九五年）に寄付をした村人の名前を刻んだ額が架けられている。府君堂の横の建物には倉庫と台所、作業室兼食堂の役割を果たす部屋がある。府君堂の入口横には爆破前の栗島の写真額が並べられている。また、暖をとるドラム缶と薪をくべる炉があり、その上では豚の三枚肉が焼かれ、焼酎やマッコリが呑めるようになっている。村人のなかには旧知の人とここで語らい、府君堂にあまり入らない人もいる。

この祭りを取り仕切る万神はCさん（一九四一年生まれ）である。Cさんは一九九七年から主堂万神を務めている。弟（一九四八年生まれ）が一六歳のときから栗島の村祭りの楽士をしており、その縁で主堂万神を引き受けることになった。父（母の再婚相手）が有名な楽士であり、弟は父に連れられて栗島の祭りに参加するようになった。自宅は鐘路区にあり、この日、Cさんが引き連れてきた数名の万神はお揃いのミンクのコートを着ていた。Cさんの母は有名な万神であり、自身も幼いころから巫病を患っていたが、母の助けで何とか万神にならずに済んでいたらしい。母の死後、三五歳のとき、巫病が悪化したので、父がその病を治すために知り合いの万神にクッを頼んだ。そのクッは「病クッ」であり、神降ろしのクッ（ネリム・クッ）ではなかったが、Cさんにはすぐに神が降り、そのクッをほとんど一人でおこなってしまったという。成巫後、国の重要無形文化財（一〇四号）に指定されている「ソウル・セナム・クッ」の保有者である金有感万神と出会い、本格的にクッを学んだ。(6)

祭りの祭事については後述するが、栗島の祭りは万神たちが「別費」を多く要求することで有名である。漢江の中島である栗島では、爆破前まで多くの人が船大工をしていた。そのため、事故やけがを恐れて神を敬う気持ちが強かった。また、栗島の男たちにとって、村祭りで多くの「別費」を出すことは、それだけ多くの仕事をした証しであった。いわば、他の村人に自分の威信を示す行為でもあったという。しかし、この年の祭りでは、万神たちが村人に酒を注いで神託を下しながら「別費」を要求する時間が長引き、いつも以上に祭りの進行が滞っていたようである。それを見かねたG先生（韓国巫俗学会会長・当時）は、私を府君堂の外に連れ出し、「このような行為は妓生がするものであって、本来は万神がするものではありません。栗島ではかつて造船業が盛んでピーナツ栽培による現金収入もあったから、このようなかたちになっているんです。誤解しないでください」と忠告してくれた。(7)その日撮影したビデオを見直すと、ある村人が酒の勢いを借りて万神たちに「これじゃ妓生と同じじゃないか。ちゃんとした万神を連れてこい」と抗議している姿が映っている。後に、保存会長のYさん（一九三六年生まれ）にインタビューをしたとき、このときのことを話すと、「それが理由で祭りの参加者が減っているという面も否定できません」と苦笑いしていた。

それではつぎに、研究者も当の村人も、これはちょっとやり過ぎではないかと苦笑いする、栗島の村祭りの諸相を具体的に見ていこう。

村祭りの準備と進行

祭りの準備は、陰暦一二月一〇日の大同会議から始まる。前年度の会計報告に続き、祭りの準備の責任者となる「所任（ソイム）」が一名選ばれ、供え物の準備や寄付金の集金が任される。一九九五年の再開発以前は、「所任」以外に「都家（ドガ）」が一名選ばれ、供え物の準備や祭り当日の飲食の提供をおこなっていた。また、この会議でつぎの祭りを小規模な「チンジ致誠（チソン）」でおこなうか、村祭り（マウル・クッ）にするかを投票で決める。(8)

祭りの供え物でもっとも神経を使うのは、黒豚の購入と調理である。白い毛が一筋でも生えていると神罰が下ると考えられている。豚の頭は紙幣を挟むので直径三センチほどの木を銜えさせてから煮る。あまり高い温度で煮ると耳が溶けてしまうので注意しなければならないという。胴体は背骨を取り、四つの肉塊に解体して煮る。

村祭りの祭次は、以下のとおりである。ソウル地方の巫儀は別名「十二コリ」と呼ばれる。コリとは祭次の単位を表す言葉であるが、一つのコリの中にも複数の神が来臨する。祭次は年によって異なるが、おおよそ次の順で行われる。

①周堂（チュダン）ムルリム

府君堂の邪気（サル）を祓う。主堂万神以外は堂の外に出なければならない。

②不浄（プジョン）請拝（チョンベ）

神々を迎える前に不浄を除く。万神は杖鼓（チャンゴ）を叩きながら神々の名前を唱える。

図9－3　供え物の豚の頭（サシル）を立てる
（栗島府君堂，2004年）

③カマン請拝（チョンベ）

神々と祖上（チョサン＝祖先・死者）を迎える。主堂万神と住民の代表が堂内の神々に献杯、拝礼をする。

④府君コリ

村の守護神である府君神が来臨し、供え物の黒豚の頭（サシル）を三肢槍に刺し、立てる（図9－3）。サシルが立つと村人の「精誠（誠意）」が通じたものと見なされるので、それが立つまで紙幣を供え続けなければならない。

⑤マジ・オルリム

堂内の府君神、三仏帝釈、軍雄神にご飯（マジ）が供えられる。堂内には主堂万神と「所任」ほか数名の村人が拝礼し、府君神と軍雄神には清酒が、三仏帝釈には胡麻茶が献杯される。その後、万神と村人は堂を出て扉が閉じられる。神々がゆっくりと食事ができるようにという配慮である。堂の前では、万神と村人が音楽に合わせて踊り、万神にはお礼として紙幣が渡される。

⑥本郷（ポンヒャン）マルミョン

これまで村のために献身してきた万神や村人の祖上が託宣を下す。

⑦将軍（チャングン）コリ

三肢槍と日月刀を手にした万神が神託を下す。

図9－4　神託を下すＣ万神
（栗島府君堂，2004年）

⑧神将（シンジャン）コリ

五方を表わす五色の旗（五方神将旗）を手にした万神が旗の柄を差し出して選ばせ、その色で吉凶を占う。占いをしてもらった村人は、紙幣を万神の帽子や胸元に挟む。

⑨大監（テガム）コリ

祭りに来臨する神々のなかでもっとも欲深いのが大監である。笠帽を脱ぎ、小豆餅（シルトク）が入った大きな器を頭に載せ、神託を下す。村人は紙幣をその器の中に入れる。大監神は堂の外で酒を飲んでいる人たちにも神託を下し、お礼を要求する。その一方で、扇で村人をあおいで「財数（チェス）」を分け与える。

⑪仏事（プルサ）コリ

白い僧帽を被った万神がしばらく踊った後、神託を下す。バラと呼ばれるシンバルによく似た楽器を叩きながら、それを裏返して紙幣を受け取る。

⑫軍雄（グヌン）コリ

軍雄神は戦争で悲惨な死に方をした神である。弓矢を手にした万神が神託を下した（図9－4）後、「所任」の案内で堂の周囲を一回りし、矢を射る。堂に戻った万神は再び豚の頭（サシル）を立て、村人の「精誠」が神に通じたことを確認する。赤い布で顔を隠した「戸口

図9－5　若い万神と踊る村人たち
（栗島府君堂，2004年）

（ホグ）」神も登場し、その覆いを外させ、紙幣を受け取る。

⑬倡夫（チャンプ）コリ

倡夫神は「広大（クワンデ）」の神である。このコリは若い万神に任されることが多い（図9－5）。巫歌を唄いながら神託を下し、手にした扇で紙幣を受け取る。

⑭ティッチョン

祭りの場に訪れたすべての神々を送り返す。万神に降りた府君神が村人に礼を言い、土地の大監は「財数」を約束し、歌を唄いながら扇で村人をあおぐ。地神、城隍（ソナン）など地元の神も降臨する。

⑮焼紙（ソジ）オルリギ

「所任」が寄付をした村人の名前を読み上げ、その願いも口にする。万神はその名前と願いを神々に伝え祈りながら、白い紙を燃やし、燃えかすを空中に投げる。

村祭りと「貨幣」——何が交換されているのか？

以上、簡単に栗島の村祭りの祭次を紹介した。祭りの随所で万神による神託がなされ、その都度、村人が「別費」を払う（図9－6）ことがおわかりいただけたかと思われる。これは栗島だけでなく、他の村祭りでも同様であり、栗島はその頻度が高いだけである。したがっ

図9－6　「別費」を顔に貼り付け神託を下す万神
（漢南洞，2004年）

て、村によっては「別費」をあらかじめ予算に組み込み準備しているようである。(9) つまり、万神たちの神託に「別費」を払うことは常識なのである。

日本では村祭りではこのような場面を目撃することがほとんどない。上手な舞い手に拍手や賞賛が送られることはあっても、その場で現金が手渡されることはまずないだろう。よく似た場面をあえて探せば、大衆演劇のスターに渡される「おひねり」であろうか。民俗学者の新谷尚紀によれば、神社にお賽銭が投げられるのは、厄年の人が村境で銭を撒くことと同様に、ケガレを払い捨てる行為だという。新谷によれば、「貨幣はケガレの吸引装置」であり、神社はそのケガレを吸引・浄化する装置なのだと指摘する（新谷 2003：207-208）。

日本語の「払い」が「祓い」に通じるというのは、栗本慎一郎が指摘しているように、貨幣の本質を考えるうえで興味深い（栗本 1979：166-7）。また、小松和彦が指摘しているように、中世以降の福神信仰と芸能民との関係を考えるうえでも、その前提となる枠組みである（小松 2009：75-93）。ただし、韓国の村祭りでの万神に村人が払う「別費」は、ケガレを祓うというよりも、あくまでも神託への代価であると考えた方がよさそうである。「別費」を受け取った万神は、扇や袖で村人をあおぎ、「財数」を分け与えようとする。万神を日本の神社と同様に「ケガレの吸引浄化装置」と考えれば、村人が「別費」を払う理由は説明できるが、万神が村人をあおぐ行為の意味を説明できなくなる。ここでは、もう少し韓国の村祭りの文脈のなかで万神と村人との相互行為の意味を考えていきたい。

韓国語の「財数」という言葉は、辞書的には「財物の運数」を意味し、「財数がある／ない」という表現が日常的によく使われる。巫俗の世界では、人々に経済的な恩恵をもたらす巫儀を「財数クッ」と呼び、村祭りの祭次も「財数クッ」とほとんど同じである。崔吉城によれば、「財数クッ」では、「高い山に雪が舞うように、低い山に灰が舞うように、財数事望（サマン＝商売などが成功する予兆）に仕えてやろう」という巫歌がよく唄われるという。「財数」というのは風のように形がないものであり、それでいて人間たちに大きな影響をもたらす。クッの場面で万神が扇で村人をあおぐのも、そのような観念にもとづいているという（崔 1994 : 112–113）。

村祭りにおける万神と村人の相互行為をさらに広い文脈でながめると、祭りの準備から終了にいたる、村人のすべての行為が「精誠（ジョンソン＝誠意）」という言葉で表現されていることに気づく。祭りをとおして村人から「精誠」を受け取った神々は、その代価として「財数」をもたらすという互恵的な交換の体系が浮かび上がってくる。万神は、村人の「精誠」を神々に伝え、神々がもたらす「財数」を祝言や具体的な行為（「祝福」）によって伝える媒介の役割を果たしている。村人が万神に差し出す「別費」は、万神をとおして「財数」を呼び込もうとする行為だと解釈できる。村人と神々との交換という大きなシステムの中に、万神の「祝福」と村人が差し出す「別費」との小さな互恵的交換システムが埋め込まれていると整理することができる。したがって、「別費」が多ければ多いほど、その見返りとしてもたらされる「財数」も大きいと考えられているのである。その意味で、日本の厄払いに使われる「貨幣」と韓国の村祭りの「別費」は、その性格が異なるように感じられる。

ただし、このように村祭りにおける村人と神々との互恵的な交換システムと、その中に組み込まれた村人と万神との交換のシステムを念頭に置くとき、あらためて考えなければならないのは、万神に手渡されるのが現実に流通する紙幣だという点である。韓国の村祭りには、本章で報告したような巫俗による祭り以外に、「洞祭（トンジェ）」と呼ばれる儒式の祭りがある。そして、巫俗による祭りと儒式の祭りを別の日におこなう村もあれば、両者を組み合わせた村祭りもある。ソウルでも、仁旺山や北漢山周辺の村でおこなわれる「山神祭」の多くが「洞祭」の形式である。たとえば、鐘路区付岩洞の「仁旺山山神祭」は女人禁制でおこなわれる。豚の頭を中心にした供え物の前で儒式の儀礼がおこなわれ、終了後に豚汁（クッパ）がふるまわれる。このようなかたちでも村人の「精誠」は神々に伝わるのである。そう考えると、巫俗による村祭りで万神に渡される紙幣は、村全体の「財数」ではなく、村人個人の「財数」を呼び込む代価であるといえよう。村の安寧と繁栄という公の願いの中には、自分の商売の成功や家の繁栄を願う欲望がより切実に紛れ込んでおり、その願いを叶えるためには現実の紙幣の方が効果的であると考えられているのである。

韓国と日本の広い意味での「門付け」を比較民俗学の手法で分析した朴銓烈は、神々・訪問者・迎える側の三者のあいだで、二つのサイクルの交換が成り立っていることを指摘している。一つは、訪問者による門付の演出と迎える側の返礼という小さなサイクルであり、もう一つは、そのサイクルに訪問者が神々を祀り呪力を得るという交換を加えた大きなサイクルである（朴 1989：325-6）。この図式をソウルの村祭りに当てはめてみると、神々・万神・村人の三者のあいだで大きなサイクルの交換が成り立っていることがわかる。万神の神託と村人の「別費」との交換も、万神の背後に存在する神々の呪力を前提としている。しかし、その代価として支払われた紙幣が祭りの終わった後、万神たちによって村の外部に持ち去られるとき、村人には、果たしてそのお金は本当に自分たちの願いを叶えてくれるのだろうか、ひょっとしたら万神の「欲心」のために使われてしまうのではないか、という疑念が心を掠めるのではないだろうか。

異人論と村祭り

ここまで述べてきて、筆者はようやく小松和彦が提起した「異人論」の入口にたどり着いたことに気づいた。この視点をさらに進めていくためには、「異人殺し」伝説に代表されるような、異人を共同体から排除する否定的な心性を浮かび上がらせていかなくてはなるまい。本章では、村祭りという、異人の呪力を共同体のために引き出そうとする、どちらかといえば異人との好ましい関係を中心に扱った。現在でもムーダンに対する差別が根強いことを重々承知したうえで、あえてその側面を前面に出さなかったのは、ムーダン＝賤民＝ケガレを引き受ける人々という単純な図式に陥ることを避けるためである。村祭りのような村人にとって好ましいハレの場面でなお見え隠れする個人の「欲心」に焦点を当てるためでもあった。

韓国では日本以上に村落共同体の解体が進んでいる。村人の神々に対する「精誠」よりも個人の「欲心」が肥大し続けていることは想像にむずかしくない。そのような状況において巫俗がどのように対応し、どんな社会的な機能や役割を果たしているのか、今後も注視していきたい。

注

（1）韓国では、神霊と交信しその言葉を伝える職能者をムーダンという。万神はソウル地方の女性ムーダンに対する敬称であり、多くの神々を守護神として祀っているという意味である。

（2）ただし、これは韓国のムーダンが激しいトランス状態を経験しないということではない。ムーダンとなる者が受ける神降ろしの儀礼（ネリム・クッ）では、激しい跳舞を繰り返しながらトランス状態に入り、憑依した神が名乗りを上げ、言葉を発するまで儀礼が続けられる。「言葉の門（マルムン）」が開けるかどうかが試されるのである。

（3）網野房子は、李能和の『朝鮮巫俗考』（一九二七年）に注目した野村伸一の論文（野村 2002）、また朝鮮半島の賤民の文化史を概説した野村の論文（野村 2003）などを引用しながら、ムーダン＝朝鮮時代からの賤民という固定観念に疑問を呈している（網野 2007：83-85）。

（4）世襲巫に対する差別については、崔吉城による詳細な報告がある（崔 1994：358-383）。

（5）韓国では巫俗を題材にした映画がしばしば制作されている。金東里の同名小説を原作にして巫俗とキリスト教との葛藤を描いた「巫女図」（一九七二年）、迷信が支配している僻村で暗躍する巫女の姿を描いた「石花村」（一九七二年）、ムーダンに対する厳しい差別を描いた「避幕」（一九八〇年）などである（李・佐藤 1990：246, 249-250, 267-268）。特に「巫女の夜」（一九八二年）では、ムーダンの娘である主人公が恋人の親から結婚を反対され、別の男性と性的な関係を結ぶ場面で、主人公の母親が神檀で男と交わるシーンが回想で挿入されており、ムーダンの血が抑えようのない性的衝動をもたらしていることが暗示されている。ムーダンに対する「異人」表象を考えるうえで興味深いが、本章では村祭りの現場に焦点を当てているため、これ以上立ち入らないことにする。

（6）Cさんのライフヒストリーについては、趙興胤の報告を参考にした（趙 1999：89-94）。

（7）ただし、先述のH万神の神娘Nさんが主堂万神を務める別の村祭りでは、酔った村人が近づいてきて踊りの邪魔をするのに腹を立てたNさんに対して、H万神は「村祭りでは、万神も妓生のまねをしなければならないのだ。我慢しなさい」と厳しく諭していた。研究者の思い入れと万神の現実認識には距離があるようである（浮葉 2004：49）。

（8）ソウル在住（当時）で同地方の村祭りに詳しい草場慎一によれば、栗島では、一九九八年、二〇〇一年、二〇〇二年に「チンジ致誠」がおこなわれた。村祭りは経済的な負担が大きいからだという。草場によれば、二〇〇一年の「チンジ致誠」には、C万神ともう一名の万神が府君堂を訪れ、村祭りの祭次を簡略化したクッをおこなったという。

（9）栗島については未確認であるが、二〇〇九年陰暦三月三日におこなわれた、江北区牛耳洞の村祭り（「三角山都堂祭」）では、四人の万神一人当たりに一八〇万ウォンの謝礼が支払われ、「別費」として村の役員六名に一人当たり一五万ウォンが支給されている（「三角山都堂祭」伝承保存会の会計報告による）。

文献

網野房子、二〇〇七、「巫女とケガレ――韓国済州島と珍島の調査から」阿部年晴・綾部真雄・新屋重彦編『辺縁のアジア

——〈ケガレ〉が問いかけるもの』明石書店、八二―一三四頁。

網野善彦・小沢昭一・宮田登ほか編、一九九〇、『大系日本歴史と芸能　第8巻——修験・神楽』平凡社。

ブラッカー、C、一九七九、『あずさ弓——日本におけるシャーマン的行為』岩波書店。

趙興胤、一九九九、「밤섬 부군당 도당굿（栗島府君堂都堂クッ）」、한국샤머니즘학회（韓国シャーマニズム学会）編『마포부군당 도당굿 연구（麻浦府君堂都堂クッ研究）』文徳社、二三―一一〇頁。

崔吉城、一九八〇、『朝鮮の祭りと巫俗』第一書房。

崔吉城、一九八三、『韓国のシャーマニズム——社会人類学的研究』弘文堂。

崔吉城、一九九一、『韓国人의恨』禮典社。（＝一九九四、真鍋祐子訳、『恨の人類学』平河出版社。）

崔吉城、一九九四、『한국 무속의 이해（韓国巫俗の理解）』禮典社。

洪泰漢、二〇〇七、『서울굿의 양상과 의미（ソウル・クッの様相と意味）』民俗苑。

伊藤好英、二〇〇六、『折口学が読み解く韓国芸能——まれびとの往還』慶応義塾大学出版会。

小松和彦、一九九五、「異人論——『異人』から『他者』へ」井上俊ほか編『岩波講座現代社会学3——他者・関係・コミュニケーション』岩波書店、一七五―二〇〇頁。

小松和彦、二〇〇九、『福の神と貧乏神』ちくま文庫。

栗本慎一郎、一九七九、『経済人類学』東洋経済新報社。

李英一・佐藤忠男、一九九〇、『韓国映画入門』凱風社。

野村伸一、二〇〇二、「李能和『朝鮮の巫俗』註（上）」『慶応義塾大学日吉紀要　言語・文化・コミュニケーション』二八、二一三―二三二頁。

野村伸一、二〇〇三、「『賤民』の文化史序説——朝鮮半島の被差別民」赤坂憲雄・中村生雄・原田信男・三浦佑之編『いくつもの日本5——排除の時空を超えて』岩波書店、一六一―一九〇頁。

朴銓烈、一九八九、『「門付け」の構造——韓日比較民俗学の視点から』弘文堂。

新谷尚紀、二〇〇三、『なぜ日本人は賽銭を投げるのか——民俗信仰を読み解く』文春新書。

浮葉正親、二〇〇四、「韓国における巫俗の変容をめぐって――ソウルの事例を中心に」『訪韓学術研究者論文集』第五巻、日韓文化交流基金、三三-五二頁。

山泰幸、二〇〇八、「〈異人論〉以後の民俗学的課題」小松和彦還暦記念論集刊行会編『日本文化の人類学／異文化の民俗学』法藏館、七七-九五頁。

第10章　うわさ・託宣・反乱

——想像上の西洋人と膏取り一揆

橋　弘文

1　想像上の異人としての西洋人

明治四年（一八七一）一二月に、高知県北部の山間地域で、明治新政府の政策に反対する一揆が起こった。この一揆に参加した人々は、廃藩置県、四民平等、戸籍制度、徴兵制などの新政府の政策に対して切実な危機感をいだき、それらの政策に実力で反対しようとした。彼らの危機感は、西洋人が日本人の身体から膏をとるといううわさにもとづいていた。彼らは、新政府は西洋人の膏取りに便宜をはかるために、一連の政策をうちだしていると受けとめ、西洋人のそうした邪悪な行動をただちに阻止することをめざして、立ち上がり、反乱を起こした。のちにこの一揆は「膏取り一揆」や「膏取り騒動」と呼ばれるようになる。

膏取り一揆集団のなかには、高知城下や鉱山などで西洋人をたまたま目撃した者はいたかもしれないが、彼らのムラや家などの生活空間に西洋人を招きいれて応対した者は、誰一人としていなかったにちがいない。つまり、この一揆集団は、西洋人との現実のかかわりからではなく、想像上の西洋人と対峙し、西洋人の排除を求めて一揆を起こしたといえる。

小松和彦は、社会集団による異人との関係のしかたに即して、異人を四つのカテゴリーに分けて考察している。それによれば、異人は、〈社会集団に一時的に滞在する異人〉、〈よその土地から来て社会集団に定着するようになった異人〉、〈社会集団が内部からつくりだす異人〉、〈空間的にははるか彼方にいるがために、間接的にしか知らない、したがって想像のなかで勝手に関係を結んでいるにすぎない異人〉というカテゴリーにそれぞれ分類される（小松 2002）。小松和彦の異人の分類にしたがえば、膏取り一揆を起こした高知県の山間地域の人々にとって、西洋人は「想像のなかで勝手に関係を結んでいるにすぎない異人」、すなわち「想像上の異人」だったと考えられる。

高知県の山間部の人々は、いったい、「想像上の異人」である西洋人とどのようにかかわり、新政府に対する反乱を起こすようになったのだろうか？

本章では、幕末から明治初期における西洋人のイメージの考察をふまえ、高知県北部の山間地域において、西洋人のイメージと明治新政府の政策から発生した膏取りのうわさが、反乱へと展開する過程をたどる。

2　好奇心・疑惑・攘夷

人々は西洋人をめずらしがった。容貌、服装、言語、そして習慣を異にする西洋人とは、どんな人間なのか。人々は好奇心をおさえることができなかった。海禁（鎖国）政策がおこなわれていた徳川時代、来日した西洋人は長崎の出島に滞在していたが、タイモン・スクリーチによれば、出島の向かいの江戸町巷路をそぞろ歩きしながら、西洋人の姿をながめることが、長崎の住民の娯楽の一つになっていた（Screech 1995＝2008）。

安政五年（一八五八）に徳川幕府が、アメリカ、オランダ、ロシア、イギリス、フランスとつぎつぎに修好通商条約を締結した。西洋人の姿がそれまで以上に街路や旅館に見受けられるようになった。

慶応三年（一八六七）二月、イギリス外交官のA・B・ミットフォードたちは、大坂で将軍慶喜に謁見するために軍艦で兵庫港に上陸し、陸路大坂に移動した。大坂の寺町の通りにある寺がミットフォード一行の宿舎にあてられた。その寺のまわりには西洋人を一目見ようとする人だかりができた。ミットフォードはこう書いている。

我々は非常な好奇心の対象となっていたので、宿舎のあった通りは見物人がいっぱいで、通れないほどで、大坂の大道商人たちが寺の前で市を開いて大声で果物や砂糖菓子や安い玩具などを呼び売りしたが、今日の旅行者がそれを聞けば、きっと驚くに違いない。（Mitford 1915＝1998）

運がよければ、群集の肩越しにではなく、間近で西洋人を見ることができた。なかには茶店で遭遇した西洋人と食事をともにして、好奇心を満足させた幸運な人々もいた。慶応三年（一八六七）二月、デンマーク人のフランス海軍士官、E・スエンソンらは神奈川郊外の東海道を散歩した帰りに茶店に入った。そこに居合わせた隣室の見知らぬ日本人の旅商人の一行が、スエンソンたちを食事に招待した。スエンソンは、日本人との思いがけない交流をつぎのように記している。

しかし、日本語以外の言葉を耳にしたことのない日本人にとって、われわれとの会話は非常に難しかった。ところが、一杯飲むごとに主人側の理解力、大胆さも上昇、厳粛な表情でわれわれが「フランス、ニッポン、アナシゴト〔オナジコト〕」といい放ち、フランス人も日本人も結局は同類という意味のことを表現してみたところ、彼らはもう完全に有頂天になり、陽気さも好奇心もとどまるところを知らなくなった。われわれが別に気にかけないのを見ると、服はおろか身体の一部分まで手で触れてきて、いろいろ丹念に調べはじめた。リンネルのシャツ、上着、長靴にはそろって感嘆の声を上げたが、その形は何とも奇妙に映ったようである。

（Suenson 1869-70＝1989）

多くの場合、西洋人は好奇心の対象であったが、安政五年（一八五八）と文久二年（一八六二）のコレラの流行に際して、西洋人は疑惑の視線にさらされた。高橋敏は、東海道三島宿近辺の桑原村の名主による年代記に、コレラ流行の原因が「アメリカ狐」とも呼ばれ、あるいはイギリスが幕府に進上した蒸気船のなかに「疫兎」が封じ込められていたといううわさが書きとめられていることを指摘している（高橋 2005）。

さらに来日した西洋人を待ち受けていたのは、人々の好奇心や疑惑のまなざしだけではなかった。攘夷思想をもつ武士たちが、西洋人の身体の安全をおびやかした。文久二年（一八六二）二月、生麦村で薩摩藩士がイギリス人を殺傷した。文久三年（一八六三）五月、長州藩が下関海峡航行のアメリカ船、フランス船、オランダ船に砲撃した。慶応四年（一八六八）一月、神戸三宮で備前藩士が欧米人を負傷させた。同年二月、堺において土佐藩士がフランス人を殺傷した（堺事件）。

堺事件は明治新政府とフランスの外交問題に発展し、事件にかかわった土佐藩士一一人が堺の妙国寺で切腹し、堺の宝珠院に葬られた。事件後、大坂や堺では、「今度泉州堺で、土佐の攘夷が、大當たり、よか、敵は仏蘭西、よつ程、ゑじやないか、よふか、よか、よか、よか」という歌が流行した（寺石 1937）。

堺事件は時代が明治に改まった後もしばらくのあいだ、生々しさを保っていた。明治三年（一八七〇）六月に道頓堀の劇場で堺事件を翻案した「異人殺し」という演劇が上演された。フランス人が激怒して外務省に抗議し、「異人殺し」は上演禁止、関係者は処罰された（寺石 1937）。

攘夷の感情は旧武士層をこえて人々のあいだに広まりつつあった。大岡昇平は堺事件をとりあげた作品のなかで、攘夷感情の浸透について、つぎのように書いている。

歴史は東征、外国使節参内と流砂のように進んでいたが、庶民は永年の攘夷宣伝で、流入したイギリス産綿布の国内産業圧迫、物価騰貴、これらはすべて外国人の入来による災害と考えていた。安政以来十年の間に培われた集団的感情は、度重なる新政府の開国布告にも拘わらず、にわかには消滅しなかったのであった。（大岡 1992）

「想像上の西洋人」がじっさいに高知に現れたとき、高知の人々も好奇心をおさえきれなかった。慶応三年（一八六七）九月に海路、土佐を訪れた、イギリス外交官のアーネスト・サトウは、人々の西洋人に対する執拗な好奇心にあきれている。

高知の町を散歩することは、私にとって賢明とも安全とも考えられなかったので、無理に見物しようともしなかった。ゴンドラに似た舟で浦戸まで戻ったが、その途中群集が小舟で追ってきた。彼らは、一五九六年にスペインの大帆船が漂着して以来、初めてこの地方に出現したヨーロッパ人をしきりに見たがっていたのだ。そして、なるべく好奇心を満足させようと、われわれの舟と触れ合うほど近くまでやって来た。（Satow 1921＝1960）

いっぽうで高知にも攘夷の雰囲気がただよっていた。明治初期には堺事件の関係者は高知県内に存命しており、堺事件の余波が攘夷の雰囲気の形成に与ったと思われる。

明治初期の高知において、「想像上の西洋人」は、好奇心の対象であると同時に排除の対象としてもみなされていたといえよう。しかしながら、「想像上の西洋人」が現実の存在として目の前にあらわれるとき、人々は好奇心の対象として西洋人と関係をむすぶか、それとも攘夷の感情にしたがって西洋人を排除するか、どちらかの行動を選択することをせまられた。

3　うわさの発生とひろがり

慶応二年（一八六六）二月に土佐藩は富強をはかるために、貨殖、勧業、鉱山、捕鯨、海軍などの西洋の学問や技術を学ぶ開成館を設立した。開成館には医学を学ぶ医局も設けられ、西洋人医師が招聘された。明治三年（一八七〇）九月に吸江病院が五台山に建設され、日本人医師の山本信卿とともにイギリス人のウィリアム・ヘンリ・ホジャーが医師として赴任した（中島 1935）。

攘夷の雰囲気のなかにいた人々は、高知にやって来た西洋人医師に対して反感をもっていたと思われる。中島鹿吉が『土佐名医列伝　附土佐医学小史』（中島 1935）で提示している、明治三年（一八七〇）六月の触書は、西洋人医師に対する当時の人々のそうした態度の一端をうかがわせる。

先達て外国医師来藩以来、動もすれば同人へ対し心得違の輩も有之哉に相聞へ、畢竟医術研究の為教師に御雇入に相成候義に付、決て無礼を相加へ候義有之間敷各一己々々を顧み、屹度相慎み可罷在、万一心得違の輩於有之は臨時処置被ニ仰付候條、此旨兼て相心得可申事。

高知藩は西洋人医師に対して反感をもつ人々の存在を察知し、彼らが西洋人医師に対して暴力（「無礼」「心得違」）をふるわないように警告した。膏取りのうわさは、このような攘夷感情に凝り固まった人々を中心に展開していったと推測される。しかし、ガチガチの攘夷論者のあいだだけに流布したならば、うわさは広がりをみせなかっただろう。膏取りのうわさの広がりには、西洋人に好奇心を寄せていた一般の人々をも巻き込む要因があったと考えられる。

高知の人々は、まず「病院」という名称と空間に恐怖を感じたと思われる。日本における西洋式病院は、オランダ軍医のポンペ・ファン・メーデルフォールトの建言により徳川幕府が、文久元年（一八六一）に長崎に開設した、「長崎養生所」に始まるが、この医療施設は「病院」と名付けられていない（青柳 2011）。「病院」の名称は、戊辰戦争の官軍側の負傷者を治療する施設に最初に使われ、その後、西洋式の一般の治療施設を指す言葉になった。石井研堂によれば、明治二年（一八六九）ごろには、「病院」という名称は一般的になりつつあった（石井 1997）とはいえ、明治初期の人々は、まだ、「病院」という言葉のひびきに戊辰戦争を連想し、さらに西洋式の「病院」から江戸時代の読本の挿絵に描かれた蘭方医のイメージをたぐりよせたと思われる。タイモン・スクリーチは、蘭方医の治療空間（「オランダ外科の店」）は、「江戸人の想像力の中では一種の幽霊屋敷、血まみれの魔館」だったと指摘する（Screech 1995＝2008）。

高知の吸江病院の建築は、二階建て木造ルネサンス式の西洋風で、病室に鉄製の寝台が置かれ、診察にはもちろん西洋人医師があたった（大野 1987）。明治初期の人々にとって、病院は、それまで目にすることのなかった外観をそなえた、新しい、未知の空間として、人々に不安をかきたてた。しかも、病院の中心に西洋人がいるとなれば、人々の不安がつのったとしても致し方ないだろう。

病院と同様に明治初期の人々にとっての新しい空間として、工場がある。工場もまた、明治初期のころは、西洋人の技術者によって指導された。明治六年（一八七三）に設立された官営富岡製糸工場は、伝習工女を割り当てられた信州松代において、「血をとられるのあぶらをしぼられるのと大評判」になった（和田 2011）。

異人が身体に危害をくわえるという想像は、うわさというメディアにのりやすい。T・シブタニの『流言と社会』は、一九三〇年ごろにメキシコのオアハカで発生した、異人による誘拐のうわさに注意をはらっている（Shibutani 1966＝1985）。

E・C・パーソンズのオアハカのミトラについての民族誌的研究によれば、オアハカで子どもたちが誘拐されたといううわさがひろまった。ジプシー（Hungaros）、ドイツ人の行商人、高速道路建設の調査で来ていたアメリカ人技術者たちなどのよそ者に、誘拐犯のうたがいがかけられた。そしてうわさに新たな要素が追加される。よそ者の誘拐犯は、かれらの自動車に使うために子どもたちの身体から油をとる。いや、飛行機で使う油を子どもたちの身体からとる……。パーソンズじしん、サン・ディオニジオ（San Dionisio）で誘拐犯にまちがわれ、酔っぱらいに「おれは兵士だぞ！　この町ではあんたたちに子どもを盗ませないぞ！」とすごまれた（Parsons 1936）。

一九九五年七月一二日発行の『ニューズウィーク日本版』は、サンパウロ近郊のカラピクイバで、ピエロの格好をした男性二人とバレリーナの服を着た女性のグループが、子どもたちを誘拐し、子どもたちから臓器を取り出し、それらの臓器を先進諸国に売っている、といううわさが発生したことを報じている。このうわさは中南米全域に広まり、グアテマラを旅行中のアメリカ人女性が誘拐犯に間違われ、現地の住民に袋だたきにされるという事件を引き起こした（『ニューズウィーク日本版』四七〇号、一九九五年七月一二日発行）。

膏取り一揆から五〇年後の大正一〇年（一九二一）に、清水源井は一揆のまえに流布した吸江病院をめぐるうわさについて、つぎのようにふりかえる。

其の鉄製の寝台の上に患者が臥して居るを見て、茲が異人の来て膏を取る所で、鉄製の寝台を鉄灸と誤認し、患者は鉄灸の上で知らず知らず膏を抜かれて笑ふ笑ふ死ぬる抔と言ひ触らしたもので、先日も友人森下高茂氏が、僕等の習ひたる当時の漢学の師匠も、そう云ふ事を唱へて居たと言ふて居りました。高知市中でさへも斯の如き有様でありました。況んや田舎に於てをやで、忽ち名野川、池川郷の女共は之を聞いて何れも号泣したとの事であります。（清水 1921）

異人が膏を取るといううわさが、どうして人々に受容されたのか。佐竹昭広は、「膏取り」の昔話の想像力がうわさ受容の基盤になっていたと推察している。「膏取り」の昔話は、主人公が見知らぬ屋敷で歓待されるが、のちにその屋敷で人間の身体から膏や血などをとるために殺人がくり返されていることに気づき、逃走するというストーリーを語る。多くの場合、出来事はすべて主人公の夢だったという結末で語られている。佐竹昭広は、「膏取り」の昔話が日本列島の広い範囲で伝承されてきたことを指摘したうえで、鎌倉時代の『宇治拾遺物語』から井原西鶴の『本朝二十不幸』にいたる「膏取り」の素材の歴史を概観し、「時あって、何時どこでも思い起こされ、働きはじめる想像力の共通基盤」が、明治初期の膏取りのうわさ流行の心理的な源泉になっていたという興味深い考察をおこなっている（佐竹 1992）。

稲田浩二の『日本昔話通観　第28巻　昔話タイプ・インデックス』（稲田 1988）では、「膏取り」の昔話は、「脂しぼり」というタイプに分類され、『日本昔話通観』のそれぞれの巻において、青森、岩手、秋田、山形、福島、宮城、新潟、石川、富山、岐阜、兵庫、徳島、高知、鳥取、島根、大分、宮崎、鹿児島などの各地に伝承されている「脂しぼり」のあらすじが掲載されている。

『日本昔話通観　第22巻　愛媛・高知』（稲田・小沢 1979）は、「脂しぼり」の高知の事例として、松本実の『にろうむかしばなし』（松本 1974）に収載されている「夢の枕」を「肝取りの家」に題をかえて、そのストーリーを紹介している。

「夢の枕」の主人公の男性は伊勢参宮旅行の途中に、御殿のような立派な家に宿泊を求め、歓待される。男性は、その家の人々によって殺された女性の幽霊によって、その家の住人たちは、じつは人を殺して肝をとり、それをよその国に売っていることを知らされる。男性は必死にその屋敷から逃げ出し、山中の一軒家を訪ね、その家の老夫婦に助けを求めるが、その家は殺人屋敷の出張所だった。男性は大金を出して、俵の中にかくまってもらい、ヤナカにつるされる。屋敷の追っ手が来て、男性が入っていた俵をヤナカから落とすと、主人公の男性の目が覚めた。

吸江病院という未知の新しい空間に不安を感じていた人々は、「夢の枕」で語られる「御殿のような立派な家」を吸江病院に、そして、「御殿のような立派な家」の住人を吸江病院の西洋人医師に、それぞれ重ねあわせたかもしれない。吸江病院がどのような場所か、ぼんやりとしか想像できなかった人々に、「人を殺して肝をとり、よその国へ売っています」という「夢の枕」の語りは、はっきりとした、しかし誤解された、意味を提示したと思われる。

吸江病院をめぐるうわさは、はたして膏取り一揆を起こした人々が暮らす、高知北部の山間地域で発生したのだろうか。それとも、膏取りのうわさは、ほかの地域から伝わってきたのだろうか。断定はできないが、膏取りのうわさは、ほかの地域から一揆が起きた地域に伝わってきたと推測される。膏取り一揆は土佐郡大川村でも起きたが、一揆と同じ明治四年（一八七一）の出来事が、つぎのように思い出されている。

明治四年、土佐様がまだ御主公の時分のことじゃった。大川村の白滝の野地の銅山へ御主公に招かれて行く西洋人の技師二人が、通弁士といっしょに長崎からやってきたことがあった。その頃はみんなが西洋人を異人と言いよった時分じゃったが、赤ゲットをかついで深靴をはいて、仲持が二十人もついてきて籐椅子、寝道具などを持ってきた。深靴などを見たのはこの時が初めてで、コウモリ傘というものもこの時初めて見た。轆轤が金でできていて、たどうだら杖になるというで、通弁士も口なものでひろげたりたとうだりして見せてくれたもんじゃった。土居の学校床にあった寺が、明治三年に廃寺になってあいていたので、そこで一同が泊まったもので、それは今の鏡峯寺のことである。大庄屋の伊藤太右衛門というもんがお伴してあちこちしたもんじゃったが、みんな「白い人じゃネヤ」とびっくりしたもんじゃった。（桂井 1954）

この話を桂井和雄は昭和一九年（一九四四）に土佐郡森村で、当時八三歳の男性から聞いている。西洋人をはじめて見た大川村の人々は、西洋人の服装や傘などの持ち物、そして西洋人の身体に興味を示したが、西洋人を攻撃しようとする排除の考えはもっていなかった。

膏取りのうわさが発生した具体的な空間については、確かめることはできないが、うわさの広がりの中継点は推測できる。前記の清水源井の記述によれば、漢学の師匠が膏取りのうわさの中継点の一つになっていた。漢学を学ぶ人々は、師匠から漢学の知識を教授されるとともに膏取りのうわさも伝達された。漢学塾がうわさを増殖させる媒体として機能した。人々の無知が膏取りのうわさを広めたのではなく、人々の知的渇望が逆にうわさを流行らせた。

膏取り一揆の二年前に、のちに一揆で揺れ動く池川にも漢学を学習する施設がつくられた。『池川町文化財叢書第4集　道番所と送番所』（西川 1971）が引用する「池川小学校沿革史」によれば、明治二年（一八六九）一二月に池川の土居村ニシガナロに、「郷土の青年子弟」に文武両道の教授を目的として明誠館が創設された。明誠館では、撃剣や筆道とともに「大学」「中庸」「孟子」「論語」などの漢学が教授された。

膏取り一揆の指導者の一人の竹本長十郎は、この明誠館に学んだといわれている。明治一六年（一八八三）に『土陽新聞』に連載された、膏取り一揆を題材とした実録小説「高峯廼夜嵐《たかねのよあらし》」の第六回は、竹本長十郎が明誠館の建設にあたって、杉柱五〇〇本を寄付し、長十郎の配下の者を建設工事に働かせたとのべる。(1)

竹本長十郎の居宅は池川の舟形にあった。長十郎は、舟形から明誠館のある土居までの約八キロメートルの山間の道を歩いて明誠館に通った。長十郎の勉学に対する熱意がうかがえよう。長十郎の勉学熱心のエピソードの一つが、「高峯廼夜嵐」第七回でのべられる。長十郎が明誠館の「文學助教役《ぶんがくじよけうやく》」宅を訪れ、「兵法《へいはう》の書御講談拝聴《しよごかうだんはいてう》仕《つかまつ》り度偏《たくひとへ》におん願《ねがひ》申上《もをしあぐ》」る。文學助教は、長十郎の勉学熱意に感心して、「孫子」を「声爽《こゑさは》やかに理明《りあき》らかに蕩々《たふたふ》と」講じる。「孫子」の一節、「故曰《ゆへにいはく》　知彼知己《かれをしりおのれをしれは》　百戦《ひやくせん》　不殆《あやふからず》　不知彼而《かれをしらずして》　知己《おのれをしる》　一勝一負《いつとういちぶ》　不知彼《かれをしらず》　不知己《おのれをしらざれば》　毎戦必敗《まいせんかならずまけむ》」が講じられたとき、長十郎が「妙《めう》なり妙なり兵法《へいはふ》の用意《ようい》只此《ただここ》にあり」と声をあげたので、文學助教は長十郎の「奇才《きさい》」にあらためて驚く。

竹本長十郎の人物像を伝える多くの伝承は、長十郎は知的好奇心の豊かな精神の持ち主であったと語る。ひろた・まさきは、長十郎が熱心な黒住教の信者だったことに注目し、長十郎の蔵書などの検討から、彼が黒住教の世界観をとおして、神国思想に接近していたことを指摘している（ひろた 1980）。黒住教池川中教会所発行の『池川のお道づれ』（鈴木ほか 1991）によれば、安政六年（一八五九）に池川郷狩山村の藤本是一が、筒井偵次、山本久造、岡本寿之助らとともに金比羅宮参拝の旅行に出かけ、金比羅の宿屋の女中の案内で、黒住教の講話をきいたことが、黒住教が池川へ伝来するきっかけとなった。

　地方の知識人だった竹本長十郎の交友関係と活動範囲は、居宅のある舟形をこえていた。長十郎は蔵王山というしこ名で草相撲の力士として活躍した。長十郎はすもう大会がおこなわれる近郷のムラを訪れた。すもう大会が開催されるムラでは、ほかのムラの力士たちやすもう好きのほかのムラの人々の交流が展開されただろう。「高峯廼夜嵐」によれば、長十郎が人々のトラブルの解決を積極的にひきうけ、そのために定期的に舟形と高知城下を行き来した。「高峯廼夜嵐」の最終回は、かつて長十郎に助けられた伊予の姉妹が、長十郎の墓参りをする場面を描いている。また長十郎をめぐる伝説では、長十郎は佐川の深尾家の殿様と顔見知りであったと語られる。

　黒住教の熱心な信者だった長十郎は黒住教の布教の会場に足を運んだことだろう。ひろた・まさきは、黒住教の布教者の本多応之助が伊予の久万山で集会をひらいたときに、長十郎が久万山に馳せ参じた可能性を推測している（ひろた 1980）。

　竹本長十郎は、当時の池川の人々のなかでは、交友関係の多様さと活動範囲の広さにおいて抜きん出ていた。したがって長十郎は情報通でもあっただろう。山間部が人間の交流が少なく、情報も十分に流通しない閉鎖的な空間だからという理由によって、膏取りのうわさがそこで勢力を得たわけではない。むしろ、人間の交流がマチより濃く、城下の情報もそこそこに流通していたからこそ、山間部において膏取りのうわさの炎は燃え上がっていったと考えられる。

　攘夷感情と吸江病院の開設に端を発したうわさは、それだけならば反乱にいたらなかっただろう。うわさが反乱に結びついていった要因として、まず、現実の西洋人をめぐる情報量の少なさがあげられる。たとえば、前藩主の山内容堂が、イギリス人医師のウィリスの治療をうけていた事実（Satow 1921＝1960）を、一揆を起こした人々が知っていたとは思われない。

明治三年（一八七〇）の徴兵規則の発布、明治四年（一八七一）四月の戸籍法、同年七月の天皇による廃藩置県の宣言などの明治新政府の諸政策が、一般の人々には難解な漢文調の文章で通達されたことも、人々を動揺させ一揆に向かわせる要因になったと考えられる。

西洋人についての情報不足と明治新政府の政策の伝達方法の不備が、膏取りのうわさを信じた人々を反乱の方向へすすませた。

4　横倉山の託宣

戸籍法や廃藩置県の目的は何なのか。膏取りのうわさは真実なのか。西洋人は、うわさが伝えるように、ほんとうにわれわれの生命をおびやかすのか。

高知の山間部の農民たちにとって西洋人は想像上の存在だった。経済的な生存危機とちがい、想像上の存在である西洋人による危機は、空腹などの体験を欠いている。想像上の存在である西洋人は、ほんとうにじぶんたちの生存を危機においやっているのか。戸籍法や廃藩置県は、高知の山間部の住民たちに、わかりやすく伝達されなかった。西洋人についての情報は十分でなかった。横倉山の託宣が、それらの情報不足を補った。

横倉山は仁淀川流域に形成される越知盆地の西側の山系に位置する。横倉山はその山容から三嶽山と呼ばれた。天徳元年（九五七）、越知の開拓者であった別府経基が、三嶽山の東の日向の嶽に国霊雄（三輪大明神）と不動明王を、中の日室の嶽に天照大神と大日如来を、西の日置の嶽に人津御魂神（阿波島大明神）と薬師如来をそれぞれ勧請し、三嶽三聖大権現と尊称した。そして三嶽山全山を蔵王権現の神体とみなした。別府経基による開山後、三嶽山は修験道場となり、三嶽山では山伏の修行がさかんにおこなわれたが、一九世紀のはじめごろには、もはや山伏の姿はみられなくなったといわれている（越知町史編纂委員会 1984）。

横倉山には安徳天皇と平家の落人にかかわる伝説がみられる。安徳天皇は壇ノ浦の合戦をのがれ、平氏の一門に護られて、四国にわたり、阿波の山城谷、祖谷、土佐の越裏門、椿山などを経て横倉山にたどりつき、そこに皇居を立てた。正治二年（一二〇〇）、安徳天皇は崩御し、横倉山中に葬られた（越知町史編纂委員会 1984）。

延享三年（一七四六）に植木惺斉が編集した『土陽淵岳誌』には、横倉山が震動を発し、響音をとどろかしたことが記されている。横倉山の鳴動音は高知城下まで聞こえ、人々を驚かせた。横倉山の地元の人によれば、横倉権現は霊験があり、怒りを発すれば、山が必ず鳴るという（田村 1970）。

修験道の影がうすくなった後も、横倉山は信仰の山でありつづけた。近代になっても、旧暦の九月八日の「三嶽参り」は多くの参詣者でにぎわった。

膏取り一揆の正当性を問う託宣が、横倉山でおこなわれた理由はつぎのように推測される。一揆に参加する人々にとって横倉山は信仰の対象であり、横倉山は高知城下まで知られた霊山であり、そして修験道や安徳天皇潜幸伝説などによって横倉山は高知をこえた日本全体とつながっているとみなされていた。

横倉山での託宣は、名野川の陰陽師の隅田教覚がおこなった。[2] 隅田教覚は、伊予へ通じる道にある宗津の番所を担当する家に生まれたといわれている。[3] 教覚の父は修験者だった。教覚も、若いころ、京都の醍醐寺三宝院で得度している（松田 1987）。

横倉山の山頂付近の「馬鹿だめし」と呼ばれる絶壁の下には、修験者が護法仏をまつって修行した洞窟があった。横倉山には、そのほかにも多くの岩窟があり、修験の行場とされていた（廣江 1978）。おそらく、教覚は、かつての修験の行場だった、そうした洞窟のどれかに参籠して神託を得たと思われる。

教覚の託宣の内容について、いまのところ、われわれは「高峯廼夜嵐」の記述から推測せざるをえない。「高峯廼夜嵐」第一三回は、つぎのように託宣の内容を記している。

其概略を語らんには全体此新戸籍法なるものは在廷の官吏等がおぞくも醜夷の為めに誑惑されかかる発布に及びしなれは上は國体を汚し下人民の性命に関する大事件なり中々之を等閑に思ふべからず先づ其第一及び第三則に舊来郷村に□□庄屋年寄名本等を廃□更に戸長係なんど云ふ者を置く是乃ち□□の同類にて異人贔屓の奴原を此後に申付置き扨戸籍法□□の後は毛唐人より日本□民を奴僕に買いとり妾に取るとか云□時は豫て定めたる區畫の順番にて外國人に賣渡し姦吏們が中にて其金を分配する巧術也又第七則に銘々の宅へ何番屋敷と票札を掛さすは是即ち□□□の目録なれば何時醜夷の望次第此札を視て片端より□取に購ひ出すその方法なれば此番に當れは決して一人も脱るを能はず箇様な姦策を施すに付ては何分舊國主の在藩にては事の邪魔となるを以て知事を廃し巳が同類を夫々の県へ置けり而して茲に尤も怖るべきは一体此の醜夷の中には甚敷残忍非道の國あつて他國人を買受し上は宛も人間を畜類同様に思ひ或は人体を烈火に掛て其脂を燃して之を飲み又は其皮肉を臠にしてこれを喰ふ抔世にも無慙酸鼻な奴なれバ所詮汝們性命を全くする事覚束なし惟此上は是非に及ハず速かに兵を起し姦吏を誅し醜夷を追払ひ舊藩主を帰國させよ然らんにハ我日本は神國也六十餘洲の神明何ぞ汝們を擁護せざらんや軍の勝利努疑ふべからずと最厳かに御示現ありき

この託宣の概略のなかで、「外国人」、「異人」、「毛唐人」、そして「醜夷」と呼ばれる西洋人はつぎのように想像されている。西洋人は、日本人を「奴僕」や「妾」にするために買いとっている。西洋人のなかには、日本人の人体を烈火にかけて脂を取り、それを飲み、また日本人の人体の皮や肉を細かくして食べる者もいる。

横倉山の託宣は、西洋人に「誑惑」された官吏たちは、西洋人による日本人買いが円滑にすすめられるための方策として戸籍法を制定し、日本人を売り渡した「姦吏」[4]たちは西洋人からお金をもらい、配分している、とのべる。託宣は、また、明治新政府はこの「姦策」が妨害されないために廃藩置県の政策を実施し、旧藩主を東京に呼び寄せたと告げる。

託宣は最後に、「此上は是非に及ハず速かに兵を起し姦吏を誅し醜夷を追払ひ舊藩主を帰國させよ」と一揆の正当性を語り、そして日本の「六十餘洲の神明」がこの一揆を擁護し、一揆は勝利すると予言する。

横倉山の神霊をはじめとする日本の神々は、ふだんは神々の世界におり、祭などの儀礼のときに人間の世界にやって来る。とはいえ神々の姿を見た者はほとんどいない。神々も「想像上の異人」として位置づけられる。横倉山の託宣では、「想像上の異人」の西洋人に対する反抗が、神々というこれまた「想像上の異人」によって企てられているといえよう。

5　反乱の方法

「高峯廼夜嵐」によれば、横倉山の神託の後、大崎や奈野川の「剛気」の人々が竹本長十郎を尋ね、反乱の指導者に推した。膏取り一揆の指導者となった竹本長十郎は、周辺の村々に教覚に書かせた檄文を配布させ、一揆への強制参加を求めた。その檄文の文面もまた、いまのところ、「高峯廼夜嵐」の記述にたよらざるをえない。檄文は「高峯廼夜嵐」第一五回にはこう書かれている。

此度政府藩主を追出し夷人贔屓の姦吏を県庁へ据へ我日本人を外国人に賣渡し脂を取つて彼の滋養に供せし

むる趣甚だ以容易ならざる事に有之一日も早く藩侯を取返し姦吏を誅し夷狄を遂拂ひ不申候ては日本人は五ヶ年間に皆無と可相成候ふ付孰れも押出の用意可致候事
但孰れもヲゴ縄竹槍鉄砲等用意し何時にても押出不指□様可致若此度押出の組入不致ものは政府と同意者と見附片端より居宅焼く拂ひ可申候

明治四年十二月　惣大将　平兵部之輔印

諸郡村百姓中

竹本長十郎は檄文で「平兵部之輔」と名乗る。「高峯廼夜嵐」発端、ならびに「高峯廼夜嵐」第一四回によれば、長十郎の先祖の笹丸は平重盛の孫にあたり、平家の瀧口兵部が笹丸をたすけてた舟形まで連れてきた。「平兵部之輔」という名には笹丸と瀧口兵部への思いが込められている(5)。「平兵部之輔」は武士の名を表す。長十郎は、彼が武士の子孫、しかも名門の武士の子孫であるという誇りをもっていた。また高知の山間部には平家の落人の子孫であるという家が多い。「平兵部之輔」はそうした人々との連帯をうながす。さらに託宣がおこなわれた横倉山には安徳天皇潜幸伝説がともない、平氏の子孫の名は横倉山に連結する。

竹本長十郎をはじめとする山間地域の人々のあいだに、「名は人間そのものでなく霊魂」（牧田 1990）であるとする民俗的な想像力が共有されていたとするならば、長十郎は「平兵部之輔」を名乗ることによって、笹丸と瀧口兵部の魂を呼び寄せて、みずからの身体に帯びたことになる(6)。

膏取り一揆に参加した人々の攘夷の実現のしかたとかつての武士層のそれとのあいだには、微妙なちがいがみられる。武士たちは、自分たち自身の暴力行為によって、西洋人との関係を直接に変更させようとした。攘夷の思いをもつ武士たちは、遭遇した西洋人を斬りつけ、あるいは西洋人の船に砲撃した。しかし武士たちは攘夷を理由にして徳川幕府や明治政府に反乱を企てることはなかった。

これに対して、膏取り一揆に参加した多くの農民たちの暴力は、西洋人に直接に向けられていない。明治初期には、高知の山間の農民たちの面前に、西洋人は出現しなかったし、そのころはまだ、西洋の製品は高知の山間地域に普及していなかった。それゆえ、膏取りのうわさを信じ、西洋人を憎悪した人々といえども、西洋人に直接に暴力をふるったり、西洋の製品を自らの手で破壊したりすることはできなかった。西洋人に対する農民たちの憤りの矛先は、西洋人と交流している明治新政府の官吏に向けられた。農民たちは攘夷（西洋人の排除）を実現する手段として、西洋人と邪悪な関係にあると推測される明治新政府の官吏を攻撃目的にした。ところが高知の山間部にはそのような官吏もいなかった。膏取り一揆の集団は、「想像上の異人」である西洋人を攻撃することはもとより、西洋人と交流する政府の官吏に直接、抗議することもできなかった。

膏取り一揆の集団は、戸長役場を襲撃し、戸籍簿を焼き捨てようとした。一揆に参加した人々にとって、戸籍簿は西洋人の日本人買いを促進させる手続き資料に思われた。したがって、人々は戸籍簿を焼却すれば、西洋人の暴挙を停止させることができると信じた。

膏取り一揆の集団がめざした、戸籍簿の焼却と廃藩置県の撤回は、中央集権化に対する異議申し立てといえる。一揆に参加した人々は、膏取りのうわさの向こう側にある中央集権化に将来の生存危機を感じていたと思われる。

注

（1）「高峯廼夜嵐」については（橘 2008）を参照。「高峯廼夜嵐」の第六回は、明誠館の建設と竹本長十郎の入学をつぎのように書いている（「高峯廼夜嵐」のテクストは、高知県立図書館蔵の『土陽新聞』のマイクロフィルムをマイクロフィルム・リーダーで閲覧、複写したものを用いた。判読の困難な箇所は□で表した）。

ここに吾川《あがは》郡《こほり》池川郷《いけがはごう》に明誠館《めいせいかん》となん呼《よべ》る文武《ぶんぶ》教習所《けうしうしよ》ありける。この教習所《けうしうしよ》は今《いま》を距《さ》ること十六年《ねん》、即《すな》はち明治元年《めいぢぐわんねん》八月《がつ》高知《こうち》藩廳《はんてう》より新《あら》たに普請《ふしん》をおこせし□□□て、其頃《そのころ》池川《いけかは》用居《もちい》狩山《かりやま》奈野川《なのかは》大崎《おほさき》等《ら》の村民《そんみん》より或《ある》ひハ木材《もくざい》を献納《けんのう》し、或《ある》ひは寸志《すんし》もて人夫《にんぷ》に出役《しゆつえき》なし数日《すじつ》の労《ろう》を取《と》りけるが、此時《このとき》長《ちやう》十郎《らう》も杉《すぎ》柱《はしら》五百本《ぽん》を獻《けん》し、我《わが》乾兒《こぶん》をも人夫《にんぷ》に出《いだ》せし事有《ことあり》ける。恪《かく》て同《おなじ》二年正月《ねんしやうがつ》に、右建築《みぎけんちく》全《まつた》く落成《らくせい》なしければ、更《さ》らに又同館内《またどうかんない》に五反余《たんよ》の地面《ぢめん》を拓《ひら》きて練兵場《れんぺいでう》を設《もふ》けられ、之《これ》を明誠館《めいせいかん》と号《ごう》し、文武《ぶんぶ》の教員《けういん》を備《そな》へられ、年齢《ねんれい》十六歳《さい》以上《いしやう》三十五歳迄《さいまで》の者《もの》は士民《しみん》を論《ろん》ぜず、いつれも入館《にうくわん》を許《ゆる》し、文學鎗刀練兵等《ぶんがくそうとうれんぺいとう》を修業《しゆけう》せしめ、郡《こほり》奉行役《ぶげうやく》時々《ときどき》巡回《じゆんくわい》有《あ》つて、士民《しみん》を奨励《せうれい》し、其怠慢《そのたいまん》を誡《いま》しめけるにぞ。農商《のうせう》の子弟《してい》も多《おほ》く入館《にうかん》せし中《うち》、長《ちやう》十郎《らう》は先年父《せんねんちち》の教訓《きうくん》に従《した》かひ、一旦嗜《いつたんたしな》みし武術《ぶじゆつ》をば思《おも》ひ止《とま》りしが、父孫平《ちちそんへい》は慶《けい》応元年《おうぐわんねん》の六月頃老病《がつころらうべう》にて死亡《みまかり》、今《いま》は家督《かとく》を相続《そうぞく》なして有《あり》ければ、今回《こんど》三民《みん》に文武《ぶんぶ》修行《しゆげう》を差許《さしゆる》されし事《こと》を深《ふか》く悦《よろ》こび、夫《それ》より諸人《しをじん》に先立日々館内《さきだちにちにちかんない》へ出頭《しゆつとう》して文武《ぶんぶ》両道《のわざ》を學《まな》ひしが、別《わけ》ても幼少《ようせう》より好《この》む處《ところ》の剣術《けんじゆつ》にハ頗《すこむ》る精神《せいしん》をこらしけるが、後又其頃《のちまたそのころ》数《す》隊組立《たいくみたて》になりし郷兵《ごうへい》の中《うち》に入《い》つて毎日教場《まいにちけうば》に出《いで》て、蘭式砲術《らんしきほうじゆつ》をも修行《しゆげう》なし、更《さら》に懈怠《けたい》なかりける。

（2）「高峯廼夜嵐」では、隅田教学となっている。

（3）二〇一二年、名野川の宗津での聞き書きによる。

（4）「姦吏」という表現は攘夷に特有なものかもしれない。たとえば、坂本龍馬は、文久三年六月二九日の姉・乙女への手紙で、攘夷を実行せずに異人に内通している幕閣を「姦吏」と呼び、「姦吏を一事に軍いたし打殺」と書いている（町田 2010）。

（5）「高峯廼夜嵐」は竹本長十郎の出自をつぎのようにのべる。平重盛の末子である土佐守宗賢は、八島の合戦で、身重の妻の美濃を宗賢の乳父子の瀧口兵部に託す。瀧口兵部は美濃をともない、合戦の八島をのがれ、四国にわたる。美濃は土佐の越知で男子を出産し、笹丸と名づけられる。美濃は産後まもなく病死し、瀧口兵部は笹丸を背負い、追っ手をのがれ土佐の山中をさまよう。夜に宿泊を求めた山中の一軒家で兵部と笹丸は親切にもてなされる。やがてその家の主と兵部があいついで世を去り、元服した笹丸は彼をたすけてくれた家をつぐことにし、その家の主の名、竹本孫右衛門を名乗る。この竹本孫右衛門、すなわち平重盛の末子、土佐守宗賢の子、笹丸の子孫が竹本長十郎になる。

（6）牧田茂はつぎのようにのべている（牧田 1990）。「日本人の古くからの考えでは、名は人間そのものでなく霊魂、つまりタマについていたようである。タマが成長するに応じて名も替える必要があったし、名を呼ばれるということは、その魂が呼ばれることだったのである。」

文献

青柳精一、二〇一一、『近代医療のあけぼの――幕末・明治の医事制度』思文閣出版。

Freeman-Mitford, A. B, 1915, *Memories by Lord Redesdale*, Hutchinson & Co.（＝一九九八、長岡祥三訳『英国外交官の見た幕末維新』講談社学術文庫。）

廣江清、一九七八、『近世土佐の修験』土佐史談会。

ひろた・まさき、一九八〇、『文明開化と民衆意識』青木書店。

石井研堂、一九九七、『明治事物起原　七』ちくま学芸文庫。

稲田浩二・小沢俊夫編、一九七八、『日本昔話通観　第16巻　兵庫』同朋舎。

稲田浩二・小沢俊夫編、一九七九、『日本昔話通観　第22巻　愛媛・高知』同朋舎。

稲田浩二、一九八八、『日本昔話通観　第28巻　昔話タイプ・インデックス』同朋舎。

桂井和雄、一九五四、『耳たぶと伝承――土佐民俗叢記』高知県社会福祉協議会。

小松和彦、二〇〇二、「異人」小松和彦・関一敏編『新しい民俗学へ――野の学問のためのレッスン26』せりか書房。

町田明広、二〇一〇、『攘夷の幕末史』講談社。

牧田茂、一九九〇、『日本人の一生』講談社学術文庫。

松田富夫、一九八七「隅田教覚について（一）」『土佐史談』一七五号。

松本実、一九七四、『にろうむかしばなし』楠目利政。

中島鹿吉、一九三五、『土佐名医列伝　附土佐医学小史』青楓会。

『ニューズウィーク日本版』四七〇号、一九九五年七月一二日発行。

西川安穂校注、一九七一、『池川町文化財叢書第4集　道番所と送番所』池川町文化財資料刊行会。

越知町史編纂委員会編、一九八四、『越知町史』越知町。

大岡昇平、一九九二、『堺港攘夷始末』中公文庫。

大野康雄、一九八七、『五台山誌』土佐史談会。

Parsons, Elsie Clews, 1936, *MITLA: Town of The Souls*, The University of Chicago Press.

佐竹昭広、一九九二、『酒呑童子異聞』岩波同時代ライブラリー、岩波書店。

Satow, Sir Ernest Mason 1921, *A Diplomat in Japan*, Seeley Service.（=一九六〇、坂田精一訳『一外交官の見た明治維新（下）』岩波文庫。）

Screech, Timon, 1995, *Edo no Gaijin*, Maruzen.（=二〇〇八、高山宏訳『大江戸異人往来』ちくま学芸文庫。）

Shibutani, Tamotsu, 1966, *Improvised News: A Sociological Study of Rumor*, Bobbs-Merill.（=一九八五、広井脩・橋元良明・後藤将之訳『流言と社会』東京創元社。）

清水源井、一九二一、「膏取り一揆騒動の顛末」『土佐史談』七号。

Suenson, Edouard, 1869-70, "Skitser fra Japan," *Fra Alle Lande*, Copenhagen.（=一九八九、長島要一訳『江戸幕末滞在記』新人物往来社。）

鈴木康正・大原定通・西森晃・筒井寿之編、一九九一、『池川のお道づれ』黒住教池川中教会所。

橘弘文、二〇〇八、「高峯廼夜嵐――膏取り一揆と竹本長十郎」『比較日本文化研究』一二号。

高橋敏、二〇〇五、『幕末狂乱――コレラがやって来た！』朝日新聞社。

田村佑子校訂、一九七〇、『土陽淵岳誌』高知県立図書館。

寺石正路、一九三七、『明治元年土佐藩士　泉州堺烈挙』宝文館。

和田英、二〇一一、『富岡日記』みすず書房。

第11章　殺された異人の〈顔〉

――〈異人論〉における「倫理」の問題

山　泰幸

1　はじめに

小松和彦の「異人殺し」伝説をめぐる一連の研究――ここでは〈異人論〉と総称する――を取り上げて、そのプロブレマティクを再検討し、その後の課題を展望することを試みた拙稿「〈異人論〉以後の民俗学的課題」（山2008）の最終節にて、私は次のように述べていた。

　重要なことは、〈異人論〉が呼び出して、再び葬ってしまった「死霊」の言説を、共同体論の「外部」に方法的な視座として奪回することである。それは、単なる「死霊」の視点ではなく、「異人」の「死霊」である点に注意しなければならない。共同体論はその同一性を確保するために、異人の死霊を「他者」として排除しようとするが、ここで求められるのは、「死者」として応答することなのである。つまり、「死者」と

しての「他者」の視点を確保することである。（山 2008）

以上のような視点を析出したものの、紙幅の関係上、それ以上の検討はなされないままになっていた。「死者」として応答するとは、また、「死者」としての「他者」の視点を確保するとは、どのようなことを意味しているのか。本章では、前稿にて論じ切れていなかった課題について、追加検討を試みるものである。その意味で、本章は、前稿の続編をなすものといえる。

立論の都合上、本章の前半では、前稿で検討した内容のうち、本論の立論に不可欠な部分を再録し、その概要を紹介する。後半では、「異人殺し」伝説のヴァリエイションとされる昔話「こんな晩」を取り上げて、考察を試みることにしたい。

2 〈異人論〉の問題構成

〈異人論〉は、内田隆三によって、その社会学的な関心から問題構成が整理されている。ここでは、内田の整理を参考にしながら、〈異人論〉の問題構成を紹介しておこう（内田 1996）。

「異人殺し」伝説とは、定期的あるいは不定期的に民俗社会＝村落共同体を通過していく六十六部、山伏、高野聖、巫女、遍路、座頭などの旅人、宗教的遊行者、すなわち「異人」をめぐる多種多様なフォークロアの一部である。

「異人殺し」伝説の理念型は、およそつぎのようになる。

A1、ある日、旅人（異人）が村を訪れ、ある家に宿泊する。
2、その家の主人は旅人をだまして殺害し、その所持金を奪う。
3、その家は奪った金品を元にして、富を殖やし、栄える。
B4、しかし、ある時、ある家の子孫に何らかの不幸が起きる。
5、（シャーマンの託宣によって）不幸の原因が、殺された異人の祟りとされる。
6、異人の祟りを鎮めるために、異人の怨霊が祀りあげられる。

伝説の基本構造は、AとBの二つの部分から構成されている。伝説の主要部分は、ある家が急に富を蓄積した理由を、異人を殺害し、その所持金を奪ったからであると説明するAの部分である。ところが、Aの部分は、シャーマンの託宣によって、Bの現実に起きている不幸の原因の説明として語り出されたものである。したがって、Aは、人々にとって初めて聞く話であり、必ずしも実際に起きた「歴史学的事実」ではない。Aは、Bの部分の不幸が起きている村や家などの固有名詞と結びつくことによって、連続したものとして語られることで、伝説として、つまり当該社会の人々にとっての「歴史的事実」となるのである。

この伝説には、顕在的／潜在的な二つの機能があるとされる。顕在的には、村落共同体内部に現実に起きている不幸による混乱を鎮める機能がある。人々は、シャーマンの託宣によって、不幸の原因が殺された異人による祟りであることを突き止め、その怨霊を祀りあげることで、村落共同体の秩序を回復する。これは伝説が語るとおりである。

一方、潜在的には、貨幣経済の浸透にともなう村落共同体内部に起きた「富」の不均衡による混乱を解消する機能があるとされる。つまり、ある特定の家が急速に成り上がったことを説明すると同時に、殺人者の家として排除し、村落共同体内部にくすぶる不満を解消する機能があるというのである。「異人殺し」伝説は、二重の位相において、「村落共同体の統合」という機能を果たすことになる。

以上を図式化すれば、〈異人論〉は、村落共同体の緊張・葛藤→「説明体系」・「託宣」の作動→「物語」の生成→「排除のシステム」の作動→共同体の秩序の回復、というシステム論的に整備された枠組をもっていることがわかる。〈異人論〉は、システム論的な合理性の水準でとらえられた一つの「共同体論」として完成することになる。

3　言説の主体、言説の対象

〈異人論〉が扱うのは、昔話や伝説といった「口承」の言説である。口承の言説の一次的な主体は、そこかしこで昔話や伝説を語る個人であり、託宣を通じて語り出す個人である。しかし、〈異人論〉は、個々人を超えた「村落共同体」を真の主体として設定する。

とりわけ、ここで重要なのは、「異人殺し」伝説を「託宣」によって語り出す「シャーマン」の存在である。自ら語ることのない「村落共同体」の無意識を言語化する装置としてシャーマンを組み込むことによって、村落共同体は語りの主体として位置づけられることになる。

しかし、ここでよく見極めなければならないのは、「異人殺し」伝説という口承の言説が関わっている対象が何であるかということである。

言説の機能を考えるとき重要なのは、言説を語る主体よりも、言説の対象の方である。言説はそれが関わる対象を、まず自ら実定的なものとして創り出さなければならないからである。「異人殺し」伝説が語っているのは、急激に豊かになったり、あるいは不幸に見舞われたりする「家」である。そこにあるのは、ある特定の「家」の盛衰をめぐる物語である。つまり、「異人殺し」伝説という言説の対象は「家」なのである。だが、〈異人論〉という言説が対象とするのは、「村落共同体」なのである。

もちろん、「異人殺し」伝説が実際に語られる場合には、言説の対象として特定の「家」があり、その「家」の背景には、それぞれ特定の「村」があるだろう。そして、そこには、それらの「村」を実定的なものとして構成する口承の言説が存在するはずである。しかし、「村落共同体」は、それらの口承の言説とはまったく別の学的言説上に構成されているのである。にもかかわらず、「異人殺し」伝説と結び付けられることによって、あたかも「村落共同体」は、「異人殺し」伝説という口承の言説と同一の言説上に存在するかのように錯視されることになる。その結果、シャーマンの託宣によって語りだされた伝説は、「村落共同体」の無意識を言語化したものとされ、メッセージの発信者も受信者も村落共同体とするオートマティクな枠組に回収されるのである。

しかし、〈異人論〉において、創出されているのは、「異人殺し」伝説ではなく、むしろ「村落共同体」の方なのである。「異人殺し」伝説と同一の口承の言説上に「村落共同体」が構成されているのではなく、「村落共同体」を語る学的言説上に「異人殺し」伝説という「家」を語る口承の言説が取り込まれているのである。

4　「貨幣」のディスクール

〈異人論〉は、「口承」の言説を取り込みながら、「村落共同体」を実定的な形象として創出する学的言説である。もちろん、このことは、〈異人論〉に限らず、民俗学的な言説に共通することである。だが、注意したいのは、〈異人論〉と他の類似する民俗学的言説とのあいだには重要な差異があることである。それは、〈異人論〉が、

「貨幣」の言説と結びついた共同体論だという点である。内田隆三の社会学的な関心もこの点にある。

すでに見たように、「異人殺し」伝説は、顕在的には、共同体内部の特定の家で生じた何らかの「不幸な事件」について、殺された異人の死霊の祟りに原因を求め、共同体内部に生じた不幸による秩序の混乱を回収する機能を持っている。一方、潜在的には、貨幣経済の浸透にともなう、共同体内部に急速に起こった「富の不均衡」による秩序の混乱を回収する機能があるとされる。「異人殺し」伝説は、顕在的／潜在的な二重の位相において秩序の混乱を回収し、「村落共同体の統合」という機能をはたすとされる。

しかし、内田によれば、以上のような「機能的な説明」には懸念があるという。村人たちの当面の課題は、「不幸な事件」によって生じた混乱を解消することであり、一方、そこに〈異人論〉が発見するのは、「富の不均衡」によって生じた混乱を解消することである。「不幸な事件」と「富の不均衡」というテーマは異なっているものの、どちらも共同体の不安と混乱を解消する「機能的な説明」という点では共通しており、〈異人論〉による人類学的説明が村人の説明をなぞっているように見えるからである。内田は、こうした「機能主義的な説明」をもちこむことになった理由を、伝説の基本モチーフであるAの部分ではなく、村人の因果論的な説明の部分であるBの部分を軸にして解釈を進めているからではないかとして、「村落共同体の総合」というあまりに抽象的な目的にすべてを回収する、こうした機能主義的な説明を離れて、そもそも「異人殺し」のモチーフ自体は、何を表象しているのかを考察する必要がある、とする。

そこに表象されているのは、つぎの二点に集約されるという。

①その家が単に勤勉と節約によって富を蓄えたのではないこと
②富の起源には犯罪という「不法行為」（不等価交換）があったこと

内田によれば、「異人殺し」のモチーフは、「富の起源」に不等価交換を表象し、その富が共同体の外部にある普遍的な社会性の場に根拠をもつ「貨幣的な富」であることから、共同体の基盤を根本から揺るがすような事態を表象しているのである。「異人殺し」のモチーフは、「富」の急速な形成という事態について、村落共同体が実践的な考察のうえに練り上げた表象であった、ということになる。内田はつぎのようにまとめている。

ある晩、一夜の宿と旅人がもつ大金が交換される。殺人はこの無法な「不等価交換」を成就させ、また隠蔽するために行なわれている。だが、共同体はやがてこの隠蔽をあばき、不等価交換を告発するに至る。それはたんに不等価交換を行なう者を罰するためではない。共同体が本当に恐れているのは、その犯行の暗い場所に通じている「貨幣への欲望」であり、貨幣という謎めいた力である。貨幣とは貨幣への欲望がひらく領域——市場というゲームの領域の恐ろしいメタファーなのである。それは共同体的人間の存在をある外部にひらいてしまうからである。（内田 1996：77-78）

以上が、社会学的に再定式化された〈異人論〉の姿である。

しかし、ここにも問題が残る。今度は、「勤勉」や「節約」あるいは「犯罪」といった、人々の「常識的な説明」をなぞっているように見えるからである。両者の違いは見かけほどかけ離れているわけではない。むしろ、注意しなければならないのは、どちらも、「貨幣」と「共同体」を語る言説上でくり広げられる「解釈」という点では共通していることである。

5 「死霊」のディスクール

「異人殺し」伝説が、二重の位相における「機能的な説明」ではあっても、それぞれの説明には、異なる言説が用いられている点に注意しなければならない。

まず、「富の不均衡」によって生じた混乱を回収するために持ち出される説明には、「異人殺し」伝説の中に描かれている異人を殺害して奪った「貨幣」がその説明に使用されている。

一方、「不幸な事件」によって生じた混乱を回収するために持ち出される説明は、「異人殺し」伝説の中に描かれている殺害された異人の祟り、すなわち、「死霊」がその説明に使用されているのである。「異人殺し」伝説全体としては、顕在的／潜在的な二重の位相において「機能的な説明」に帰着することになるとしても、それぞれの説明には、「貨幣」と「死霊」という異なる言説が登場しているのである。

しかし、〈異人論〉は、「貨幣」の言説だけを取り込んで共同体論を構成する。だが、貨幣に目が眩んだ特定の家を排除することで共同体が秩序の安定を図るとする構図では、いずれは共同体全体が貨幣経済を受容しなければならないとするなら、それは一時的な対処にはなっても、根本的な解決にはならないはずである。その結果、つぎのような結論を導くことになる。

> 旧来の村落共同体はそれを維持しようという努力にもかかわらず貨幣のために ほとんどが解体されてしまったのだ。〝貨幣殺し〟を実現して旧来の閉鎖的な村落共同体を守り続けることができず、逆に貨幣経済のために村落共同体は押しつぶされてしまったのであった。（小松 1997：74）

つまり、〈異人論〉は、「異人殺し」伝説を構成する「貨幣」の言説を、共同体論に取り込む際に、貨幣と共同体を背反的な関係として設定しているのである。言い換えれば、「貨幣なき共同体＝純粋な共同体」／「貨幣の共同体＝都市社会」という二項対立的な設定でもって、前者から後者への移行を描く、近代化の段階論を構成しているのである。

このような二項対立的な枠組は、①異人歓待／異人虐待の対立に始まり、②共同体（真の主体）／個人（偽の主体）、③貨幣なき共同体（村落共同体）／貨幣の共同体（都市社会）、④口承（歴史的事実）／文字（歴史学的事実）、⑤神／貨幣などいくつか設定されており、前者を真正で優位なものとし、後者を劣位におき否定していくのである。

〈異人論〉がもたらす、ある種の脱構築的な効果は、以上の階層的秩序のうち、①の異人歓待／異人虐待の関係を相対的にとらえたことにある。しかし、それは部分的な効果を発揮したものの、階層的秩序から遊離してしまい、その後、姿を消すことになる。かえって、それ以外の階層的秩序を強化する。その結果、貨幣なき共同体が、貨幣に浸透され、やがて解体するというストーリーを導くことになる。貨幣なき共同体が、しばしば近代がノスタルジックに求める自己の反転像にすぎないとすれば、貨幣と共同体を背反的な関係として設定する枠組は解除されなければならないだろう。

だが、こうした指摘は二次的なものである。注意したいのは、「異人殺し」伝説という言説の対象が「家」であり、その言説上には「共同体」は存在していなかった点である。〈異人論〉は、そもそも「異人殺し」伝説という言説上には存在しない「民俗社会＝村落共同体」を仮構したうえで、それが解体するというストーリーを創り出しているのである。

以上のような、共同体論的な枠組を離れて見れば、「異人殺し」伝説を構成している主要な言説は、「異人」の言説、「家」の言説、「貨幣」の言説、そして異人の「死霊」の言説である。従来的な議論は、「異人」と「家」と「貨幣」の言説を共同体論に組み込む代わりに、「死霊」の言説については、沈黙を保ってきたのである。

もちろん、〈異人論〉には、シャーマンの「託宣」が重要な構成要素として取り込まれており、憑依した神霊によって、そこには殺された異人をめぐる物語が語られている。だが、小松は、つぎのように述べるのである。

> そして、シャーマンは、村落共同体がもっとも期待している、もっとも適切であると思っている原因を選び出して、「託宣」という形で語るのである。シャーマンの託宣は、シャーマンにどのような神が憑いて語ろうとも、その神の言葉は村落共同体の言葉である。神に憑かれて語るシャーマンは村びとの心の奥底にある「共同幻想」に憑かれ、その言葉を述べるのだ。（小松 1997：49）

小松が、託宣において着目するのは、不幸の原因となった殺された異人の「死霊」ではなく、「異人殺し」事件を告げる何らかの「神」なのであり、それは村落共同体を背負ったものと想定されているのである。それゆえ、それがどのような「神」であってもかまわないということになる。不幸の原因が、殺された異人の「死霊」の祟りであり、「死霊」の祟りをめぐる物語として「異人殺し」伝説が構成されているにもかかわらず、「死霊」は脇に追いやられ、「神」が「共同体」を代弁するものとして登場しているのである。

しかし、「託宣」を組み込んだモデルでは、まず、「不幸な事件」を発端として、その説明として異人の「死霊」が持ち出される点に注意しなければならない。

したがって、託宣を通じて語りだされるのは、「不幸な事件」の原因となった、殺された異人の「死霊」の言説であって、「神」の言説は必ずしも必要な条件ではないはずである。

〈異人論〉は、「貨幣」と「共同体」を背反的に設定するだけでなく、「死霊」と「共同体」をも背反的な関係として設定する。そして、いったん「死霊」を呼び出したのち、自らの共同体論を守るために、「神」の名によって、再び「死霊」を「殺害」してしまうのである。

ここで重要なのは、〈異人論〉が呼び出しながら再び葬ってしまった「死霊」という視点を奪回することである。それは、単なる「死霊」の視点ではなく、「異人」の「死霊」である点に注意しなければならない。共同体論はその同一性を確保するために、異人の死霊を「他者」として排除しようとするが、ここで求められるのは、「死者」として応答することなのである。つまり、「死者」としての「他者」の視点を確保することである。なぜなら、異人は、語り出された時から、すでに「死者」として登場しているからである。

共同体論を離れて、異人の死霊に焦点を当てて、「異人殺し」伝説を眺めてみれば、それは異人を殺した者と殺された異人の死霊をめぐる祟りの物語にほかならない。

6　昔話「こんな晩」

特定の家の物語というコンテキストを離れて、「異人殺し」伝説がより一般的な物語として変形されたのが、「こんな晩」という昔話である。「こんな晩」とはつぎのような話である。

むかしむかしなあ、一人の六部が、晩方、ある百姓家さやって来て、「どうぞ、一晩泊めでけらえん」て言ったんだと。草鞋の切れあんべえみだら、どっさり金持ってそうなんで、欲たがりおやんつぁんが、「さあさ、どうぞ、お泊まんなえん」て、喜んで泊めだんだと。ほうして、夜中に「坊さん、坊さん、枕がはず

> れですたど（はずれてますよ）」て言って、六部が頭をもじゃげだどき（持ちあげたとき）、押し切りあででくぴた（首）を切ってしまったんだと。ほうして、六部を殺して取った金で、立派な家を建でだんだと。それがらまもなく、男の子どもが生まれだんだと。生まれつぎのおっし（おし《ママ》）で、一言も口ただねえんだと（口をきかないんだと）。その子どもが十二、三になったあるお名月つあんの夜、子どもが気むづかしい顔をしてんで、おがっつぁんが「なんだ、小便でも出んのが。どれ、行ってすけっから、えべ（歩め＝行こう）」て言ったら、立っぺどもすねえんだど。おやんつぁんが、「なんだ、この餓鬼、親の言うごども聞かねで。どれ、おれが行ってすっから、えべ」て言ったら、すくっと立って、そどさ出だんだと。ほうして、「おどっつぁん、ちょうど今夜のような晩だったね」て言うんで、おやんつぁんが、ハッと思って子どもの顔を見だら、六部の顔どそっくりな顔で、じいっと睨んでだんだと。こんで、えんつこ、もんつこ、さげだどや。
>
> （佐々木 1975：101–103）

内田隆三は、夏目漱石の『夢十夜』の第三夜の夢を取り上げたエッセイにおいて、小松の〈異人論〉に言及しながら、漱石の創作の源泉にあるであろう民俗に流布するテキストとして、「こんな晩」の話にふれている。

このハナシでは、子が父を殺すのではなく、父が子を殺している。あるいは父の殺人の因果が子に報いている。これはエディプスと異なり、「父」の物語なのである。そこで子どもは、殺された者の怨霊に憑依され、シャーマンのように父の罪状を語っている。しかし、この憑依は一時的なものではない。子どもは父の因果の報いをその身体に刻印され、憑依している存在そのものとなっているからである。ここに描かれた構図では、男は過去にその子（になる人物）を殺すことによって、現在、その子の父になっているのである。

父になることの本質に横たわるこの後ろめたい過去は何を意味しているのだろうか。どうしてこのように暗い想像力が父と子のあいだに時間をずらして入りこむのだろうか。（内田 1999：100）

このように、内田は、「こんな晩」の話を、父と子の関係を語る物語として読み説こうする。この話は、殺された者の怨霊が殺した者の子どもに憑依したとみなされる物語で、子どもはシャーマンのように父の罪状を語っているようにも見える。しかし、内田は、この憑依は一時的なものではないとする。殺された者が殺した者の子どもとして現に存在しているととらえるのである。つまり、殺された者が子どもとして生まれ変わっているのである。憑依なのか。生まれ変わりなのか。漱石の『夢十夜』を下敷きにしてみれば、「こんな晩」は、因果応報の生まれ変わりの物語と見なせるだろう。では、なぜ、殺された異人は、殺された者の子として生まれてきたのだろうか。

別の角度から見ると、ここでは父／子の関係が、村人／異人という社会的な対立と隠喩的に対応している。それは村落共同体に棲む人間と村落を通過する人間との対立である。父から見れば子どもはどこかで異人の相貌をもっている。この局面では、世代的な時間の差異は外見にすぎず、むしろ空間的な存在様式の差異が問題になる。父はそこで子どもを、世代という時間の向こう側ではなく、むしろ空間とのかかわりにおける異邦性において見ていることになる。村人にとって異人は別の定住空間に棲んでいるのではなく、そもそも定住という様式そのものを否定している存在である。それゆえ異人の存在は根源的な異邦性を帯びている。民衆の想像力のなかで、父にとっての子どもは、そのような空間的異邦性（否定性）を、世代的な時間の差異（肯定性）に変換しえたときに生成する何物かとして表象されているのである。（内田 1999：100-101）

内田によれば、父にとって子どもは異人の相貌をもっており、異人の隠喩として、子どもは選ばれやすいというわけである。子どもを異人としてみなす視点は珍しいものではない。むしろ、注意したいのは、父／子の関係は、村人／異人という社会的な対立関係の隠喩に対応していると、内田が見立てている点である。ここで再び、村落共同体論としての〈異人論〉がその姿をちらつかせている。このことと、子どもを殺された異人の生まれ変わりとして、すなわち子どもと異人を同一視する視点とは相関していると考えられる。なぜなら、異人と子どもとを同一視することで、結果的に、異人の「死霊」を議論の上から排除しているからである。

7　〈声〉の不在

「こんな晩」には、「異人殺し」伝説にはなかった、二つの特徴が描かれていることに注意しなければならない。一つは、殺害にいたるまでの異人とのやり取りを詳しく描いていること。そして、もう一つは、その祟りの発現の仕方を詳しく描いていることである。

「異人殺し」伝説では、宿の主人に殺害されたことは語っていても、異人と主人とが言葉を交わしたかどうかは、ほとんど語られることがなかった。言い換えれば、異人を殺したという点が重要であり、殺した異人の〈声〉を殺人者が知っていたかどうかは問題ではなかったということである。しかし、「こんな晩」では、異人の〈声〉を殺した者が知っていることが、物語の結末への伏線となっているのである。

そのために、生まれた子どもの〈声〉の不在が、物語の結末を演出する重要な前提となっている。子どもが〈声〉を発したときに、そこに殺された異人の死霊が出現したとみなされるからである。そもそも〈声〉を発することができる子どももあれば、その夜の〈声〉は、子どもの〈声〉なのか、異人の〈声〉なのかが問題になるだろう。その夜の〈声〉が異人の〈声〉であるためには、〈声〉を有していない子どもでなければならないのである。

ここには、〈声〉と存在の同一性という考え方が見られる。〈声〉において〈霊〉が現前するという思想である。これは、長い伝統を有するシャーマニズムあるいは憑霊信仰の流れを汲んでいることは間違いない。しかし、これらには違いもある。シャーマンによる「口寄せ」は、シャーマンが自分の声を使って語るからである。その語りの主体が〈霊〉であっても、〈霊〉はシャーマンの〈声〉を借用し、あるいはシャーマンの〈声〉を自分の〈声〉に変形して語っているのである。この点において、〈声〉の発しない子どもが描かれる「こんな晩」とは異なっている。その意味で、異人の死霊と子どもとのあいだには、無視できない差異がある。「こんな晩」は、純粋なる〈霊〉の現前が、〈声〉によって可能になっている憑依の物語と見なすことができるだろう。しかし、だからこそ、〈声〉を獲得した子どもは、異人のそのものではないか。つまり、生まれ変わりなのではないかとも考えられるのである。

「こんな晩」が描いているのは、憑依であるのか、生まれ変わりであるのか。〈声〉を軸にして議論をする場合、じつは、このように、そのどちらとも取れるような語られ方をしているのである。そして、このことが、「こんな晩」の一種独特な恐ろしい雰囲気を作り出している。とするならば、「おどっつぁん、ちょうど今夜のような晩だったね」と子どもが〈声〉を発した時点で、この物語は結末を迎えても、おかしくはないだろう。ところが、この物語には、余分とも思える一言が最後に添えられているのである。

おやんつぁんが、ハッと思って子どもの顔を見だら、六部の顔どそっくりな顔で、じいっと睨んでだんだと。

ここで語れているのは、殺された異人の〈顔〉である。子どもの顔が、自分が殺した六部とそっくりな顔で、じいっと自分を睨んでいるのである。

父である以上、子どもの顔を知らないわけはない。生まれてから、毎日のように見てきた顔である。その顔が、自分が殺した六部とそっくりな〈顔〉で睨んでいるのである。明らかに、子どもの顔が、この時、別人の顔になったのである。これは、生まれ変わりの物語ではなく、殺された異人の死霊の憑依とみなすことができるだろう。しかも、異人の死霊は、〈声〉ではなく、〈顔〉に現れているのである。〈顔〉という憑依の媒体をどのように考えればいいのだろうか。

「こんな晩」は、昔話への過渡期にある世間話と考えられてきた。また、「異人殺し」伝説の物語の元ネタとなるような、三面記事のような異人殺害事件が実際にあり、それを元に、「異人殺し」伝説は、町場で最初に語り出された可能性も指摘されている（小松 1997）。

「異人殺し」伝説は、貨幣経済の浸透によって、解体の危機に瀕した村落共同体がこれに抵抗するために語り出したとされていたが、見方を変えれば、すでに貨幣経済の論理にもとづく都市的な世界に飲み込まれ、貨幣への欲望に突き動かされている人々によって、自分よりも貨幣を多く手に入れた者に対する嫉妬の念から語られたものと見ることができる。その意味で、「異人殺し」伝説は、都市的な世界を背景にした物語であり、「こんな晩」もまた、こう言ってよければ、都市的な世界に暮らす人々の新しい「心性」にもとづく物語とみなすことができる。

もはや憑依の物語では、都市的な世界の人々を納得させることはできない。憑依といった、非合理的な物語を簡単に信じてしまうほど、単純ではないのである。「こんな晩」は、ひょっとしたらそんなこともあるかもしれないといった半信半疑な気持ちと怖いもの見たさの好奇心とが入り混じった時代、現代に連続する時代の産物だと考えられる。

このような観点からもう一度、眺めてみると、「六部の顔とそっくりな顔でじいっと睨んでいた」とあるように、自分が殺した者の顔とそっくりな顔を、そこに見出していることに注意したい。このことは、殺人者は、自分が殺した者の顔を見ていたことを告げている。それればかりではない。殺された者は、自分を殺した者が誰であるのかを知っているのである。「じいっと睨んでいた」という言葉には、そのことが示されている。自分を殺したのが誰なのかを知っているからこそ、睨んでいるのである。さらに言えば、誰が殺したかを殺された者が知っていることを、殺した者が知っているということである。殺人の瞬間、顔と顔が向き合い、殺し／殺される関係になったことを、お互いが認識したことを、この話は前提に成り立っているのではないだろうか。

8　「死者」の〈顔〉と倫理

哲学者の鷲田清一は、「せまりくる〈顔〉」について、「見ないことを許さないような、あるいは見られることを懇願するような、そういう切迫力」が〈顔〉にはあり、銃殺の例をあげながら、「ひとはじぶんをまなざす顔を見つめながら殺すことに強い抵抗を感じる」と述べる。（鷲田 1996：136）。バウマンの社会理論について論じた著作において、社会学者の中島道男は、この鷲田の議論はレヴィナスを意識したものであるとし、つぎのように述べている。

この議論を借りていえば、「せまりくる〈顔〉」に直面したとき、人は道徳的主体として構成されることになる、といえる。鷲田があげている例を見ても、「せまりくる〈顔〉」は特殊な宗教的文脈でだけとらえられるものではない。バウマン＝レヴィナスもユダヤ的文脈には限らない、より広い一般的な文脈で理解可能だといっていいだろう。（中島 2009：174）

鷲田のいうように、殺そうとした瞬間、「せまりくる〈顔〉」が切迫し、殺人行為を思いとどまらせる。これは、レヴィナスが、「『汝、殺人を犯す勿れ』という原理が、すなわち顔の意味性そのもの」であると述べているとおりである（Lévinas 1961＝1989：405）。そして、中島が述べるように、その時、人は道徳的主体として構成されることになるだろう。

しかし、「こんな晩」を踏まえれば、「せまりくる〈顔〉」とは、むしろ、殺そうとする直前の〈顔〉ではなく、殺した後に襲ってくる、「死者」の〈顔〉ではないだろうか。

レヴィナス研究者の合田正人は、つぎのように述べている。

そもそも、殺したいという〈私〉の権能が実現されるその瞬間、他者はすでに〈私〉から逃れているのだから、殺したとしても、他者は我が物にすることはできないし、他者を純粋な無たらしめることもできない。その定義からして、「他者」を殺すことはできないのだ。レヴィナスはこの不可能性を、「汝、殺すなかれ」という命令へ翻訳し、「殺人の可能性」に先立つものとして捉えている。「命令」と言ったが、「顔」は殺人を免れようとして現実に抵抗するのではなく、逆にその無力と無抵抗がこの「命令」を発するのであって、それゆえ、「汝、殺すなかれ」はいわゆる社会的規範として殺人を抑止するわけではない。「神の言葉」とも言われるように、無条件でかつ絶対的な「命令」なのだ。（合田 1999：159）

合田は、「そもそも、殺したいという〈私〉の権能が実現されるその瞬間、他者はすでに〈私〉から逃れているのだから、殺したとしても、他者は我が物にすることはできないし、他者を純粋な無たらしめることもできない。その定義からして、『他者』を殺すことはできない」という。

「異人殺し」伝説の検討から得た本章の知見から言えば、「異人」とは、不幸の原因の説明としてはじめから「死者」として現れる者である以上、もはや殺すことはできないのである。「異人」とは、この意味での「他者」にほかならない。だからこそ、「せまりくる〈顔〉」とは、すでに殺された者の、かつて自分が殺した者の、すなわち「死者」の〈顔〉がそこに再現＝憑依されたものなのである。かつて自分が殺した者の〈顔〉が、自分がその殺人者であることを告発するように、じっと見ているのである。自分が殺した者の〈顔〉が、生きている者の〈顔〉をとおして、せまってくるのである。

しかし、この議論を「せまりくる〈顔〉」にそのまま当てはめるとすれば、転倒した議論のように見えるだろう。まるで、まだ犯していない殺人の記憶がよみがえるような話だからである。しかし、「異人殺し」伝説が教えていたのも、現在の不幸の説明として、過去の殺人事件が新たに創り出されるということであったはずだ。「こんな晩」は、この逆説的な事態を凝縮して表現しているように見える。この事態を、ここでの「せまりくる〈顔〉」の議論に則して、言い換えれば、つぎのようになるだろう。

殺意を抱いた瞬間、相手の〈顔〉は、殺された後の〈顔〉を、すなわち「死者」の〈顔〉を先取りするものとして映るのである、と。そして、それがすでに「死者」の〈顔〉である限り、もはやこれ以上、殺すことも消し去ることもできないのである。さらに、その消し去ることのできない「死者」の〈顔〉が、殺人者となってしまった自分の〈顔〉を見つめていること、そして見つめ続けるであろうことに気付くのである。「こんな晩」において、「死者」の〈顔〉が子に表れるのは、父にとっての子が「無力と無抵抗」を表すのにふさわしいからではないだろうか。

「こんな晩」が示しているのは、都市的な世界における、倫理の究極的な根拠所在の問題なのである。内田隆三は、先に触れたエッセイでつぎのように述べている。

> それらのハナシで重要なことは、父と子のあいだに恐ろしい葛藤、つまり、貨幣を媒介にして殺し／殺されるという凄まじい関係が入り込むことである。ここではエディプス神話のように母を奪いあうような性的な対の幻想は介在せず、むしろ貨幣という社会性の象徴が争奪の対象になっているのである。（内田 1999：100）

貨幣が媒介することで、殺し／殺されるような凄まじい関係が、父と子のあいだにすら入り込もうとする都市的な世界。それは、文字どおりの意味で、誰もが異人となる、異人たちの世界である。この異人たちの世界において、貨幣を媒介とした、殺し／殺される関係が入り込むことを食い止める、最後の砦が、「死者」の〈顔〉なのである。

「こんな晩」では、怨霊の祟り、あるいは因果応報の物語という、それ以前からの語り口をまだ引きずっている。そして、この語り口が適応可能な、おそらく最後で最小限の人間関係として、父と子の関係が持ち出されているのである。

しかし、そこには、貨幣への欲望に全面的に曝されることになった人間の不安な〈顔〉がはっきりと表れているのである。

文献

合田正人、一九九九、『レヴィナスを読む――〈異常な日常〉の思想』日本放送出版協会。

小松和彦、［一九八五］一九九五、『異人論』ちくま学芸文庫。

小松和彦、［一九八九］一九九七、『悪霊論』ちくま学芸文庫。

Lévinas, Emmanuel, 1961, *Totalite et Infini*, Martinus Nijhoff.（＝一九八九、合田正人訳『全体性と無限――外部性についての試論』国文社。）

中島道男、二〇〇九、『バウマン社会理論の射程――ポストモダニティと倫理』青弓社。

佐々木徳夫、一九七五『永浦誠喜翁の昔話』日本放送出版協会。

内田隆三、一九九六、『さまざまな貧と富』岩波書店。

内田隆三、一九九九、『生きられる社会』新書館。

内田隆三、二〇〇五、『社会学を学ぶ』ちくま新書。

鷲田清一、一九九六、『じぶん・この不思議な存在』講談社現代新書。

山泰幸、二〇〇八、「〈異人論〉以後の民俗学的課題」『日本文化の人類学／異文化の民俗学』法藏館。

補論　異人論の時代

小松和彦／山　泰幸（聞き手）

山　お忙しいところ、お時間とってくださり、ありがとうございます。

今日は、先生が異人論について研究されていた当時、どのような問題意識をもっておられたのか、また、そのころいろんな論点が出ていたと思いますが、そのうちどの論点がその後先生のなかで発展させられていったのかとか、あるいは残されている課題があるのかなど、そういうようなことから順番にお話を伺っていきたいと思います。

まずは、異人論を書かれた当時の状況や、その頃の先生のご関心など、その辺りからお話お伺いできればと思います。

山口昌男と「異人論」の時代

小松　異人論、あるいはストレンジャー論というのは、私自身が特異だったわけじゃなくて、あのころはむしろ一部の研究者のあいだではかなり共有されていた問題意識だったと思うんですね。

一つは山口昌男さんの共同研究会というのがあって、大学院生のころに私が入ったのは「象徴と世界観」という共同研究会でしたが、その前には、私は参加しませんでしたけれども、われわれの上の世代の人類学者を中心にして、山口さんは異人をめぐる共同研究会をやっていました。でも、たしか共同研究の成果物は出てなかったと思います。

山口さん自身は自分の関心からその研究会を始めたのだと思うんですが、おそらくそこでは「文化と両義性」というような枠組みのなかで、かなり異人という概念を使った議論をしていたのだろうと思いますね。そのころの山口さんは、象徴人類学というか、人類学のなかでの世界観研究、中心と周縁という考え方を非常に意識して、周縁性のもっている価値みたいなものを浮かび上がらせようとしてましたね。それ自体は別に山口さんが言い始めたわけではなくて、私が覚えているのは、社会学者のパークのマージナル・マンとか、社会学者のシルズの周縁と中心をセットにする考え方と重なっていますね。

マージナル・マンというのは基本的には、中心から見れば周縁だけれど、また別の世界から見てもやはり周縁なんだという、つまり二つの世界の両方に足をかけている人間のことなんです。それを山口さんの場合には、トリックスターという言葉で表現しようとしたんです。トリックスターもある意味では二つの世界を行ったり来たりする存在であるというわけです。トリックスターというのは神話的、説話的形象だけれども、それに対応する儀礼的な対象物というのが道化という概念です。これは演劇やさまざまな大衆芸能なんかにも出てくるような周縁的な役割をする存在です。つまり、周縁的存在とは、体制に対して、その体制自体を相対化する存在なんだけれども、体制（中心）とセットで考えなきゃいけない、ある意味では体制の影みたいなものだと思われます。山口さんはそれをストレンジャーという言葉で表現しようとした。きっとジンメルだとかパークなどからアイデアを借用してきたのでしょう。山口さんはストレンジャーという社会学的な一般的な議論に対して、その人類学的な表象としてトリックスターや道化を取りだしてきて、それに対比させながら自分の議論を組み立てていったんです。それがじつに刺激的だったので、その影響をわれわれの世代はずいぶん受けましたね。英文学における道化論は高橋康成さんがやっており、それとも呼応していましたね。

中世史の網野善彦の登場

小松　山口さんの異人論、トリックスター論をおもしろく読んでいたわけですが、さてわれわれ若い世代は、それを引き受けてどういうふうに展開してゆけばいいのか。これも道化だ、トリックスターだ、あれも道化だ、トリックスターだといったところで、その役割の議論は、山口さんに依存していれば、それだけの問題になってしまう。たとえば柳田國男が鳥滸の者というような存在を取り上げたりしていますね。それを道化だ、トリックスターだといい直したところで、それがどうなのだ、ということになる。権力者の傍に、御伽衆だとか、曽呂利新左衛門みたいなものがはべっていて、それが道化に相当するということはできても、それがどうしたのだ。それを山口理論で説明できるからといって、それがどうしたのだ。そこからさらに新しい問題をどう発見できるのか、ということになると、なかなか次のステップが見出されなかったんですね。そんなときに、中世の研究領域で網野さんの『無縁・公界・楽』（平凡社、一九七八年）といった研究が出てきた。

網野さんのおもしろいところは、中心にある稲作農民、あるいは定着勢力に対して周辺的な存在として漂白民あるいは海民みたいなものを取り上げてくるところですね。商人とか悪党とか、そういうようなものを浮かび上がらせた。それは山口さんに刺激を受けたというよりも、歴史学のなかで出てきた問題ですが、そういうようなものも、われわれから見れば関連しているだろうと思われた。だから、トリックスターや道化、ストレンジャーといったものに対応するものを探すというのではなくて、もう少し抽象化した、広い意味での中心と周縁とか、権力と反権力、支配と被支配といった問題が、具体的な歴史資料を通じて表に出てきたわけですね。

つまり、そのころは、広い意味でのストレンジャーというようなものがいろんなかたちで出てきた時代だった。人類学では道化やトリックスターが出てきて、一方では、歴史学では、河原者や海賊、悪党が出てきて、これらはどこかでつながっていると思った。そして、それらを結びつけている概念は、広い意味での異人だろうと思ったんです。ただ、異人というのはあくまでも相対的な存在ですから、やはりどこかに中心を置かなければ、異人は出ない。

それで、自分がどんな異人という対象物が探せるだろうかということになった。ただ、それは簡単な応用問題を解いているような、答えはある意味では出てて、素材ももうすでにあって、たまたま、まだ誰もそれを結びつけていないだけで、こちらの理論とこちらの素材とを結びつけるだけといった、何となくもう答えは出ているようなものであってはつまらない。未知の問題を解き明かすような素材としての異人の事例が欲しかったんです。

総論ではなく各論

いまいったように、理論があり結論があって、それを結びつけていくことができる事例を探すと、あれも異人、これも異人になってしまう。つまり、異人の総論は、やろうと思ったら比較的簡単にできるわけです。赤坂憲雄さんはそれを詳細にやったわけですね。でも、それを延々と続けたら、何でも異人になってしまう。妻も異人、夫も異人、親や子も異人というわけです。

そこで、考えたわけです。さっきもいったように、まだ誰も論じていない、あるいは解くべき未知の問題をはらんでいるような素材が欲しい、と。山口昌男がやっている議論から出発したとしても、自分自身で集めた具体的な事例資料を分析し、山口さんが説き及んでいない問題をつかみ出せるような素材が欲しい。つまり総論はやりたくなかった。私は総論はあまり好きではないんです。もっとも、私なりの異人論概説は、異人を四つに類型化して語ったりしていますけど。

むしろ、私がしたかったのは各論で、その各論はあたかも総論用の事例集めであるかに見えても、山口さんの応用問題を解いているように見えても、じつはその考察はいままでの異人論とは違った異人論となっている。そういう論文が書きたかったんです。そう思っていたところ、私が「異人殺し」と名づけた、旅人を殺す、六部や巡礼を殺して金品を奪い金持ちになる話がひっかかってきたんですね。ここで問題になっている「異人」は「旅人」です。そのような伝説を「旅人殺し」と名づけてもよかったし、「六部殺し」でも「巡礼殺し」でもよかったんですが、やっぱりそれら全体を貫いているテーマがあると思われたので、そうするとその全体をまとめて「異人殺し」という言葉が一番ふさわしいだろうということになった。そして、そこでは、なぜ村落共同体にとって「旅人」（異人）は歓迎されると同時に、その裏で殺されるというような言説も成り立つのだろうか、ということが問題になりました。

でも、正直いえば、そのときは異人という言葉は、私もまだ馴染んでいる用語ではありませんでした。なぜかというと、外国人というイメージのほうが強いし、それこそ「異人さんに連れられて行っちゃった」という「赤い靴」の歌詞のなかの異人イメージが強かったので、村落共同体にとっての旅人が異人というのは何か変だったんですよね。でも、変だったんだけども、社会学や人類学では、ストレンジャーとかアウトサイダーとか、いろいろな呼び方があるけれども、とにかく日本語としては、自分では異人が一番いいだろう、ということになったんです。

それで、大学院のころ、長野県の伊那地方の遠山谷で採集した「異人殺し」の話を、なぜそのような話がそこで生まれるのかということを、もう少しきちんと調べてみようということになったわけです。当時のはやりの異人という言葉を使いましたが、とにかく私の関心はその話の分析であって、そこに当時の異人論を越えていく何かがあると思ったんですね。共同体の奥底にあるものをつかみ出せないか、ということが一番の関心でした。そのころのはやりでいえばマンタリテというか、心性という言葉でいわれていたような、集合心性みたいなもんですよね。表象でもいいんですけれども、表象って表面的な感じがするんで、もっと奥にある共同体の心、無意識みたいなものがつかみ出せるんじゃないかというようなことがあった。当時私が主宰していた若手研究者を集めた小さな研究会で、中沢新一さんが彼なりの手法で甑島の「異人殺し」伝説を分析して見せてくれていたので、それにもヒントを得ました。

「異人殺し」の話自体は、実は折口信夫や柳田國男も知らなかったわけではない。でも、たとえば、『現代思想二〇一四年四月増刊号』の折口信夫の特集に寄稿した論文に書いたんですが、彼の異人殺し伝承の説明ってとても変なんですよ。なぜかというと、実際に私が村で聞いた話は、村人みんなで殺された異人を鎮めて祠をつくって祀ったという、実際にあった話として語っていているんですが、折口は典型的な信仰衰退論者で、いまは六部を殺したということで嫌われている家でありますが、大昔はそれを誇っていた時代があったというふうに過去を推測して済ませているんですね。よくもまあそんな妄想を書けるなとあきれてしまいました。まったくそのような推測の根拠は何もないのに。このように説明して、肝心の現前の異人を殺したという家を直視しようとしない。そう語ることで、差別が解消するような、差別問題を回避しているかのような書きぶりなわけです。これは変だという気がずっとしていた。とにかくそこにあるものを、あるがままに見つめて、なぜと問いかけないのかと不審に思ったわけです。

目の前にある現実を見ないで、かつてこうだったというかたちでしか説明しない。ようするに、民俗学では、目の前のものは、昔を推測する素材でしかないんですよ。こういう民俗学ではだめだろうと思いましたね。私は人類学の訓練を受けてきて、歴史とはとりあえず関係なく、現在あるものを現在あるもののなかで説明する、つまりそれは何らかの機能をもっているというふうに見なければならないという機能主義的な方法を身につけていたので、そこにそのような話があるなら、その社会の現在のなかで機能しているはずだと考えるんですね。昔は違う機能をもってたかもしれないけれども、いまはこういう機能をもっているんだというふうに見なければいけない。そういうふうな訓練を受けてきたために、幸いなことに、民俗学的な訓練を受けた人間とはかなり違う民俗の見方をしていたのかもしれないですね。

託宣と物語の生成

山　「異人殺し」と名づけられた事例に出会われて、人類学的な機能主義の立場から、その社会でどういう機能を果たしているか、社会のからくりを解明していくような研究をされたと思うんですけど、そのなかで幾つもの論点が出ていると思うんですね。一つは、託宣によって物語が生まれるという問題系がありますね。

小松　託宣に関しては、宗教史的あるいは文学的な問題の双方があって、たとえば、折口信夫の文学論は、長い文学の歴史の原初に託宣・神語りというのがあった。そこから文学が発生して長い日本の文学史が形成されている、というものですよね。私はそれを否定するつもりはありません。私の考えは、文学の発生はそうだとしても、そのような文学の発生はじつはいまもそうなのではないか。未来もそうなのではないか、ということだったんですよ。おそらく託宣に相当するような現象は現在もいたるところであり、そこから物語がつくり出されている。シャーマンのような宗教者の託宣の内容が、物語として人びとに共有されていていくということは、いつの時代にもあるのだ、と思ったんです。シャーマンでなくてもいいんだと思います。物語作者でもいいし、知識人でもいいんです。それで、その具体例として、「異人殺し」の話の発生の現場は、物語あるいは「歴史」の発生の現場でもあった、と説いたわけです。

シャーマンとは、いろいろな経験を積み、さまざまな事柄を組み合わせながら、目の前に起きている現象を説明しようとします。そして、その説明が託宣といったかたちをとって表出するのです。また、それが人びとに受け入れられやすいように、地元の人物なり場所なりに結びつけながら語られるのです。目の前に起きている不可解な病気や事件がなぜ起きたのかを神に問うため、儀礼の場所を用意し、そこで物語が語られるわけです。それを共同体が受け入れたときに、その託宣の物語は「事実」になるんですね。それを疑わなければ、たとえば歴史学者が疑わなければ、それは事実の話として共有され続けるんです。そういう物語創出機能、「歴史」創出機能を、じつはシャーマンという存在はもっているんですね。物語をつくるという非常に大事な営みの現場は、日本の文学や宗教の発生の現場でもあって、それはいつの時代でもたくさんあるはずなんですね。もちろん、それをどこまで書きとめたり共有したりしているかは別の問題ですがね。

悪霊の語りに耳を澄ます

小松　私が注目したのは、悪霊がついた云々というよりも、その悪霊が何者であって、一体何を語ったのか、でした。もっと悪霊の話に耳を澄ましたほうがいいんじゃないか。たとえば、源氏物語のなかで誰かに物の怪が取りついた。ただ誰それの生霊が取りついたというだけで済ますのではなくて、その物の怪がどのようなことを語ったんだろうか、ということです。物の怪の語り、あるいは神の語りがとても重要なことなのです。大昔もそうだし、平安時代もそうだし、中世もそうだし、民俗社会にもたくさんの物の怪の語りがある。それに耳を澄ます必要があるんじゃないか。そうすることで、物語の発生や伝播を理解していく、さらにはそれを通じて民俗社会を理解していく、あるいは広い意味での人間を理解していく。そのことこそが重要なのではないかと思ったわけですよ。

それで、私は悪霊の語りに耳を傾け出したわけですね。その結果わかったのは、じつは悪霊の語りだったものが、その悪霊が語ったという部分が抜ければ、一般的な物語になる、ということでした。悪霊が語る物語から悪霊についての物語への変貌ですね。

記憶としての伝説

山　一方で、託宣の問題は、歴史の生成の問題や、記憶論に展開していきますね。伝説というのは、民俗社会の歴史であり、記憶なんだという論点ですね。

小松　はい。私は、昔話や伝説、神話に興味をもっているのですが、昔話は比較的研究しやすい素材でしたが、伝説はとても研究しにくいということがわかりました。というのも、昔話は、「昔々、あるところに」と語られるように、時代や地域を越えて語られるようになっているので、普遍性が強いのですが、その分抽象的な話になってしまうんですよね。だから、みんなが語りやすいし、研究もしやすい。これに対して、伝説というのは、特定の場所や人物に結びついて語られるので、その地域に関心をもたない人や他の研究者には興味がなかなか湧かないんですよ。研究もしにくい。けれども、民俗学的にみれば、昔話よりも伝説のほうが地域理解という点で重要だ、と私は思っています。

なぜかというと、伝説は、文字をもたない、文字をもってたとしてもほんの一部の人しかもたないような村落社会においては、その地域の記憶装置だったからです。歴史というと語弊が起きるんですけども、村の人にとっての過去の出来事についての記憶の重要な装置、その社会における記憶の収蔵庫なんです。だから、そういうものをもう一回掘り起こしていかないと、自分が調査している民俗的な社会の奥行きなり、思考のあり方なり、物事の理解の仕方、広い意味でのコスモロジーはわからないだろうと思うんですね。

われわれは民俗社会を調査するときには、もちろん観察も必要だけれども、同時に、その社会の記憶も取り出さないといけない。記憶を掘り起こしながら、現在の人々が行っていることを見ていかなければならないんです。その典型的な凝集点は、お祭り、儀礼というようなものであって、そのなかの特殊な集約のあらわれ方が、病気になったときに、特別な祭りをやって託宣をするようなかたちなんです。だから、「異人殺し」の語りも、共同体にとっての記憶、伝説の意味を反省させる素材ともなっていたのです。柳田國男も、民俗学は、伝説研究に始まって伝説研究で終わる、といっています。ところが、その後の民俗学は伝説研究を疎かにしてきていた。私はそれをいま一度研究の俎上に載せようとしたわけです。

そういうわけで、その後、私は伝説研究にも力を入れ、最近、『「伝説」はなぜ生まれたか』（角川学芸出版、二〇一三年）というタイトルの本を出しました。その冒頭でふれましたけども、伝説というものがもっている力は、とにかくものすごいんですね。たとえば、戸隠の人々にとって歴史って何だろう。彼らのアイデンティティは何だろう、ということを考えたときに、まっさきに九頭龍の伝説が浮かび上がってくるんですね。古代から近世まで戸隠山の衆徒は仏教の徒だ、といっているのですが、それは表面的なもので、もっとその奥でずっと一貫して彼らのアイデンティティを支えていたのは、九頭竜信仰だったのです。能登の猿鬼伝説や福知山市大江町の酒呑童子の話もそうです。これらはいずれも人を襲う怖い鬼の話だけれども、だからこそ、そこに人々が忘れることができないことが記憶されている。伝説の内容が史実であったとか疑わしいとか、荒唐無稽の話だ、といったことでは切り捨てることができない何かが、伝説には託されており、だから語り伝えられてきたのです。そういう物語を地域から掘り起こしていくときに、興味深かったのは、そうした伝説のゆかりの地があり、そこには、伝説の主要な主人公の記念碑や祠があることでした。

つまり、記憶の依代をつくってるんですよ。神社だったり塚だったり、そういう物を残している。伝説というのは、そうしたものを依代として伝えられている。石でも、木でも、池でも、何でもいいんです。記憶はその石にこもっている。その石がなくなったら、記憶もそれとともにやがて消え去ってしまう。人々はその場所に結びつけて大切なことを記憶している、といったらいいかもしれませんね。そいう流れのなかで、共同体にとって怖いものを神社をつくって封じ込め、出てこないようにしていたりしている。そういう場所、宗教施設もたくさんある。それに結びつけて伝説が語られている。そういうところに、ある意味では、日本人の思考のあり方も示されているんですね。人々の心性を支えている知識は、伝説なんですね。

山　このことと関連して、先生の異人論にも、スケープゴートとか、排除の問題が議論されていますね。このことと記憶の問題がリンクしてる感じがしますね。排除したから隠すというか。

小松　そうですね。自分たちの幸不幸を異人のせいにして歓待したり排除したりしている。異人を殺して、そして埋めて、それでいて家のなかに祠をつくったり隠蔽したり神にしたりもする。恨みとか、怨念とか、そういうものに対する恐怖が日本の文化のなかでは、非常に大きな力をもっているんですね。そういうものに対する一つのあらわれが「異人殺し」伝承なのだと思いますね。呪いだとか祟りだとかいったネガティブなものが、日本人はとても重要な問題であると、いまでも考えていますね。

神の力だけじゃなくて、悪霊の力がどういうかたちであらわれてくるのか。殺された六部の祟りというようなものは、当事者たちだけの問題ではなく、じつはわれわれ日本人の問題でもあって、もっと広くいえば日本文化史の問題でもあると思うんですね。それが、記憶論とも重なってるわけです。そして、その恨みや祟りを受ける側の心性が「後ろめたさ」なのではないでしょうか。この「後ろめたさ」も日本人の心性を考えるキーワードだと思われます。きっと、あの異人は私だ、と思っている人もいるのではないでしょうか。そういう心性ともつながっている。

貨幣の問題

山　つながってきますね。いろんなテーマがつながっていて、なかなか分けるのは難しいと思いますね。スケープゴートの話ももう少しお聞きしたいところですけども、つぎに、異人論のなかのもう一つの論点、貨幣の問題について、お聞きしたいと思います。

小松　経済人類学の問題ですよね。異人と経済の関係は、栗本慎一郎さんとのおつきあいのなかから浮かんできたテーマでした。人類学は貨幣のない社会、あるいは市場みたいな便利なものがない社会を相手にしてきましたよね。物々交換的な社会。実際、民俗学で扱うような社会も、基本的には貨幣経済がほとんど浸透していない自給自足的な社会だったんですね。私も本来、そういう社会を調査してみたいとずっと思っていました。貨幣経済以前の社会がどうなっているのか知りたかった。

山　本来は?

小松　本来はね。そういうところに行きたいと思っていた。だから、私はポンナップ島という、不定期連絡船が年に数回しか行かないようなミクロネシアの絶海の孤島に調査に入ったわけです。ここでは日常生活を送っている限りでは貨幣は必要ないんです。島の外で作られたものを求めない限り、ポンナップは貨幣なしの社会でした。

そこでの調査経験はとても参考になりました。元々、ご承知のように、私は閉鎖的な民俗社会の忌まわしい信仰ともいわれてきた憑きもの筋・憑きもの憑きの研究をしていました。そうした閉鎖的な村落共同体での富の変動と憑きものの関係を「限られた富」という概念で議論してみました。閉じられた社会のなかでは、限られた富を奪い合う。たとえば田畑の広さは限られている。とすれば、その限られた田畑を増やした者がいれば、当然のことながら田畑を減らした者がいる。田畑の場合はわかりやすいのですが、急速に金持ちになった家があった場合、その富をどうして得たのかそのことがはっきりわからない場合、漠然と誰かの富が奪われたと考える。そういう思考が働きがちなわけです。しかもそのような事態が生じたことをうまく合理的に説明できなかったときには、神秘的な方法によって説明しようとするわけです。たとえば、狐を使って他人の富をひそかに奪いお金持ちになった、と。

人間は、抽象的・精神的なものであれ、具体的・物質的なものであれ、「富」とか「福」とかいったものを求めて日々の生活をしていますよね。だとすれば、その富や福はどのようにして獲得できるのか、どのようにして失われるのか、民俗社会はそれをどのようにして表現してきたのか。私はそういうことに興味があったわけです。つまり、憑きものというのは、その富を媒介・運搬する神秘的動物として信じられていたんですね。われわれが調べれば、お金持ちになった理由は、売れる品物を作ってマチにもっていって儲けたとか、土地を借金のカタに取ったとか、いろいろ原因を合理的に明らかにできるんだけども、それができなかった、というか、そういうふうに考えようとしなかった。

私も最初は、民俗社会では富の変動は、そういった神秘的説明によってなされていたという理解で十分だと思っていたんです。ところが、たまたま興味をもって分析した「異人殺し」伝説というのは、旅人を殺してそのお金を奪ってお金持ちになったんだという説明だったんです。「憑きもの」から「外部からもたらされた貨幣」に、民俗社会内の富の変動の説明が変化していた。とすれば、この伝説の発生を考えるには、貨幣経済のことをどうしても考えに入れなければならないと思い至ったんですね。

それまでは、貨幣が登場していても、その貨幣を見ようとしてこなかったんです。私が見ていたのは、神と交換して富を得るというようなことばかりだったんですよね。たとえば、善良なおじいさんが、正月に必要なものを買いに、マチに薪や花を売りに行ったが、それが余った。それで、家路を戻る途中の川で、水神にあげようと、その余った薪や花を投げ入れた。すると、水神の使いが現れて、尽きない米を生み出す宝物をお礼にくれた。それで金持ちになりましたという話がある。そういうのが、共同体の富の説明だったんです。たしかに、この話は富を共同体の外側に求めるんだけれども、その外部は神の領域だったわけです。このために、村落外の貨幣経済の社会をしっかり見ていなかったんです。しかし、民俗社会をもう少しきちんと眺めると、貨幣がらみの事柄がたくさんあるんですよね。

　炭焼き長者の話は、マチから来た人に、黄金はすごい価値があると教えられる話ですよね。それまでは黄金はそこら辺に転がっている石のような価値のないものであったという話。そこには貨幣以前と貨幣以後がともに語られている。ですから、貨幣というものが共同体のなかに入り込んで来たときの物語をきちんと考えてみる必要があるわけです。たとえば、さきほど挙げた薪や花を売りに行く話も、マチでまずそれを売って貨幣に変え、その貨幣で、自分が必要なものを手に入れようとしていたんです。彼らが必要な、自分たちの共同体で生み出せないものを手に入れるための交換の場所＝市場があることが暗に語られていたんです。その象徴として薪や花がある。それらはじつは貨幣の象徴だったんですね。

　いろいろな話を見ていったときに、民俗社会の「向こう側」には貨幣経済の社会があって、そのことをふまえなければ、じつはその意味を十分に読み取れないのです。ただ、こうした話の段階では、貨幣経済社会は向こう側の世界にすぎません。こちら側の民俗社会ではまだ貨幣が支配的ではないのです。まだ基本は自給自足的な社会なのです。

山　なるほど。貨幣が入ってなくても成り立つ社会なんですよね。出かけていけばいいわけなんで。今度は、共同体のなかに貨幣経済が入ってくる。

小松　そうです。貨幣が民俗社会に入ってきて、それが民俗社会内部の経済的変動をうながすということに気づいたときに、人々は、ときには旅人を殺してでも貨幣が欲しいと思うわけです。貨幣の価値を知らなければ、貨幣を奪おうとはしないですよね。貨幣があればそれを元手にして、大尽になれる。長者になれる。そう思っているから、「異人殺し」伝説は、貨幣に目を向けたわけです。共同体が貨幣によって犯されていくと感じたわけです。おじいさんが薪を売りに行きましたという昔話と対比すると、前者は貨幣がまだ向こう側にあるのに対して、異人殺しの話は貨幣が侵入してくる話なんですよね。

山　それでも、まだ貨幣が入ってくるのを眺めて見ている話ですね。

小松　そうですよ、まだ眺めている。貨幣は自分たちでつくれないんですよ。それが過ぎた段階が現代で、そのときは祟りとかいった話が喪失してしまうわけですね。

まだ眺めている段階の社会といえば、ポンナップ島の長老がよくいっていたことを思い出します。アメリカのお金は自分たちはつくれない。アメリカのお金では、モーターボートも買えるし、ガソリンも買える。だけども、ガソリンがなくなって船が動かなくなる。それを動かしたいと思ったら、アメリカのお金がいる。お金は自分ではつくれない。島の外に行って、お金を得ることをしなければならない。でも、自分たちのこの島にあるパンの木やらでカヌーをつくることはできるし、それを動かすこともできる。だからドルに負けてはいけない、伝統的な知識で生活していくようにしなければいけないんだ、と。だけども、やっぱりお金が欲しいわけです。近代化していく過程の民俗社会は、これに近い段階なんだと思いますね。

山　それで貨幣が入ってきて、村落共同体は貨幣に押しつぶされてしまう、解体してしまうということで、村落共同体論としての異人論はそこでその後の追求は、ある意味でストップしましたね。

小松　はい。共同体論としての異人論はそこで消えていったというのが、私の見解でした。貨幣論等の関連のなかで続けていくこともできたのかもしれない。でも、あなたが書いているように、それでも共同体は残り続けるのか、あるいは共同体は消滅しても、別のかたちの異人が立ち現れているかもしれない、といった問題は、別のステージの問題だと思うのですね。いろいろ考え方はあるでしょうね。私はそのあたりで、追究をやめてしまった。民俗社会・共同体から離陸した異人論へと移行しなかったのです。その理由は、たぶん私が民俗社会にこだわり、いいかえれば「神」にこだわっていたからだと思います。異人論を村落共同体の次元だけではなくて、貨幣経済社会論としての異人論へともって行けたのかもしれないのですが、しなかった。日本文化の次元、日本人の思考の問題とも絡んでいるので、もう少し一般論化して論じていく必要があったのかもしれないと反省はしていますが、できませんでした。それで、妖怪論へと移っていったんですね。つまり、共同体論としても、もっと追究していくこともできたかもしれないんだけれども、それもしなかった。たぶん、私が本当に論じたかったのは、異人という表象を借りた共同体論であり、祟り論、神観念論だったんです。

「他者」と「異人」

山　「他者」と「異人」の関係についても、お考えをお伺いしたいと思います。今回の共同研究のキーワードですね。たとえば、「異人殺しのフォークロア」の冒頭で、現象学的に「他者」を定義されてから、民俗社会における他者として、異人を位置づけて議論を開始されていますね。異人を説明するのに他者という言葉を使われたりしてるわけですが、簡単にご説明くださいますか。

小松　他者というのは基本的に「人間」なんですよ。ですから、他者論というのは人間論なんですね。異人論というのは、人という認識と同時に人間にあらざるもの、まさに神が人間に化けているというものをちょっと含んだ、コスモロジカルな他者論とか社会学的な理論のなかで成り立ってくるものなんじゃないかと思っています。異人というのは、神が乞食になってあらわれて人間を試すとか、そういうような意味合いを含んでいました。それは、折口信夫のマレビト論にもある考え方ですね。マレビトというのは人論と神論の重なる議論です。ですから、ちょっと他者論とは違うニュアンスをもっているように考えていました。人でもあり、神でもあり、妖怪でもあるという、その間に、異人がある。裏になると神になり、表になると人の顔になる、そんな感じでとらえていましたね。他者論を、私は徹頭徹尾、人間関係論というふうに理解していました。異人から神秘性が抜け落ちたときに他者となるわけです。極端に単純化したいい方かもしれないのですが、他者論と異人論の違いは、社会学と人類学・民俗学の違いかもしれない。社会学では神や妖怪を介在させて人間関係をみないけど、人類学や民俗学は神や妖怪を介在させて人間関係をみるのではないでしょうか。

異人論以後の課題

山　異人論以後の課題というのでしょうか。残された課題というのでしょうか。いくつかの課題があって、先生が展開されたものとは別の、まだこういう展開の可能性が当時あったとかいうのはありますか。

小松　こういう展開の可能性もあったということですか。これはむずかしい質問ですね。あれっきり、異人論にはあまりこだわっていませんでしたからね。振り返ってみると、私にとって、異人は自分が抱えていた神や妖怪の問題を考えるきっかけにすぎなかったのかもしれませんね。私なりの各論を論じただけですから。

『異人論』や『悪霊論』を書き終わったときに、私には三つのテーマがあったと思います。一つは、さっき述べたように、できるだけ貨幣のない社会に行き、その社会を観察するということでした。一つの社会を、自分の手の届く範囲内で全体論的に見てみたいということでした。

でも、じつはそのような実地調査をするということは、私自身が異人となって、その体験をすることだったのですね。その異人体験をきちんと記述してみるべきだったとは思います。そこから異人論の別の地平が開けたかもしれない。異人からみた異人論。社会学はやっていますが、民俗学ではそれがない。これは今後もっと展開すべきでしょう。

ポンナップでは、神話や伝説、昔話などをたくさん集めました。これは文字のない社会での記憶のあり方を調べる手がかりにするためでした。この社会では、どちらかといえば氏族の起源伝承など特定の過去以外は、過去を記憶しないようにする傾向が強い社会だったということもあって、異人論・悪霊論での問題をさらに展開する力にはなりませんでした。しかし、記憶装置の問題は、その後、若い研究者たちによって研究が深められています。

貨幣もない、文字もないような隔絶した社会では、記憶が過去を考える手がかりなのですが、個人の記憶ほどあいまいなものはなく、例えば、以前に録音した古老の話を数年後にさらに詳しくうかがおうと、テープを再生して聞かせたところ、本人がこんな話は知らないと否定するといった事態に困惑してしまったことがたびたびでした。もっとも、こういうことは、私たち自身についてもあるわけで、記憶の研究はとてもたいへんだということを痛感しました。

山　貨幣がほとんど入ってない、できるだけ隔絶した社会に行ったわけですけど、記憶という点でも、対照的な社会だったわけですね。

小松　そういう社会で記憶を考えるときに、昔話はとても興味深い素材でした。この社会は第二次大戦直後に、キリスト教に全島をあげて改宗しました。このため、それ以前の伝統的な信仰（アニミズム）を廃棄してしまったので、島のどこにもその時代の信仰遺物を見ることはできません。さまざまな神を祀った小さな祠があり、シャーマンと呼びうる宗教者たちもいた。それらが改宗後にすべて島から消えたしまったわけです。ところが、興味深いことに、教会の祭りなどの折りに披露される伝統的なダンスの歌詞は、改宗以前にシャーマンが神がかって歌っていたものだったり、子どもたちの語って聞かせる昔話は、改宗以前に作られたものが多いために、まだその内容は改宗以前の生活が語り込まれていました。キリスト教に改宗しても、そういった踊りや昔話までは廃棄しなかったわけです。そこで、この昔話などを手がかりに、キリスト教以前の生活をかなり克明に復元することができました。もっとも、こうした伝統文化もやがて廃棄され忘れられていって、昔話もキリスト教化した文化を反映したものになっていくのかもしれませんね。

いざなぎ流について

小松　もう一つはいざなぎ流ですね。これは大学院時代に四国の山のなかで出会った民間信仰ですが、基本的には儀礼と祭文が密接に結びついている、つまり現実に神話が儀礼として生きていることが魅力的であったために、この研究にとても多くの時間を費やしてきました。このいざなぎ流の研究がもう少し早くにまとめ上げられれば、もっと日本の説話研究に時間を割けただろうと思います。『異人論』や『悪霊論』の次に取りかかろうとしていたのは、ご承知のように「妖怪論」でしたが、それとは別に貨幣や都市伝説・世間話や慰霊にも意欲をもっていました。現代の民俗は、そのあたりからアプローチできるのではないかと思っていました。でも、まだいざなぎ流の研究も、『いざなぎ流の研究』（角川学芸出版、二〇一一年）を出して一段落した程度で、まだ道半ばの状態です。

山　それはじゃあ、かなり時間がかかりますね。

小松　そうですね、まだ時間がかかります。死ぬまで研究しているかもしれません。まさにライフ・ワークです。

なぜ妖怪研究か

小松　三つ目は、妖怪の問題ですね。これは異人殺しのテーマでもある怨霊や、悪霊憑きとも関係しているし、呪いや祟りの問題とも関係しているテーマです。その延長上に、妖怪や異界の問題が出てきたわけです。私は学生時代に吉本隆明の『共同幻想論』に魅了されたので、自分の著書を作るときに、『憑霊信仰論』（講談社学術文庫、一九九四年）とか『異人論』（ちくま学芸文庫、一九九五年）といったように『○○論』といったタイトルにするのを好んできたのですが、妖怪論に関しては、出版社の意向もあって『妖怪論』ではなく『妖怪学新考』（小学館、一九九四年）というタイトルにしました。異界についても、論文を一書をまとめるときは『異界論』としようと思っていたのですが、こちらも『異界と日本人』（角川選書、二〇〇三年）というタイトルになってしまいました。この妖怪と異界のつぎに論じようとしていたのが、「慰霊」に関することでしたが、これはまだ論文をいくつか書いた程度です。残された人生はもうわずかになっていますが、時間ができれば『慰霊論』を出したいと思っています。それと、民俗学的な観点からの「貨幣論」もしてみたい。それは『福の神と貧乏神』の続編です。

そういうような問題を考えていったときに、日本の文化の根底に流れている神観念を掴み出せるようになるのではないかと思っているのです。それは日本の歴史を規定し動かす地層のようなものです。負の神観念の歴史、悪霊の歴史といったらいいのかな。異界という言葉を使ったり、妖怪という言葉で表現したりしてきたわけですけど、まだ適当な言葉を見つけられないんですよね。

柳田國男や折口信夫は、日本人の神や霊魂についての研究をした先学ですが、結局、私もその部類の研究を自分なりに展開しているわけで、異人論も、悪霊論も、妖怪論も、慰霊論や貨幣論も、その一部なんでしょうね。ああ、もう残された研究の時間がないですね。

山　異人論が書かれた当時の学問状況や、そのなかでの先生の問題意識、そしてその後のご関心の変遷など、たいへん興味深いお話を詳しくお伺いすることができました。時間となりましたので、これでインタビューを終わらせていただきます。本日は、ご多忙のところ、長時間おつきあいくださり、ありがとうございました。

（二〇一四年七月二九日　弘前にて）

あとがき

本書は、二〇一一二年度に一年間にわたって実施された、国際日本文化研究センターの公募による共同研究「現代民俗研究方法論の学際的研究」（代表：山泰幸、幹事：小松和彦、班員：橘弘文・浮葉正親・阪本俊生・菅康弘・法橋量・梁仁實・石田佐恵子・門田岳久・船戸修一・飯倉義之・岩本通弥）の研究成果である。

本共同研究は、異人、ストレンジャー、他者、移動、流動性などをキーワードにして、哲学（現象学）、理論社会学・社会学説史、文化社会学、地域社会学、環境社会学、メディア論、そして、文化人類学、民俗学等の隣接する複数の分野の研究者が集まり、現代民俗研究の方法論について検討したものである。

分野横断的な共同研究を可能のするための共通の議論の土台、出発点として設定したのが、本共同研究班の幹事である小松和彦先生（国際日本文化研究センター所長）の「異人殺し」伝説に関する一連の研究を中心とする、いわゆる「異人論」に関する研究成果である。『異人論』や『悪霊論』などの著作で展開された小松先生の「異人論」は、およそ三〇年前の研究であり、いまでは古典の位置を占める研究となっている。小松先生の「異人論」を議論の出発点とした本共同研究は、おのずから、「異人」あるいは「異人論」を共通の問題関心として進められることになった。

前年度の二〇一一二年三月二八日におこなわれた打ち合わせのための準備研究会を踏まえて、計六回の研究会を開催し、一七本の報告がおこなわれた。各回の報告者、報告タイトルはつぎの通り（所属・肩書きは報告時のまま）。

第一回（二〇一二年六月九日）

山泰幸（関西学院大学教授）

「異人論の展開——ストレンジャーの社会学に向けて」

橘弘文（大阪観光大学教授）

「膏取り一揆における異人観」

浮葉正親（名古屋大学准教授）

「異人論から見た韓国の巫俗（シャーマニズム）」

第二回（二〇一二年一〇月一四日）

浜日出夫（慶応義塾大学教授）

「ジンメルの異人論——殺された異人はどこへ行ったのか？」

阪本俊生（南山大学教授）

「近代社会と知り合い関係の発達——親密性とストレンジャーのはざまについて」

菅康弘（甲南大学教授）

「ストレンジャー体験と愛着の位相、そして〝離れる〟ことの意味」

第三回（二〇一二年一一月二三日）

梶谷真司（東京大学大学院准教授）

「現象学から見た異人論——雰囲気の異他性と集合心性の形成」

法橋量（慶応義塾大学非常勤講師）

「ドイツ民俗学における異人観の系譜——フォルク（Volk）とフレムデ（異人）の相克」

第四回（二〇一二年一二月二二日）
山中千恵（仁愛大学准教授）
「金髪の美少女戦士は誰にとっての異人か？——日本アニメの越境」
梁仁實（岩手大学准教授）
「日本の映像における植民地朝鮮——見えない「差異」を如何に見えるものにするか」
石田佐恵子（大阪市立大学教授）
「メディアの〈他者〉表象と〈共同体〉について——女性をめぐる〈殺人〉ニュースを題材に」
第五回（二〇一三年一月一六日）
門田岳久（立教大学助教）
「移住者たちの郷土主義——南佐渡における『旅の者』と住民参加型地域開発」
船戸修一（静岡文化芸術大学専任講師）
「グリーン・ツーリズムにおける〝まなざし〟の交錯——大分県宇佐市安心院町の農泊の事例から」
第六回（二〇一三年三月三〇日）
飯倉義之（国際日本文化研究センター技術補佐員）
「妖怪の〈正体〉言説と異人観」
岩本通弥（東京大学大学院教授）
「異人から〈内なる異人〉へ」
マイケル・フォスター（インディアナ大学准教授・日文研外国人研究員）
「来訪神行事に来訪する異人たち——伝統の行方を考える」

魯成煥（蔚山大学校教授・日文研外国人研究員）
「朝鮮女人を神にした日本人」

これら六回の研究会のうち第三回研究会は、共同研究班のメンバーである岩本通弥先生のご協力により、東京大学駒場キャンパスの文化人類学研究室の会議室を会場におこなわれた。それ以外は、国際日本文化研究センターの会議室にて開催されたものである。

報告者のうち、浜日出夫先生、梶谷真司先生、および当時、国際日本文化研究センターの外国人研究員として、滞在中であったマイケル・フォスター先生、魯成煥先生の四名の先生方には、ゲスト・スピーカーとしてご報告をお願いした。四名の先生方のご協力に感謝したい。また、浜先生の紹介の労をとっていただいた阪本先生、梶谷先生の紹介の労をとっていただいた岩本先生にも感謝したい。

本書に収録した論考は、いずれも研究会での報告をもとに論文化したものであり、最終的に、序章を含む計一二本の論考として収録することとなった。研究会終了後、約二年が経過しているため、タイトルばかりでなく、内容において報告時とは若干変更しているものがいくつかあるものの、その後の研究成果を組み入れたものとなっており、いずれもより充実した内容となっている。また、巻末には、補論として小松和彦先生へのインタビューを掲載し、「異人論」が盛んに論じられ、時代のキーワードとなった当時の学問的状況や問題関心、残された課題などについて語っていただいた。戦後日本の文化人類学や民俗学の歴史を知るうえでも、構造主義や記号論などをはじめ現代思想が流行し、文化人類学の山口昌男や歴史学の網野善彦など立役者たちが活躍した時代状況を知るうえでも、貴重な証言となっている。

当初、「異人論」を主なテーマとする本共同研究を企画するにあたって、私には三つの理由があった。一つは、グローバル化の問題に関してである。グローバル化が進展し、人間の移動が激しさを増すとともに、多文化的状況が今後さらに進展することが予想される。列強と呼ばれた西欧の国々では、かつての植民地から大量の移民が流れ込み、逆植民地化とも呼ぶべき、ある意味では予想外の、だが、ある意味では必然の結果とも言うべき、皮肉な現象が起きている。異人を迎える側の経験は、その質と量において、かつての異人論が想定していた状況とは比べものにならない規模となっているのである。さらに、この大量移動の時代は、程度の差こそあれ、大なり小なり、誰もが自らが異人となる経験をもつことが当たり前となっている。現代社会は、ストレンジャーを生きる時代を迎えているのである。このことが、今、あらためて異人論を考察しようとした理由である。

もう一つの理由は、かつて山口昌男が、東京外国大学アジア・アフリカ研究所にて主催した有名な共同研究「象徴と世界観の比較研究」で一年間、異人論を共通テーマとして取り上げたことがあったのが、長らく気になっていたからである。山口がキーワードとして取り出した異人は、一九二八年に岡正雄によって雑誌『民族』に発表された論文「異人その他」にその学史的な始まりをもっている。およそ半世紀の歳月の後、異人が再びキーワードとして浮上していたことになる。小松先生の「異人論」もその延長線上にあることを思えば、学史的に見て、異人は、実に息の長いテーマであると言えるだろう。それぞれの時代状況において、なぜ異人がキーワードとして浮上していたのか、この機会にあらためて検討したいというのが、二つ目の理由であった。

そして、これに関連して、三つ目の理由として、小松先生が国際日本文化研究センターを退職される最後の年が、二〇一三年度であったからである。この最後の年に、山口昌男に親しく師事し、独自の「異人論」を完成させた小松先生から直接、異人論が盛んに議論された当時の学問的状況や問題関心、残された課題についてお話をお伺いし、異人論の可能性を再発見することはできないかという思いが強くあったからである。

しかし、うれしい誤算というべきだろうか。共同研究を申請の後、小松先生は国際日本文化研究センターに所長として残られることが決まり、本共同研究班は、就任初年度の新しい所長を幹事とする共同研究班として充実した研究会を一年間にわたり開催することができた。小松和彦先生をはじめ、共同研究班のメンバーの先生方、ゲスト・スピーカーの先生方、また共同研究班の裏方として尽力くださった国際日本文化研究センター小松研究室のメンバーの方々、事務方の担当者の方々など、多くの方々のご協力に、心より感謝したい。

最後になったが、出版を引き受け編集にあたられた、ミネルヴァ書房の涌井格さんにも感謝の意を表したい。

二〇一五年一月五日

山　泰幸

人名索引

あ　行

か　行

さ　行

た　行

な　行

は　行

ま　行

や　行

ら　行

わ　行

事項索引

さ　行

た 行

な 行

は 行

ま 行

や　行

ら・わ　行

浮葉正親（うきば・まさちか） **第9章**

1960年　長野県生まれ
1993年　大阪大学大学院博士課程単位取得退学
現　在　名古屋大学国際教育交流本部国際言語センター教授
主　著　『日本文化の人類学／異文化の民俗学』（共著）法藏館，2008年
「韓国の巫俗（シャーマニズム）——日本人の研究者の視点から」『アジア遊学』141号，2011年

橘　弘文（たちばな・ひろふみ） **第10章**

1957年　京都府生まれ
1988年　大阪大学大学院博士課程単位取得退学
現　在　大阪観光大学観光学部教授
主　著　『日本人の異界観』（共著）せりか書房，2006年
「20世紀前半におけるエスペラントと生活世界——竹内藤吉のライフヒストリーの素描から」『大阪観光大学紀要』14，2014年

法橋　量（ほっきょう・はかる）　**第4章**

1962年　東京都生まれ
1985年　慶應義塾大学大学院文学研究科修士課程修了
現　在　慶應義塾大学非常勤講師
主　著　『現代民俗誌の地平3　記憶』（共著）朝倉書店，2003年
「現代ドイツ民俗学のプルーラリズム——越境する文化科学へ」『日本民俗学』263号，2010年

石田佐恵子（いしだ・さえこ）　**第5章**

1962年　栃木県生まれ
1988年　筑波大学大学院博士課程社会科学研究科単位取得退学，博士（社会学）
現　在　大阪市立大学大学院文学研究科教授
主　著　『ポピュラー文化ミュージアム』（共編者）ミネルヴァ書房，2013年
『ポスト韓流のメディア社会学』（共編者）ミネルヴァ書房，2007年

梁　仁實（ヤン・インシル）　**第6章**

1971年　韓国済州生まれ
2004年　立命館大学大学院社会学研究科博士後期課程修了，博士（社会学）
現　在　岩手大学人文社会科学部准教授
主　著　「済州四・三と密航，そして家族物語——日本の映像における在日済州人の表象」『アルテス　リベラレス』92号，2013年
『日本語雑誌に見る朝鮮映画Ⅴ』（共著）（原文はハングル）韓国映像資料院，2014年

飯倉義之（いいくら・よしゆき）　**第7章**

1975年　千葉県生まれ
2005年　國學院大学大学院文学研究科後期課程修了，博士（文学）
現　在　國學院大学文学部助教
主　著　『日本怪異・妖怪大事典』（共著）東京堂出版，2013年
『ニッポンの河童の正体』（共著）新人物往来社，2010年

菅　康弘（すが・やすひろ）　**第8章**

1955年　鳥取県生まれ
1989年　京都大学大学院文学研究科社会学専攻博士後期課程単位取得満期退学
現　在　甲南大学文学部社会学科教授
主　著　『地方文化の社会学』（共著）第7章，1998年
「‘場所’への愛着——語り，唄う，固着と乖離」『甲南大学紀要』（文学編）156号，2009年

《執筆者紹介》（執筆順，＊は編著者）

＊小松和彦（こまつ・かずひこ）　**はしがき・補論**

1947年　東京都生まれ
1976年　東京都立大学大学院博士課程単位取得退学
現　在　国際日本文化研究センター所長
主　著　『いざなぎ流の研究――歴史のなかのいざなぎ流太夫』角川学芸出版，2011年
『「伝説」はなぜ生まれたのか』角川学芸出版，2013年

＊山　泰幸（やま・よしゆき）　**序章・第11章・補論・あとがき**

1970年　生まれ
2000年　大阪大学大学院文学研究科博士後期課程単位取得退学，博士（社会学）
現　在　関西学院大学人間福祉学部教授
主　著　『追憶する社会――神と死霊の表象史』新曜社，2009年
『現代文化のフィールドワーク入門』（共編著）ミネルヴァ書房，2012年

梶谷真司（かじたに・しんじ）　**第１章**

1966年　愛知県生まれ
1997年　京都大学大学院人間・環境学研究科博士後期課程修了，博士（人間・環境学）
現　在　東京大学大学院総合文化研究科准教授
主　著　『シュミッツ現象学の根本問題――身体と感情からの思索』京都大学学術出版会，2002年
『雰囲気と集合心性』（共著）京都大学学術出版会，2001年

浜日出夫（はま・ひでお）　**第２章**

1954年　福島県生まれ
1980年　大阪大学大学院人間科学研究科博士過程中退
現　在　慶應義塾大学文学部教授
主　著　『被爆者調査を読む――ヒロシマ・ナガサキの継承』慶應義塾大学出版会，2013年
『社会学』（共著）有斐閣，2007年

阪本俊生（さかもと・としお）　**第３章**

1958年　大阪府生まれ
2000年　大阪大学大学院博士後期課程修了，博士（人間科学）
現　在　南山大学経済学部教授
主　著　『プライバシーのドラマトゥルギー』世界思想社，1999年
『ポスト・プライバシー』青弓社，2009年

異人論とは何か
——ストレンジャーの時代を生きる——

2015年3月31日　初版第1刷発行　〈検印省略〉

定価はカバーに
表示しています

編著者　山　泰　幸
　　　　小　松　和　彦

発行者　杉　田　啓　三

印刷者　中　村　勝　弘

発行所　株式会社　ミネルヴァ書房

607-8494　京都市山科区日ノ岡堤谷町1
電話代表（075）581-5191
振替口座01020-0-8076

中村印刷・兼文堂

ISBN978-4-623-07276-7

Printed in Japan